社会文化研究

社会文化研究・第25号
2023年

《目次》

論文

■特集　教育への権利と社会文化——新自由主義時代の経験を問う

〔特集にあたって〕

２０２１年12月4日と5日の両日、社会文化学会第24回全国大会がオンラインで開催された。全体シンポジウムのテーマは、「教育への権利と社会文化—新自由主義時代の経験を問う」であり、本特集は全体シンポジウムに登壇した報告者およびコメンテーターの原稿で構成されている。

新自由主義時代の教育を批判的に論じる際に、新自由主義的教育改革や教育政策を俎上に乗せて、それらが体現している自己責任イデオロギーを批判の対象として析出するアプローチがある。こうしたイデオロギー批判は依然として重要であるが、私たちが目指したのは、新自由主義時代の教育経験に内在しながら、新自由主義の社会や教育を内側から問い直す思想や方法を具体的に問うことであった。２０１７年の第20回全国大会では「抵抗の文化は可能か?」を全体シンポジウムのテーマとしたが、今回のシンポジウムはその続編でもあり、「教育への権利」という問題圏において考え深めようとしたものといえる。

新自由主義時代における「教育への権利」という時に、国民の教育権論の枠組みが想起される場合もあるだろうが、本学会としては、あくまでも「社会文化」の問題として位置づけて議論を進めようとした。大会実行委員会では、報告者を想定しつつ話し合いを重ねるなかで、学校教育と社会教育・学校外教育との両方を視野に収め、制度としての教育学が必ずしも論じてこなかった、しかしポスト高度成長期を論じる上で逸することができない「学習塾」にも目を向けることで社会文化学会らしさを保持して主題に取り組むこととした。

こうした経緯から、平野和弘会員（「困難な場所から社会的課題に立ち向かう力—夜間定時制高校の実践を土台にして」）と早坂めぐみ会員（「学習塾の戦後史から考える教育への権利」）の二人に報告者とし、二つの報告を架橋してもらうべく、青年期教育、キャリア教育が専門で、近年はSociety5.0時代の教育改革の問題点を明るみにし、教育の市場化と公共性を論じている児美川孝一郎氏（法政大学）にコメントをお願いすることにした。

以下では、シンポジウムを企画した立場から、どういう狙いや問題意識を二つの報告とコメントに込めていたのか、報告内容にも触れながら若干のことを述べておきたい。

平野会員は、現在、駿河台大学で教員養成に関わっている。前職は高校教員で、１９９３年から２００７年3月までの14年間にわたり浦和商業高校定時制課程に勤務。定時制が廃止されるに伴い、同校全日制課程に移動、２０１３年3月に退職した。２００７年から浦商定時制卒業生が中心となって結成し、いまも活動が続く太鼓集団「響」の顧問を務めている。

平野会員には、新自由主義が本格的に展開し、格差と貧困が深刻化していく時代背景のなかで、浦商定時制で展開した教育実践についての報告をお願いした。「生徒が主人公」の学校づくりに取り組む過程で紡ぎ出された学力観や教育観は同時代の社会に抵抗する知性とは何かに対する経験的な回答であるといえる。また、平野会員は、地域に大きなインパクトを与えた浦商定時制廃止運動について取り上げた。そこでは、在校生や卒業生が浦商での学習経験を反芻する過程で、運動（抵抗）の主体として立ち上がる過程が報告された。学校における学習経験が、地域を作る実践の核となっており、これこそが教育が本来的に持っている社会文化的性格と言えるだろう。さらに、平野会員は現在取り組んでいる地域づくりの実践に言及した。それは、２０１４年4月、太鼓集団「響」のメンバーとともに桶川市の住宅街にオープンさせたHIBIKI CAFÉを拠点にしたものである。

この30年の間の平野会員の実践は、現代的な周縁部とされる定時制高校での教育に源流をもち、学校から地域へとその沃野を広げていった。それらは総体として、新自由主義に抗する「社会文化」実践そのものであり、私たちはその豊かさから「抵抗」の契機と経験を学ぶことができる。

早坂会員は、民間教育事業者のなかで、特に学校教育と親和性の低いものとされてきた「学習塾」を取り上げたものである。学校教育は文部科学省の管轄であるが、学習塾は経済産業省の管轄であることも手伝ってか、これまで教育学において十分に取り上げられてこなかった主題である。しかし、現代日本社会において学習塾における教育経験は身近なものとしてあり、そのあり方は社会のあり方や学校教育とも密接に関わっている。

早坂会員が考察の対象としたのは、塾関係者が自主的に組織した団体「塾教育研究会」（ＪＫＫ）である。発足は１９８５年であり、新自由主義が本格化する直前の時期である。同時代にあって著名な教育学者は、「塾や業者テストによって教育が支配されているといった問題は、教育における公序良俗に反する」との非難の認識を呈示していた。こうした動向のなかで、ＪＫＫは業界団体として積極的に発信し、業界内部では教育の質的保障に取り組んだ。ＪＫＫは臨教審やマスコミからも注目を集める存在となり、ＪＫＫ側も学習塾の世界が多様であり、単なる営利企業ではないとの主張を世間に訴えていった。ちなみに、社会文化学会で活躍した元会員の長野芳明氏はＪＫＫの中心人物であり、理論的支柱でもあった。

ＪＫＫは良心的な塾関係者の集まりで、学校教育に対する対抗文化を意識していた。言うなれば社会文化の担い手としての学習塾としての矜持があった。そうであるがゆえに、１９９０年代に入ってから急成長する営利主義的な教育産業やフランチャイズ方式の学習塾の後塵を拝することにもなる。早坂報告は、ＪＫＫに即して１９８０年代の学習塾業界の到達点と限界を明らかにすることで、１９９０年代以降の新自由主義時代の教育産業の苛烈さを見通すものとなった。そこでは、対抗文化の担い手としての学習塾の精神史が、あるいはまた「或る喪失の経験」（藤田省三）とでも言うべきものが語られた。

コメントは教育学者（青年期教育・キャリア教育）の児美川孝一郎氏にお願いした。現在のSociety5.0の掛け声のなかで、公教育を破壊してしまいかねない教育の市場化の現状に警鐘を強く鳴らす闘う教育学者である。早坂報告が切り出したものが未発の可能性としてあった学校と教育産業の「連携可能性」であるとすれば、児美川氏は教育産業が学校に「浸透」し、公教育が「解体」していく凄まじい時代を目撃し、それに抗する教育実践や教育政策を論じてきた。児美川氏が創造してきたキャリアデザイン教育学は、戦後教育学に根を持ちつつも、新自由主義を教育学者として経験するなかで、それを内在的に批判するものとしてのアクチュアリティを湛えていることも大事な点である。

今回の全体シンポジウムは、高校教育にも精通している児美川氏のコメントがあって初めて両報告が広い文脈に媒介され、新自由主義時代における教育への権利と社会文化を再考するものとなった。詳細は本文をぜひお読み頂きたい。児美川氏にあっては、多忙のなか登壇していただき、貴重なコメントを賜ったことについて、この場を借りて改めてお礼を申し上げたい。

なお、全体シンポジウムの前日に「いのちをつなぎ、食でつながる―子ども食堂の社会文化」と題する特別企画を設け、こがねはら子ども食堂の高橋亮氏に報告をいただいた。２０１６年４月に千葉県松戸市で子ども食堂を創始し、その後は地域の子ども食堂をつなぐフードバンク、高校生世代のフリースペースを開設し、「食」を媒介にしながら地域コミュニティを形成に取り組んで来た。本特集の一角をなすものとして、高橋氏の実践報告も収録した。

（和田　悠）

〔寄稿〕
新自由主義時代の教育経験をいかに問うか

児美川　孝一郎（法政大学）

はじめに

社会文化学会・第二四回全国大会（二〇二一年一二月五日、オンライン開催）において、全体シンポジウム「教育への権利と社会文化――新自由主義時代の経験を問う」の指定討論者として発言する機会を得た。シンポジウムでのメインとなる報告は、平野和弘さん（駿河台大学）による「困難な場所から社会的課題に立ち向かう力――夜間定時制高校の実践を土台にして」と、早坂めぐみさん（高千穂大学）による「学習塾の戦後史から考える教育への権利」であった。

報告は、お二人それぞれのこれまでの取り組みや研究の蓄積を踏まえて提起されたものであり、かつ、各々独自の角度から、シンポジウム全体のテーマに迫ろうとした意欲的なものに思えた。おそらくは多くの視聴者とともに、筆者もまた、お二人の報告に素直に聞き入ってしまった一人である。報告内容については、ぜひとも本誌に掲載された各論考をお読みいただければと思う。

ただ、そうした意味での平野報告、早坂報告の「迫力」は大前提なのであるが、正直に言うと、シンポジウムの場において、お二人の報告を聞いた筆者には、どこか「未消化」感が残ったことも事実である。その感覚は、指定討論者としての筆者が、当日のシンポジウムにおいて、どのような役割を果たそうと試みたのかにもかかわっている。端的に表現すれば、平野報告、早坂報告をどう関連づけ、シンポジウム全体のテーマのなかにどう落とし込むのかについては、一定の工夫というか、メタ次元でのフレーム設定が必要ではなかったのか。比喩的な言い方を許していただけば、「素材」は抜群で、鮮度も高かった。しかし、それらをただ並べただけでは、「料理」にはならないということである。

本稿は、こうした問題意識に基づきつつ、シンポジウム当日に筆者が発言した内容を再構成し、若干の加筆を試みたものである。平野報告、早坂報告に対して、直接的にコメントすることを目的としたものというよりは、お二人の報告をシンポジウム全体のテーマ内に位置づけるための「地ならし」をしようと挑んだつもりである。もう少しだけ大胆に言えば、先に述べた「メタ次元でのフレーム設定」として、「新自由主義時代の教育経験」という「布置状況（Konstellation）[1]」を描き出し、そのコンテクスト内にお二人の報告を位置づけることで、相互の関連やそれぞれの報告の「位置価」を明らかにしようと試みた。

一　新自由主義の時代経験

やや遠回りになるが、「新自由主義時代の教育経験」を描き出すには省くわけにはいかない議論から始めたい。そもそも私たちは、いつ新自由主義に遭遇し、いつから新自由主義時代を経験することになったのか。そして、それは、いかなる経験だったのか。

新自由主義の定義は、実は論者によってかなり異なる[2]。しかし、私たちが、同時代を生きる者としての共有体験として「新自由主義」を実感したのは、英、米におけるサッチャー政権、レーガン政権に続いて、日本においても中曽根政権（一九八二年～）が誕生し、いわゆる臨調「行革」路線が敷かれた時期（第二次臨時行政調査会の発足は、一九八一年）のことであろう。そう考えると、その時点から、かれこれ四〇年の歳月が流れたことになる。四〇年の重みは、新自由主義をどう評価するかとは別に、それとして重く受けとめなくてはならない。まさに「時代経験」として、新自由主義は、私たちの日常生活の奥深くにまで浸透し、そう容易には意識できない次元にまで、その論理や感覚、価値観を定着させてきたのではないか。この点を認めることなくしては、いかなる新自由主義「論」も、実際には絵に描いた餅になってしまう。そして、それは、新自由主義を批判し、対抗する理論や実践を構想しようとする側の議論についても同様である。

　とはいえ、この四〇年間の日本における新自由主義は、つねに不動のかたちで存在してきたわけではない。時期に応じて、その力点や形態を変化させながら、したたかに展開（＝深化、進化）してきたとも言える。要は、新自由主義には「ひとくくりにできるような一貫性のある立場は見出せない[3]」と言われるほどに、その立場は「状況適応的」であり、ある意味でそれは、動態的な「運動」のように存在してきたのである。

　「新自由主義とは、単なる市場主義イデオロギーの自己運動でも、規制緩和という『自由化』が本質でもなく、巨大化した多国籍資本による国家権力の再掌握のもとで、国家政策と社会のしくみが、この支配者の意図に沿って、強権的に組み替えられるその手法、しくみ、制度、理念の総体である[4]」とする主張がある。確かに、こうした捉え方をすれば、「多国籍資本」の意図に沿って、国家と社会を組み替えることが新自由主義の本質なので、その「手法、しくみ、制度、理念」は、状況や環境に応じて、そのつど多様でありうることになる。逆に、そうした理解をしなければ、「新自由主義の権力的で反国民的、反人間的な本質の一貫性」を見誤ることにもなりかねないという。

　そうした視点に立って考えれば、この四〇年における日本の新自由主義は、三つほどの時期に区分される異なる「姿」を見せてきたのではないか。もちろん、政治プロセスに即して、厳密に新自由主義の展開を追おうとすれば、それは、①中曽根政権（一九八二年〜）における準備期、②その後の中断期、③橋本政権（一九九六年〜）における「構造改革」始動期、④小泉政権（二〇〇一年〜）における本格実施期、⑤政権交代を含む中断期、⑥第二次安倍政権（二〇一二年〜）による全面実施期、⑦その後現在に至るまで、といった区分で考えることが必要になるのだろう[5]。しかし、ここで押さえたいと思っているのは、私たちの時代「経験」、生活者としての「感覚」を根拠とするものであり、政治過程の分析よりもずっとざっくりとした整理である。

単純化を覚悟で言ってしまおう。日本における新自由主義の第一期は、公共政策のあらゆる領域に「市場原理」「競争原理」を導入する必要性が声高に主張され、日本では元々貧弱でありつつも、一定の役割を果たしてはいた福祉国家的な枠組みの縮小・解体がめざされた時期である。「小さな政府」が標榜された点に特徴がある。

第一期は、概ね一九九〇年代半ばを迎えるまでの時期ということになるが、中曽根政権以降は、実際には政局の不安定化のゆえに、目立っては展開していなかったとも言える。また、この期の新自由主義は、ある意味でイデオロギー先行のところがあり、福祉国家的な枠組みを解除し、そこに市場原理・競争原理を入れていくための世論誘導、いわば新自由主義の土壌づくりに力を割いていたとも言える。私たちの市民感覚で言えば、新たに登場したイデオロギーや政策原理に戸惑いつつも、それを「市場原理主義」といった批判的言辞で表現することにしっくりときていた時期であるとも捉えられるだろう。

これに対して、第2期は、新自由主義が、イデオロギー次元だけではなく、本格的に政策や制度の次元に定着・浸透し、そうした体制を担う国家の役割が明瞭になってきた時期である。言い方を代えれば、「小さな政府」に取って代わって、日本経済がグローバル経済競争に立ち向かうための体制構築を積極的に行う国家（「国民的競争国家」[6]）が登場することになった。

この期の国家は、新自由主義的な構造改革の影響による社会的矛盾を抑え込む「強い国家」の役割を果たすとともに、経済発展のためのインフラ整備、科学技術開発、産業政策の展開、人材育成・教育の強化等の役割を積極的に担っていく。時期的には、一九九〇年代後半から二〇一〇年代後半にまで続くのが第二期であるが、私たちからすれば、社会の諸領域における新自由主義の浸透と定着を肌感覚で実感させられるとともに、その背後に、目標設定を握ったうえで競争を組織し、そして評価システムを作動させて全体をコントロールしていく国家（「評価国家」「品質保証国家」[7]）の姿をまざまざと見せつけられたということでもある。感覚的に表現することを許してもらえば、「社会の風景がすっかり変わってしまった」という実感と、「環境管理型権力」[8]の作動のもとで身動きが取れなくなっているという諦念が、ない交ぜになった感じと言えるだろうか。

次いで第三期は、二〇一〇年代末から現在までである。ただ、新自由主義の基本性格は、第二期の延長上にある。Society5.0を旗印とした「第四次産業革命」への対応を契機に、これまで以上に官邸主導によって、行政、医療、教育といった公的セクターの「市場化・民営化」への圧力が強められることになった時期である。「失われた三〇年」を経ても、なお経済「成長」への出口を探しあぐねている経済界が、国家財政への「寄生」を強めているとも見え、私たちからすれば、「公共財をそこまで企業活動に売り渡すのか」といった実感を強めざるをえない状況でもあるだろう。

二　新自由主義教育の展開

以上、拙い議論ではあるが、この四〇年にわたる日本における新自由主義の展開を整理してみた。なぜ、そんなことをしたのかと言えば、ここで書いた時期区分は、教育の領域に焦点を限定して、「新自由主義教育」の40年を振りかえる際にも基本的に該当すると考えたからである。

別の拙稿[9]において筆者は、この間の新自由主義教育の展開を、公教育と教育産業の関係に焦点を据えながら、三つの時期に区分したことがある。概略を紹介すると、以下のようになる。

新自由主義教育の第一期は、イデオロギー次元において、教育における新自由主義が主張されはじめ、公教育への市場原理、競争原理の導入が模索されたが、実際には直ちに「改革」が実現したわけではない時期である。公教育と教育産業との関係で言えば、両者のあいだには、「棲み分け」と「相互不可侵」の原則が、一定の確かさを持ったものとして成立していた。私たちの感覚としても、1980年代前半、臨時教育審議会における「教育の自由化」論は、「塾を学校に！」といった主張を声高に掲げていたが、その実現可能性には、ほとんどリアリティを感じることはなかった[10]。また、一九九〇年代前半には、中学校の現場からの「業者テスト・偏差値」排除の動きが起きたが、その時にも、過度に業者に依存した進路指導のあり方は、やはり公教育の原則から逸脱していると、私たちの多くが感じていたはずである[11]。

第二期は、新自由主義が、市場原理、競争原理の導入を図ることにのみ専心するのではなく、子ども、教師、学校、自治体間などに競争を組織しつつ、どこに向けて、何のために競争を強いるのか、競争結果を誰が評価するのかといった点で、国家の専制と統制が全面に出てきた段階である(12)。

そうした意味での「強い国家」は、教育の目標設定や教育内容の編成、目標の達成度を評価し、評価に応じて当事者をコントロールするシステムの駆動において立ち現れてくる。そして、一九九〇年代以降における学校の管理運営改革や教育行政改革、二〇〇六年の教育基本法改正、二〇〇七年の全国学力テストの導入などが、この期の新自由主義教育政策を象徴する。それは、その後も、学制改革等も含めて継続され、二〇一〇年代後半にまで続いていく。

公教育と教育産業の関係については、両者のあいだの棲み分け、相互不可侵の原則がしだいに危うくなり、なし崩しにされた時期でもある。それは、とりわけ高校段階において、予備校による学校への授業提供、授業力向上を目的とした教員研修、受験情報や学力診断等の提供、教育コンサル業者による（私立学校に対する）学校経営の指南など、「学力向上」や受験対策の周辺において、特段にすすんでいたと言える。そうした現場レベルの実態を踏まえたうえで、国によって強行されたのが、「高大接続改革」における教育産業への依存（大学入学共通テストにおける英語外部試験の導入、数学・国語の記述式問題の採点の委託。高校生のための学びの基礎診断の実施・運営の委託。調査書における「主体性」評価のための Japan e-Portforio の運営委託）にほかならない。

私たちの感覚としても、国家が操る「環境管理型権力」によるシステマティックな統制によって学校ががんじがらめにされ、その背後に教育産業の姿が見えはじめたのが、第二期であると言えるかもしれない。もともと学校外の教育における教育産業の跋扈は、戦後教育の常態をなしてきたわけではあるが、それが、公教育の垣根を越えて内部に侵食してくるありさまを実感したということである(13)。

続く第三期は、Society5.0 の向けた教育改変が開始され、第二期に確立した体制を引き継ぎつつも、公教育の「市場化」「民営化」、教育産業の公教育への侵入がこれまで以上に昂進しはじめた時期、二〇一〇年代末からコロナ禍に入った現在に至るまでの時期である。ＧＩＧＡスクール構想や教育ＤＸの施策が典型であるが、Society5.0が国家戦略となった以上、公教育と教育産業の関係における棲み分け、相互不可侵の原則は、「原則」としてはかなぐり捨てられたという意味で、両者は新たな関係に入ったと言える。

私たちの実感としても、公教育の領域での教育産業やEdTech企業の跳梁に驚き、公教育の市場化、民営化の可能性を本気で想像せざるをえなくなった時期でもある[14]。

見てきたような新自由主義教育の時期区分は、当然と言えば当然すぎるが、一節で押さえた新自由主義の時期区分と合致する。その意味で、私たちは、この四〇年に及ぶ「新自由主義の時代経験」のうちに、この時代の教育の推移を経験してきたのである。そして、その推移の仕方には、二つの特徴を認めることができる。

一つは、第一期と、第二期および第三期の新自由主義教育のあいだには、一定の断層が存在すること。その点では、登場期（第一期）の新自由主義教育の「残像」に引きずられて、その後（第二期以降）の新自由主義教育を理解しようとすることには、大きな落とし穴がある。二つの時期の違いは、政策原理で言えば、国家の能動性の違いであり、私たちの時代経験（生活感覚）で見れば、「自己責任」論を受容する／受容させられる度合いの圧倒的な相違ということにもなろう。「強い国家」が、目標設定と内容編成、そして評価（質保証）に躍り出てくる段階の新自由主義教育においては、私たちは自己責任論を拒んで、抵抗の拠点を築くことがきわめて難しくなってきている。だからこそ、抵抗どころか、事態をどう個人主義的に（つまりは、自己責任で）乗り切るかという感覚に、多くの者が絡め取られてきたように見える。

もう一つは、第二期と第三期は、基本的には連続したコンテクスト上に存在しているが、公教育の市場化、民営化への舵を切った第三期の新自由主義教育は、将来的には質的に新たなものに転化していく可能性もあるということである。ただし、根拠のない未来予測は慎むべきだと思うので、この点は、指摘だけにとどめておきたい。

三　新自由主義教育の「申し子」に潜在したサブ・ストーリー——早坂報告を読む

さて、議論の舞台設定に少々手間をかけてしまったが、見てきたような、私たちの「新自由主義教育の時代経験」というフレーム（＝「布置状況」）を設定し、それを活用したうえで、平野報告および早坂報告の意味と意義（＝「位置価」）を確かめてみたい。併せて、必ずしも報告そのものに内在するものではないが、筆者なりの問題関心に基づく若干のコメントも付記していく。

シンポジウムの際の報告の順序とは逆になるが、まずは、早坂報告について。

早坂さんが研究対象とするのは、学習塾である。戦後教育史を振り返れば、少なくとも近年に至るまで、教育界ではつねに「日陰者」の扱いを受け、公教育の学校との棲み分け原則のもとに、学校外教育のポジションに黙認・放置されてきたのが、学習塾という存在であった。しかし、実際には誰もが認めることであろうが、子どもたちの学習（権）を支えるという点では、戦後日本の教育は、公教育と塾・予備校等の私教育との「二元的構造」によって成立し、維持・発展してきた。[15] TIMSS（国際教育到達度評価学会による「国際数学・理科教育調査」）やPISA（OECDによる「生徒の学習到達度調査」）における日本の子どもたちの高パフォーマンスも、そうした私教育の下支えなしには実現しえなかったものと想定できるだろう。[16]

また、塾・予備校の教育については、ドリル学習を機械的に反復訓練させるだけであるとか、試験問題の解法のテクニックを教えるだけであるとかといった、ステレオタイプな理解がまかり通ってきたことも間違いない。しかし、それは、実態を正確に捉えているとは言えない。そうした学習指導もあるであろうが、他方で、公教育の学校の無味乾燥な授業と対比して、塾・予備校においてこそ、子どもたちを惹きつける触発的な学びや豊かな学びが成立してきたとする主張も存在する。[17]

そうした意味で、早坂報告が、子どもたちの「教育への権利」保障という文脈に学習塾を据えて、その可能性や限界に迫ろうとしたのは、慧眼であろう。戦後教育学においては、公教育を「私事の組織化（親義務の共同化）」として把握する著名な理論[18]があるが、そのひそみに倣って言えば、学習塾もまた、親たちの私事が組織化された（親義務が共同化された）ものと捉えることが可能だからである。もちろん、その場合の「組織化（共同化）」は、「信託」といった教育思想上の解釈ではなく、受益者負担という市場ベースの契約関係に基づくものになるのだが。

ただ、いずれにしても、こうした視点で塾・予備校の可能性を汲み尽くすためには、やはり乗り越えておくべき「疑念」も存在する。端的に言えば、学習塾は営利企業として存在する以上、市場原理に晒され、同業者との競争・競合関係に置かれる。それゆえに、成果主義・業績主義にしがみつく。だからこそ、戦後教育史においては、塾・予備校の主流派は、結果としてば、学力競争・受験競争を煽り、競争の過熱化に加担する存在であり続けたのではないのか、と。ましてや、新自由主義の時代にもなれば、第一期に登場した臨教審「自由化」論が、「塾を学校に！」をスローガンとしたように、学習塾は教育の世界に市場原理、競争原理を導入していく「起爆剤」であり、新自由主義教育の「申し子」のような扱いを受けてもいた。そんな学習塾が、はたして「教育への権利」を実現する、学校とは異なるもう一つの公的存在になれるのだろうか、と。

それは、どだい無理な話だろう、と多くの者は思うに違いない。しかし、早坂報告が着目したのは、一九八五年に塾関係者たちが自主的に組織した団体である塾教育研究会（ＪＫＫ）である。同研究会は、臨教審の発足後、新自由主義教育の第一期の時代の空気のなかで生まれたものでありながら、そこには、市場原理、競争原理に踊らされるのではない良心的な塾関係者が集った。そして、「教育への権利」を保障する学習塾の公的役割や教育の質保証について、内部的に研鑽を積むとともに、社会的にも発信を行っていた。

驚くべき事実の発掘ではなかろうか。時代の主流は、公教育の学校の内部に「塾・予備校的なもの」を呼び込もうとしていた。その前提には、塾・予備校は、学校のような「生ぬるい」世界ではなく、市場原理、競争原理がきっちりと駆動する場であるという新自由主義的な認識（信念）があったはずである。しかし、その塾・予備校の世界の内部にも、新自由主義のメイン・ストーリーには回収されないサブ・ストーリーが存在したのである。

学習権の保障という観点から考えれば、教育の供給源が学校制度だけに限定されるのではなく、多様なチャンネルに開かれていることは十分にありうる。むしろ、子どもたちの多様な実態に寄り添う公教育のかたちを構想するという意味では、好ましいこととも考えられる。諸外国を見れば明かなことではあるが、公教育論としても、公教育を提供する多様なチャンネルを想定する制度論は、文句なしに成立している。[19] 未発の可能性としてではあっても、学習塾が、そうしたチャンネルの一つになることは構想できないのか。塾教育研究会の存在は、そうした雄大な「思考実験」へと私たちを誘ってくれるのではないか。

とはいえ、同研究会の活動は、一九九〇年代になると退潮の局面を迎え、関係者らの塾は、経営的な面でも困難に逢着していく。そうだとすると、それは、新自由主義教育が、いまだ本格化はしていなかった第一期においてのみ、辛うじて成立することのできた「徒花」だったのだろうか。結論を急ぐ前に、そもそも塾教育研究会の成立を可能した条件は何だったのかを、当事者の事情や時代状況、学習塾に対する社会の側のまなざし、当時の私たちの新自由主義的感覚の強度、オルタナティブな意識や行動の可能性等に即して、ていねいに解き明かしていく作業が求められるだろう。それは、第二期以降に同研究会が退潮していく原因の分析・考察についても同様である。競争主義的な経営環境の激化といったわかりやすい「犯人さがし」に飛びつく前に、未発の可能性も含めて、多角的な検討がなされるべきであろう。

ちなみに、新自由主義教育の第三期に登場してきたEdTech企業の担い手には、ＩＣＴ等のテクノロジーによって教育の機会均等の実現をめざすといった、ある意味「リベラルな」教育観を持った、社会起業家的なマインドの持ち主が少なくないと指摘されている。[20] 新自由主義教育の第三期の文脈に照らして考えれば、そうしたEdTech企業は、公教育の市場化、民営化の流れにおいて、公教育への参入をはかる民間企業にほかならない。ただ、にもかかわらず、そのEdTech企業の担い手には、上記のような教育観やマインドが埋め込まれているのだとしたら、私たちは、子どもたちの「教育への権利」保障という観点を大前提として、教育提供の多チャンネル化を考える構想のうちに、それらEdTech企業の可能性を見積もることも可能なのだろうか。いや、そうした発想には、自ずと限界があるのか。

これは、補助線を引いて考えるとすれば、「教育機会確保法」の成立以降の私たち[21]が直面する現代的な問いであろう。早坂報告は、この問いに迫るための貴重な「材料」を、新自由主義教育の第一期にうちに読み込み、提供してくれるものと言えるのかもしれない。

四　新自由主義教育の周縁に構築された「抵抗」のサブ・ストーリー——平野報告を読む

次いで、平野報告は、新自由主義教育の第二期から第三期に及ぶ長期的な取り組みについて、実践者の立場から報告したものである。平野さんの取り組みのフィールドは、公教育制度の内部にある学校から、学校外の居場所へと移行し、さらに、少なくとも構想レベルでは、再び公教育の学校制度内部への着地をめざそうかという地点（勢い）にある。平野報告が提供してくれたのは、新自由主義教育が跋扈する時代という第二期、第三期のメイン・ストーリーの最中にも、つねに存在し続けた「抵抗」の歴史というサブ・ストーリーにほかならない。

教育界において、平野さんと言えば、ご自身が高校教諭として関与した一九九〇年代末から二〇〇〇年代半ばにかけての埼玉県立浦和商業高校定時制での学校づくりで知られる[22]。浦和商業定時制には、競争と自己責任を強い、管理と統制、評価がはびこる新自由主義教育の猛威のなかで、中学校までの学校生活で傷つき、自尊感情を奪われ、意欲を失いかけたような子どもたちが、不登校や荒れ、非行等の経験者も含めて、数多く集まってきていた。同校の学校づくりは、こうした生徒たちをまずは丸ごと受けとめ、受容し、学校を生徒にとって安心・安全な「居場所」として確保することから始まった。そしてそれを、社会課題と結びつく「学び」の創造と、自治活動を担う力量の育成へとつなげていった。結果、生徒をして「この学校がオレを変えた[23]」と言わしめる、「生徒が主人公」の学校づくりが展開されていたのである。

こうした浦和商業定時制の学校づくりが展開された第二期と言えば、新自由主義教育のメイン・ストーリーがわが物顔で教育界を席巻していく時代である。多くの学校における学校づくりは、それ以前には民主的な学校づくりの実績と蓄積を持っていたような学校であっても、大幅な「後退戦」を強いられ、共同による「学校づくり」は、ニュー・パブリック・マネジメント論に基づく「学校管理運営」へと変質させられていた[24]。

そんな最中に、新自由主義教育のメイン・ストーリーとは相当に異なる、浦和商業定時制のような学校づくりは、なぜ展開できたのか。それには、勤務した教師たちの力量の高さや、四者協議会が組織されていたことからもわかるように、生徒、保護者、地域を巻き込んで、参加と共同の学校づくりがなされていたことが大きいのだろう。そうした生徒・保護者・地域からの支持こそが、浦和商業定時制の学校づくりの、新自由主義教育のメイン・ストーリーからの「抵抗」を支えた力にほかならない。ただ、同時に、よりマクロな視点から見れば、同校が定時制課程の学校であり、公教育の学校制度からすれば、「周縁部」に位置していたという事情もあろう。周縁部であるがゆえに、中心からのコントロールが届きにくく、学校自らが新自由主義的な競争秩序に吊り上げられることがなかったということである[25]。

しかし、その浦和商業定時制にも、学校統廃合というかたちで、効率重視、「弱者切り捨て」の新自由主義教育の「波」が襲いかかることになった。興味深いのは、学校はもちろん、生徒、保護者、地域が共同して、統廃合に反対する運動が立ち上がり、展開していくことであり、しかもそのなかで、統廃合反対の運動そのものが生徒たちの成長の「培養器」にもなったという事実である。生徒たちは、母校の存廃の危機に直面して、居場所としての浦和商業定時制のかけがえのなさを実感し、目の前の具体的な社会課題にきり込んでいく学びの意義をつかみ、自治的な能力を研ぎ澄ませていった。

とはいえ、運動の盛り上がりも空しく、最終的には浦和商業定時制は廃校となる。その後、平野さんは、自らの活動の場を、地域における居場所カフェの運営と若者自身による和太鼓集団の活動による若者支援へと移していく。この展開は、客観的には、第二期の新自由主義教育の猛威が、それに抗うサブ・ストーリーの生息場所を、公教育制度内の周縁部から、ついには公教育制度の外へと追い出したものと見ることもできるかもしれない。

しかし、早坂報告にかかわって、「教育への権利」保障という観点を前提とすれば、既存の学校制度に限らない、教育提供の多様なチャンネルの存在に可能性を垣間見ることができると指摘したのと同じ意味で、地域での平野さんの取り組みは、若者の「成長と自立支援」を前提とすれば、それが教育制度内に閉じることなく、地域レベルに開かれていくことの豊かな可能性を見せてくれたものと位置づけることもできるだろう。むしろ、その取り組みは、新自由主義の猛威が、教育領域だけではなく、地域レベルでの生活世界にまで浸透するなかでは、生活領域における自立支援の場を耕し、豊穣化させるという意味でも貴重な実践であった。

そして、現在、平野さんの視線は、再び学校制度の内部に向いている。地域で積み上げてきた取り組みを基盤にして、自分たちの「学校」を創ることを構想中であるという。これは「希望」なのか、それとも（失礼な言い方になるが）「無謀」なのか。

それにしても、である。平野さんの取り組みは、なぜまた学校なのか。単純に、何の根拠もなく、浦和商業定時制の「夢よ、再び」と願っているわけではなかろう。平野さんならではの緻密な計算としたたかな構想に基づいて、かつて浦和商業定時制で実現したものを、今日の状況下で、新たな「器」のもとに紡ぎ出そうとしているに違いない。

今回の平野報告では、残念ながら、その詳細を聞くことはできなかった。しかし、そこには、新自由主義教育が極点にまで達するかの勢いにある現在において、あらためて学校というものの可能性を考えるヒントが隠されているのではないか。理論的には、学校以外のチャンネルにおける教育提供も、学校以外の場における若者の成長と自立支援も十分に可能である。しかし、それでも、学校だからこそできることがある。学校という、集団としての生徒に対して、専門職である教師集団が、継続的に働きかけることができる場だからこそ、可能になることがある。長年にわたる学校現場の経験がある平野さんだからこそ直感しているこの「実践的感覚」を、きちんとした理論的な言葉にし、その内実を解き明かしていくことは、まさに教育研究に課された課題であろう。

おわりに

世界に目を向ければ、これまで新自由主義が跋扈してきた国々においても、ようやく新自由主義の「終わり」

を見据えた議論が開始されはじめたように見える。この三〇年、四〇年に及ぶ新自由主義の暴走は、どの国においても、社会の格差化をすすめ、富の偏在と貧困の問題を顕在化させてきた。社会保障や公共政策が後退し、雇用が不安定化するとともに、競争と自己責任の論理のもとで、最終的には弱者が切り捨てられる事態も常態化した。こうした、ありとあらゆるかたちの社会的矛盾が噴出し、激化してきたことを前提に、さすがに新自由主義にノーを突きつける声や社会意識が広がってきたのである。その象徴は、労働運動や社会運動の復調、ＧＡＦＡＭに対する規制や富裕層への増税を求める声の高まり等に見ることができる。また、それは、資本主義のあり方を問い、その「持続可能性」を疑うような思想や理論が注目を集めるようになったことにも現れていよう。そして、コロナ禍の到来は、こうした動きに拍車をかけたはずである。

では、翻って、日本はどうか。確かに、世界の動きと共通するような、新自由主義の終焉を意識させる社会思潮が存在しないわけではない(26)。社会的矛盾も十分すぎるほどに昂進している。ただ、にもかかわらず、日本においては、いまだ経済（企業活動）が食い尽くしていない領域に対する「市場化」圧力が過剰にかけられてもいる。教育領域に即して言えば、ＧＩＧＡスクール構想やSociety5.0型の教育への改変を求める教育ＤＸの推進、その傘下で期待される民間教育産業やEdTech企業の「活躍」が、まさにそれに当たる。端的に言ってしまえば、終焉を見据えるべき新自由主義は、実はいまだに健在であり、逆に「活性化」しつつあるようにさえ見えるのである。

とすれば、日本において新自由主義の終わりを、新自由主義教育の終焉を展望することは、ただの「幻影」にすぎないのか。いや、幻影は、いまだ発現していないとはいえ、そこに私たちが未発の可能性や潜性的なモメントを感じるからこそ、幻影として意識される。そして、私たちがそうした未発の可能性や潜性的なモメントを実感するのは、これまでの新自由主義教育の展開においても、その浸食や浸透・拡大のプロセスにしたたかに「抵抗」してきた幾多の取り組みや運動があったからこそである。そうした記憶の「痕跡」こそが、私たちに幻影を見させている。

シンポジウムにおける早坂報告、平野報告が示してくれたのは、こうした文脈を意識しつつ、私たちが「未来」を構想する際の思考力や構想力を鍛えてくれる、貴重な素材だったのではあるまいか。

注

(1)K・マンハイムの知識社会学を意識して、この用語を使用している。K・マンハイム（秋本律郎訳）「知識社会学の諸問題」『マンハイム・シェーラー　知識社会学』現代社会学体系8、青木書店、一九九八年、を参照。

(2)D・ハーヴェイ（渡辺治監訳）『新自由主義──その歴史的展開と現在』作品社、二〇〇七年。世取山洋介「新自由主義教育改革と教育の公共性」『法学セミナー』五九五号、二〇〇四年。二宮厚美『自由主義からの脱出──グローバル化のなかの新自由主義vs.新福祉国家』新日本出版社、二〇一二年。B・アッペルバウム（藤井清美訳）『新自由主義の暴走──格差社会をつくった経済学者たち』早川書房、二〇二〇年、などを参照。

(3)稲葉振一郎『「新自由主義」の妖怪──資本主義史論の試み』亜紀書房、二〇一八年。

(4)佐貫浩『危機のなかの教育──新自由主義をこえる』新日本出版社、二〇一二年。

(5)渡辺治『安倍政権の終焉と新自由主義政治、改憲のゆくえ──「安倍政治」に代わる選択肢を探る』旬報社、二〇二〇年、を参照。

(6)J・ヒルシュ（木原滋哉ほか訳）『国民的競争国家──グローバル時代の国家とオルタナティブ』ミネルヴァ書房、一九九八年。

(7)太田直子『現代イギリス「品質保証国家」の教育改革』世織書房、二〇一〇年、を参照。

(8)東浩紀・大澤真幸『自由を考える──9・11以降の現代思想』NHKブックス、二〇〇三年。

(9)拙稿「侵食する教育産業、溶解する公教育──攻防の現段階とゆくえ」『経済』二〇二一年一一月号、新日本出版社、を参照。

(10)山崎政人『自民党と教育政策──教育委員任命制から臨教審まで』岩波書店、一九八六年、を参照。

(11)拙稿「『業者テスト問題』の社会的背景──九〇年代教育政策におけるジレンマの行方」『教育』一九九三年四月号、国土社、を参照。

(12)田中孝彦ほか編『安倍流「教育改革」で学校はどうなる』大月書店、二〇〇七年。山本由美『教育改革はアメリカの失敗を追いかける』花伝社、二〇一五年、を参照。

(13)拙稿「〈市場化する教育〉の現在地──抗いがたさはどこから来たか?」『現代思想』二〇二二年四月号、青土社、を参照。
(14)拙稿「教育DXは学びと学校をどう変えるか」『クレスコ』二〇二二年六月号、大月書店、を参照
(15)註一三の拙稿を参照。
(16)須藤敏昭「『日本型高学力』をどう見るか」現代社会と教育・第4巻『知と学び』大月書店、一九九三年、を参照。
(17)佐伯胖『子どもが熱くなるもう一つの教室』岩波書店、一九九七年、を参照。
(18)堀尾輝久『現代教育の思想と構造』岩波書店、一九七一年。
(19)横井敏郎はか編著『公教育制度の変容と教育行政』福村出版、二〇二一年。大桃敏行ほか編『日本型公教育の再検討』岩波書店、二〇二〇年、を参照。
(20)井上義和「教育のビジネス化とグローバル化」岩波講座現代8『学習する社会の明日』二〇一六年、を参照。
(21)喜多明人『子どもの学ぶ権利と多様な学び――誰もが安心して学べる社会へ』エイデル研究所、二〇二〇年、を参照。
(22)平野和弘『オレたちの学校浦商定時制――居場所から「学び」の場へ』草土文化、二〇〇八年、を参照。
(23)浦和商業高校定時制四者協議会編『この学校がオレを変えた――浦商定時制の学校づくり』ふきのとう書房、二〇〇四年。
(24)佐貫浩「日本型NPMの浸透と学校教育の危機」『高校のひろば』五二号、旬報社、二〇〇四年、を参照。
(25)教育研究集会などでは、定時制高校の教育には「3K（競争、管理、効率）がない」と言われてきたこととも符丁する。
(26)小林多喜二の『蟹工船』ブームや、斎藤幸平『人新世の「資本論」』（集英社、二〇二〇年）が話題作となったこと等を想起してもよいだろう。

〔寄稿〕

困難な場所から社会的課題に立ち向かう力
――夜間定時制高校の実践を土台にして

平野和弘（駿河台大学）

一　学校がつぶされる

二〇〇一年春。埼玉県立浦和商業高等学校定時制課程（以下浦商定時制）の廃校計画が持ちあがった。定時制統廃合という全国的な高校リストラの嵐は埼玉にも波及し、ついに浦商定時制も矢面に立たされた。生徒は立ち上がり、県の担当者を招き臨時生徒総会を開催する。「私たちの学校をなくさないで」と、二〇名を越える生徒の発言が相次ぎ、高校中退、経済的理由や虐待など、様々な重石を背負ってきた彼らが、まともに県の担当者と渡り合った。中学時代まで不登校だった生徒も「私が育った学校。この学校をつぶす理由は何ですか」と彼らに質問をしている。保護者たちも臨時のＰＴＡ総会を開き、県の担当者に「定員が充足している浦商定時制を選んだ理由」の質問をぶつけ、反対の意思表示をする。卒業生たちは「卒業生の会」を立ち上げ、反対の取り組みについて検討を始めることになる。この動きの中で、生徒会執行部が中心となり、保護者、卒業生の三者に教職員も加わり、「浦和商業定時制四者協議会（以下四者協議会）」が立ち上がり、まずは「本当に定時制は必要か」の検証に力を注ぐことになった。

同年一二月。四者協議会は「定時制発表会」を開催し、三〇〇名を越える参加者で会場のホールをいっぱいにした。「定時制を知ってもらいたい」と、生徒たちが学校外へ向け、自分たちの思いを訴える始まりだった。ここへ駆り立てたのは、浦商定時制の教育力であったとの自負がある。彼らは理不尽な押し付けに対し学びを核に闘い続けた。私はこの学校の教師として一五年間勤務した。

四者協議会は継続的に「学校とは」「定時制とは」を発信し続け、翌年「定時制発表会」に加え、「公開授業研究会」を開催する。加えて浦商定時制を様々な観点から検証する「浦商定時制シンポジウム」(1)にも取り組み、定時制発の新たな学校像を提示することにもなった。浦商定時制は必要だとの声を受け取り、四者協議会は「浦商定時制は存在する価値がある」との答えを導き出し、二〇〇三年秋、「浦商定時制を残す」ために、社会に訴えていくことを決めた。ついに生徒たちは街へ出た。卒業生、親、教師達と共に街頭に立ち「自分たちを育ててくれた学校」を語り、「私たちの学校を残して下さい」と訴え、真夏の日差しの中、正月の雑踏の中、浦和駅前で「私たちの学校をつぶす理由は何か」と、問いかけ続けた。県議会にも働きかけ、知事も含めて埼玉県議すべての議員控室に説明におもむくことになった。また様々な団体に統廃合反対賛同の協力を求め、説明と協力を求め続けた。駅頭では心ある多くの人々が足を止め、話を聞き署名に協力していく。生徒が真剣に訴える姿に、行き過ぎたサラリーマンや学生がわざわざ戻ってきて署名の列に加わってくれた。署名は五万筆を超え、県教育委員会に提出した。県議会でもたびたび浦商定時制の存続がとり上げられ、とりわけ二〇〇四年七月の定例議会では保革すべての議員団が浦商定時制の廃校に反対の意思を表明した。議員が主張したのは「青年たちが行動し訴えている。大人は真摯にこたえなければならない」であり、県議の一人(2)は浦商定時制の生徒の活動を取り上げ「子供たちが駅で署名活動をしたり、各議員に手紙もいったかもしれません。浦商の卒業生や在校生たちが一所懸命自分たちの学校を何とかしてほしいという活動を見て、自分としては、ああ、これだなと思う部分があったんです」と県議会で再々質問までして、存続を訴え続けてくれた。生徒たちが取り組むことへの大人の責任だった。しかし県は既定路線を進め、多くの人の叫びを無視し、二〇〇八年三月に浦商定時制は廃校となる。

二〇〇一年から七年もの間、生徒や卒業生たちが社会に対し、異議申し立てをし続けた理由は、浦商定時制へのノスタルジー(3)ではなかった。浦商定時制を必要としている未来の生徒たちへの責任からだった。その原動力は、彼らの学びにある。本報告はまず、その学びの内容と学びに至るまでの過程を取り上げたい。

あえて定時制にやってきた生徒たち。学校や教師、大人を避け、拒否してきた彼らを受けとめ、誰もがいていい空間「居場所」をつくることがはじめにあった。そして「生徒が主人公」の学校づくりと「学びの主人公」づくりがある。この二つの柱は、「生徒が主体の行事」づくりと、教師が生徒とともに取り組んだ「教育課程の自主編成」を土台にしている。ここをベースキャンプとして彼らは、行事やHR活動で「決定する力」を培い、「批判する力」を育てた。一方、「沖縄」「水俣」など、社会的課題に向き合う学びの中から、「だまされない学力」をつけていく。そして、様々な重しを解き放ち、胸を張って「定時制の生徒です」と自分の存在に誇りを持ち、自分たちの場所を守ることに向かった。

この運動の先に若者支援を目的としたMoonlight Project「月あかりの計画」（以下ムーンプロ）がある。活動拠点は埼玉県桶川市にあるＨＩＢＩＫＩカフェと、太鼓集団響の稽古である同県本庄市児玉町にある響スタジオである。不登校やいじめ、虐待、経済的理由で学校から離れてしまった人たちの居場所づくりを両者で担っている。カフェにはほぼ毎日のように子ども・青年たちがやってきて思い思いに過ごしていく。学びたいとやってく若者たちには「宿カフェ」を用意し、ひきこもりの青年たちには「宿カフェキャリア」と呼ぶ居場所がある。毎週月曜日は「響食堂」と称した子ども食堂も開いている。彼らを支えるのはカフェのスタッフ、響のメンバーそして元教師や現職教師そして学生、その多くは統廃合反対運動の中で、社会に物言ってきた仲間たち、「批判する力」を怖れない者たちである。二〇二三年春には「スコーレ・ムーンライト」と名付けたフリースクールを立ち上げる予定である。そこは浦商定時制で未完であった教育の計画、すなわち「生徒が主人公」と「学びの主人公」を実現させる場所となる。

本報告は、一般社団法人Moonlight Projectが取り組む若者支援についても触れていく。その土台となった浦商定時制の教育実践について言及することで、社会的活動に向き合う力を育てることの意義と方法を綴りたい。

二　生徒が主人公の学校づくり
―浦商定時制の実践

夜間定時制高校は戦後、教育の機会均等の掛け声の中、一九四八年に通信制高校とともに産声を上げ、経済的な理由により、学習の機会を奪われていた青年達の学びの学校として存在していた。一九六〇年代から七〇年代にかけての高度経済成長とともに、高校全入時期を迎え、全日制高校をドロップアウトした青年達の受け皿となる。一九九〇年代に入ると彼らにとって代わり、不登校や基礎学力不足の生徒たちが多数入学するに至る。浦商定時制においても一九九六年入学生の割合において、不登校生徒が五割を超えることになった。このような経験の中、「定時制高校は最後の砦」「マイナスからゼロへ、自らを引き受けることができる場所」[4]などの言葉に立ち現れる様に、「包摂」の学校として誰をも受け入れる学校として存在していた。

（1）卒業式をきっかけとして

浦商定時制は、はじめから「生徒が主人公」の学校だったのではない。包摂の学校でもなかった。むしろ窮屈な学校だった。それは暴走族やチーマー[5]と呼ばれた反社会的な行動をとる「ゴンタ（荒れた者）」たちが多く在籍し、厳しい規則で対応していたからである。私が赴任した一九九三年、浦商定時制は、学校外での関係を地盤にした生徒たちが、校内で好き勝手に振る舞い、彼らの引き起こす事件に振り回されていた。学校を安定させる為に厳しいルールにより生徒を縛り付けていた。時間や出席の厳格な順守の強要、提出物のチェック、徹底的な暴力の排除と一方的な指導があり、その寛容のなさに嫌気が差した生徒は退学していった。卒業前に残る生徒は五割ほど、二年進級において七割近い生徒が辞めていくこともあった。彼らは窒息しそうであった。ときに息を吹き返し、学校を諦め、教師や学校に挑んでくるものもいた。そんな事件のひとつが浦商定時制を変えていくことになる。

この学校に、唯一ともいえる生徒主体の取り組みがあった。「体育祭」におけるスローガンづくりである。「和太鼓を叩いてみないか」との誘いに乗った四年生がいた。毎晩遅くまで学校に残り、発表に向けて太鼓を叩き続けていた。体育祭当日、ゴンタグループに属する青年と、生徒会執行部のまじめな青年が、競技判定でぶつかった。先に手を出したのはまじめな青年だった。それが問題を複雑化し、これまで学校に不満を持っていた生徒たちが合流する。雨のために体育館で開かれていた体育祭は乱闘になり、途中中止となった。太鼓が叩かれることはなかった。

太鼓を「叩かせたい」と願う教師と「叩きたい」との生徒の思いが重なる。地元の自治会や小中学校に太鼓演奏の依頼をするのだが断られ、残された場が卒業式だった。その場限りの取り組みではなく、学校を変えるきっかけとしたいと、卒業式プロジェクトを立ち上げた。運営の柱は、①卒業式で太鼓を叩く、②生徒の手による卒業式につくりかえる、③生徒が主人公の学校につなげる、であった。

「生徒が主人公」の卒業式は動き出した。しかし生徒が中心で取り組まなければ意味がない。当時、浦商定時制にはそのような経験がない。この思いを引き受けてくれたのが当時生徒会長だったKだった。病気のために一年休学していた。本来なら本人が卒業だったこともあるのだろう。真摯に実行委員長としての仕事を担ってくれていた。実行委員には高校中退、不登校など様々な事情を抱える生徒が集まった。原案作成やレジュメの作り方、役割分担などを学び、多くの壁にぶち当たったが、「生徒の手で卒業生を送り出す」というコンセプトを大切に、彼らは自分たちのプロジェクトにのめりこんでいった。

卒業式当日、司会進行も生徒が取り仕切り、スムーズに進んだとは言い難いのだけど、手づくりであたたかなものとなった。在校生は卒業生に、「ご苦労さま」のメッセージを伝え、卒業生から涙がこぼれ、すすり泣きが聞こえてくる。卒業生による和太鼓演奏と、仲間や教師や後輩たちへのメッセージ「これまでありがとう。そして卒業しろよ」に、教師たちは、彼らの成長を重ね合わせた。卒業式終了後、普段なら一目散に帰っていく生徒たちが立ち上がろうとしない。片付けも黙々と手伝っていく。進級が危ぶまれていた三年生が叫んだ「来年、この卒業式で、卒業するぞ」の言葉が、「生徒が主人公」の学校の始まりだった。翌年の卒業式は進級を実現したその生徒が中心となり、「生徒の手に」がより拡大され、二時間という長丁場の卒業式になった。企画、進行の殆どが生徒の手で運営されていく。卒業式は先輩から後輩へ「生徒が主人公」の作法を受け継ぐための場になっていった。

その後、生徒たちは「文化祭」や「卒業式を送る会」や「新入生歓迎会」を立ち上げ、春休業中に保護者も参加する「新入生説明会」も担っていくことになった。学校は仲間と「ともに取り組む」場所に変わっていく。「生徒が主人公」の学校が出現した。

（2）主人公になるための方法

生徒が主人公になるため、大切にしていた柱がある。①目的づくり、②仲間づくり、③文化の質の吟味、の三点であった。

一般的に生徒は行事に取り組むと、具体的な企画づくりや実際の作業に「のり」やすいと言われている。その活動が生徒にも、いっときの充実感を与えるのだが、その前に「なんのために」に時間をかけることで、彼らは行事づくりにとどまらず、様々な課題の「意義」や「意味」を大切にする作法を学んでいく。「なぜ」、「なんのため」に時間をかけ、生徒たち自身が、今後の展望を視野に入れながら、「目的」を決めていった。この議論がその行事を評価する基準にもなっていく。

二つ目は、「仲間づくり」である。生徒同士が対象に向き合う中、ともに取り組める時間と空間をつくることが指導の重点となる。HRにできやすい私的集団を解体し、公的なつながりや空間で、彼らは他者との繋がり方を学ぶのである。取り組む「対象」を介して、彼らは有機的につながっていく。

最後に「文化の質の吟味」である。目的も仲間づくりも、真剣に取り組め、仲間をつなげる対象が必要になる。その質が問われている。山岡[6]は自治的活動の取り組みとともに、生徒が向き合う文化の大切さを主張している。「特別活動では自治的な活動方法で行うことも重要であるが、同時にその活動を通して何を獲得させていくかという視点も重要」であると述べる。また川口[7]は特別活動と文化のつながりを「集団は、ただ人の群れではあるのではなく、そこに集団の質を特徴づける『文化』を持つ。特別活動が授業の領域の一つに位置づけられているのも、集団の成員である個々の生徒と集団とを結びつける特定の『文化』があるからである。－中略－個人と集団とを繋ぐ文化の質は、諸個人の興味・関心と集団の自治性に依拠するところが大きい」と述べ、文化の質の重要性を示唆している。浦商定時制においても、「文化の質」の吟味は常になされていた。例えばその考えは、和太鼓における太鼓の質の追求にもあらわれ、ただ叩けばいいだけからの脱却にもなり、彼らはその後、太鼓を抱え社会で生きていくことにつながった。質の高い文化が介在する取り組みは、必然的にその集団の質も高めていく。

そして何よりも大切なのが、彼らが自分たちの場所を仕切るということだった。その上で大切にしていたのが①原案づくり、②決定権を預けること、③決定する力を育てる、の三点である。

生徒会全体を動かすにしても、実行委員会を指導するにしても、常に本部や執行部などの役員を決め、そこで原案をつくり、再検討をくりかえす中で、全体に投げかける準備を進めることは必須にしていた。原案は、否定されても構わない覚悟の上につくる、という原則のもとに、ここで教師は指導力を発揮することになる。自治的集団をつくるに際し、誰が最終的な決定権を持つのかという、根本的な課題が横たわる。「生徒が主人公」の学校づくりを進めていた浦商定時制では、常に「どこまで生徒に決めさせるのか」が教員同士の大事な検討事項でもあった。「彼らに決定させて大丈夫なのか」とすぐに思考を停止することなく、かといってそのまますべてを預けるというのも無責任であり、教育の放棄でもある。「決定権を育てる」教育が必要であり、浦商定時制では、執行部における決定や委員会の決定はもちろん、ＨＲの決定が正しいのかの基準を常に持ち合わせようと努力していた。そのために「原案づくり」において、生徒に徹底的に検討することを求めることで、「決定する力」を育て、彼らへ「決定権」を預けることにつながっていた。例えば生徒会が立ち上げた四者協議会は、生徒会が検討した2者協議会が母体になっているが、もともとの彼らの提案を教師が尊重し、しかし拒否することで設置されている。

マナブは、小学校から中学校まで不登校であった。浦商定時制に入学し、いきいきと活動するようになる。生徒会長を二年間つとめ、浦商定時制を引っ張っていくことになった。三年生徒会長の時だった、「浦商定時制は生徒が主人公を標榜しているならば、最終決定をしている職員会議に生徒会執行部も参加できないか」と執行部の原案を提示してきた。しかし職員会議は生徒のプライベートを守るという観点から、生徒の出席は認めずという、原案却下を伝えることになる。これに対し生徒会は代案として、教師と生徒で予備決定ができる二者協議会（生徒有志と教職員）を提案し、生徒総会でも認められ、教師もこの案を承認した。生徒会からの要望や、教師からの要望なども交流されたが、行事や日程の確認もなされ、その検討も加味しながら職員会議で原案が提案されることになる。この二者協議会は、先述した浦商定時制が統廃合問題に直面したときに、卒業生、保護者を加え、四者協議会となり、学校の大切な決定をする場所に発展していくことになった。なお4者協議会の議事運営は生徒会執行部が担っていた。マナブは現在、一般社団法人Moonlight Project の私たちの学校づくりの中心を担っている。

三　学びの主人公

（1）「8つの力」と「教育課程自主編成」

「生徒が主人公」の学校づくりは、一定の成果を上げ、彼らは自由にのびのびと、とてもまともな問いを発しながら学校生活を送っていた。そして生徒とともに学校をつくっていく実感は、教師の専門性への意識も呼び起こし、浦商定時制の教師たちは、授業の改革に向かうことになった。それは生徒たちをどう育てていくのか、どんな青年になってもらいたいのかの議論であり、私たちの学校の教育目標を、生徒を通して再構築する作業でもあった。困難な場所にいる目の前にいる生徒を語るにつけ、自前の教育課程の必要性を痛感したことが動機の一番にある。

まず「総合的学習の時間（以下総合学習）」の検討から取り組むことになった。たたき台は沖縄修学旅行を着陸点とする、「平和」学習であった。様々な教科が平和や文化や沖縄を核に「学び」の新たな形を提案し、検討を加えることになった。具体的な修学旅行の詳細は後述させていただくが、沖縄に真摯に向き合う生徒を元に、

表1

埼玉県立浦和商業高校定時制の「8つの力」

1. 自分を表現する力
   - 言語化できる力
   - 身体化できる力
   - 芸術で表現できる力
2. 他社認識と自己認識ができる力
   - 自己認識（発達の中で）できる力
   - 社会・歴史構造の中の自分をはかれる・見つけることができる力
   - 他者の中での自分をはかれる・見つけることができる力
   - 他者認識ができる力
3. 主権者として活動できる力
   - 現代の世界がかかえている諸課題について、自然科学的、社会科学的に分析し総合する力
   - 社会的諸事情に対して、自己決定権を育て、自分の意思を明確に表明し、さらに行動できるだけの力
4. 労働をするための主体者像を確立できる力
   - 生産の主体者としての自分なりの労働観を確立する力
   - 労働者としての必要な知識を持つ
5. 生活主体者としての力
   - 健康に生きていく力
   - 生活（消費）主体として経済的に自立する力
   - 生活を科学的に認識し、変革しうる実践力
   - リテラシー的な生活知の獲得
6. 文化を享受できる力
   - 文化の継承と発展そして変革できる力
7. 『世界』を読みとる力
   - 社会構造、世界の縮図、人間理解などを言語、非言語を通して読み解く力
   - 社会、世界の事実（社会、政治、文化、歴史、人権、戦争、人種、国家、自然現象、環境など）を認識し、また、その構造（体系）を理解し、何が正当であるかを判断する力
8. 真理を研究する力
   - 既成の価値観を見直す力
   - 教科諸領域の構造・体系を把握する力
   - 科学的探究方法の理解力

表2

番号	8つの力	→そのために必要な学力	教科名	教科内容・教材	具体的内容
1	自分を表現する力	言語化できる力	国語	自分の辞書をつくる	国語表現・・・自分だけの辞書をつくるをこだわる。例えば優しい言葉ほど定義しづらい、日常に埋没した言葉を呼び起こす。
				聞き書きを紙芝居に仕立てる	
			世界史	自分史を書く	自分の10数年間の総括の上に新たな自分をどうつくっていくか。（歴史的・社会的自分）
			英語	身の回りのこと・社会的な関心を簡潔な英文で表現する。（動詞の使用法・作文法〈俳句の心〉）	気になる出来事、関心のある出来事を簡単な文でまとめる。事実を書く→展開を→自分はこう思う。まずは日本語で。英語だけではなく、日本語を通して簡潔にまとめる
			保健	知床原生林の授業：資料を基に自分の意見をまとめ、人の意見を聞き、また自分の意見をまとめる。その繰り返しの先に自分の言葉を探る力を培うことになる	事実を元にして認識を深め、思考を経ての言語を他者にぶつけ、それがまた自分に返ってくる。それが言語化の出発点
		身体化できる力	体育	和太鼓の技法を学ぶことにより太鼓を通しての自己表現の元を身体に刻む。また民舞の身体技法より彼らの身体を解放させる	まねる・身体の所作を学ぶことによって、自分を表現する。別の身体技法を身につける。
			英語	英語による道案内	具体的な場所を限定して、地図をつくる。その地図をたよりに道案内をする。
			英語	英語劇を演じる（グループ→役割→練習→発展）（劇）	小グループをつくって、英語劇の題材を提示し、グループごとに演じていく。役割分担から練習、発表へ、たのグループとの緊張関係。身体を使っての表現だから、英語を紙の上だけではなく、具体的な動きで身につける。
		芸術で表現できる力	国語	群読を試みる	群読は芸術でもあるし、身体の表現でもある。郡読は解釈の問題が表現の多様性となってくる。
				茨木のり子の詩を読む	
			体育	和太鼓の日本的なリズム・強弱を我がものにし、そこから自分の表現をつかむ。クラスのアンサンブルを創り上げる	相手の動きと自分の動きを合わせることによりリズムの強弱を学ぶ。アンサンブル。
			芸術	音楽・美術・書道	
2	他者認識と自己認識ができる力	自己認識（発達の中で）できる力	家庭科	青年期とは－生き方から結婚まで。・人生の目標と計画－目標を立てよう。人生すごろく。10代の自立を考える－自立度チェック。	生活を機軸にして、人生、青年期を考える。青年期の中で長期的な人生を想定することにより自分を見つめる。理想となる人生設計。目標と計画。
			国語	茨木のり子の詩を読む	茨城のり子にこだわらない。自己認識ができることは他者認識できること。
		社会・歴史構造の中の自分をはかれる・見つける	家庭科	結婚の歴史クイズ。家族法クイズ、結婚相手を考える。	社会構造と結婚を捉える。
			保健・家庭科	自分の生育暦をまとめることから、自分の育ちと、自分とはを考え、自分の今を見つめる授業をつくりたい	自分が生まれてからどんな生活をしてきたか。社会環境の中で自分はどう育ってきたのかを知る。
		他者の中での自分をはかれる・見つけることができる力	保健	水俣病患者の闘争の歴史を学び、それを自分自身に置き換えて問い直すことを繰り返すことにより社会的構造が自分にとってどのようなものになるかを考え、認識することにつながる	社会構造の中で健康でない生き方を強いられてきた人の生き方を追体験し、そうではない生き方の選択ができるようにする。
			体育	卓球・バドミントン：他者の存在なくして成立しないスポーツ教材をいかしまずは人と向かい合うことから始める	
			体育	バスケット・サッカー：他者との共同の上に成り立つボールゲームを通して、プレイの内でまずは、他者を認識し、その後、グループ	他者認識と自分の位置。パスの必然性。
			現代社会 地理A 世界史A	新聞等の投げ込み教材で学ぶ	現代社会の社会認識・他者認識を深める
			世界史A	社会的背景の中で自分史を書く	
			英語	抑圧された歴史を持つアフリカン＝アメリカンの少女のしを読む（読み取り・共感）（詩）、友達との関係をとおしてHIVに感染している事実を公としていく龍平の心情を詠む（自分史）、国際的な課題について海外の高校生とメールを交換し、文化を異にする同世代の人間と対話する（メール）	現実を理解しながら、共感から出発。読みとり、共感を中心。
			家庭科	家族、家庭を考える－言ってみよう！家族の不満	家族の不満を語ることによって家族について考える。
			理数	班学習　数学（順列、組合せ）・相互に教え合い	算数・数学の教育観を打破してもらいたい。授業の形態も打破してもらいたい。1年1学期、全く知らないもの同士がくっついてやっていく。
		他者認識ができる力			
3	主権者として活動できる力	現代の世界がかかえている諸課題について、自然科学的に分析し総合する力	保健	環境汚染がどのような構造を持っており、自然科学的認識なしではその構造把握ができないことを、生物濃縮や、食物連鎖から学び、現在科学の専門性の疎外性も学ぶ	被害者が被害者をつくり構造
			保健	水俣病患者の闘争の歴史には、差別との戦いもあったことを水俣の社会的構造を読みとることにより、理解し、その把握をする	
			社会	新聞等の投げ込み教材で学ぶ	
			英語	ニュースを読むことによって世界の構造や社会のあり方を知り、社会政策に参加する主体意識を育てる	新聞・テレビニュースを通して、事実を事実として伝え、事実を元にして、自分の考え、意見を、言えるように。社会の中で自分がどのような位置にあるのかを考える・・・を英語の教材で
		現代の世界がかかえている諸課題について、社会科学的に分析し総合する力	商業	経済分野の基本的システムを知り、社会科学的に世の中を分析する基礎力を養う	経済の基本的なシステムを知ってもらい、主権者意識を育てる
		社会的諸事情に対して、自己決定権を育て、自分の意見を明確に表明し、さらに行動できるだけの力	社会	社会的背景の中の自分史を書く	
			国語	ディベートの試み	いろいろなテーマでできる。その教材による
			英語	女と男の仕事について考え、ジェンダーの意味を探る	自分の考えを英語で表現している
			家庭科	人間の性とは－愛と性。悩み相談から性を考える。具体例から性犯罪を考える。援助交際問題。・子どもの権利を考える	性の自己決定権を機軸に据えた授業。性の現実を子どもの権利の視点から乗り越える
			保健	避妊・中絶・買売春をとおして、何を決定できるのか、何を決定してはならないのかを考え、彼らの自己を取り巻く状況と、自分で決める先を学ぶ	避妊、中絶、買売春を通して自己決定権を育てる
4	労働をするための主体者像を確立できる力	生産の主体者としての自分なりの労働観を確立する力	社会	様々な労働の実状を交流したり、求人票から見えてくる労働の姿について学ぶ	労働観の確立と仕事の選択
			家庭科	家事労働分担を考える－家事分担クイズ・夫がするか妻がするか。家事労働と社会的労働の違い、家事労働（食事）の社会化・家族の仕事、仕事の移り変わり、現代の労働条件	家事労働と社会的労働を行う。家事分担。過労で倒れる人の実態
			保健	チッソを学び、彼らの論理と彼らを取り巻く産業環境を知り、でも、それでも考えなければならない企業正義を見つけていく	被害者が拡大したことの意味と企業の責任
		労働者としての必要な知識を持つ	社会	労基法、労働行政等について学ぶ	失業保険などの具体的な事項を学ぶ
			商業	経理の知識を身につける	経理を学ぶというのはどんな仕事にも役立つ。一部の知識ではない。経理を通して自分の会社を知る

番号	8つの力	→そのために必要な学力	教科名	教科内容・教材	具体的内容
5	生活主体者としての力	健康に生きていく力	保健	男と女、妊娠、中絶、避妊などを学ぶことにより、健康観を育てていく。	妊娠の科学的知識をもとにした健康観をつくる
			英語	(Ryuhei)	エイズのこと、エイズ一般的な事。科学的認識でのエイズ予防から
			理科	細菌兵器、枯れ葉剤(ダイオキシン)原爆、原発事故、人体の仕組み、ウィルスと風邪、エイズ。	生活の中での健康を考える。事件とそれに対する科学的知識
			家庭科	栄養と健康・被服と健康・避妊について。避妊関係のビデオ、感想文。性感染症について。エイズ	
		生活(消費)主体として経済的に自立する力	現代社会	消費生活と法律について、具体的な実例から学ぶ。	民法。訪問販売とクーリングオフ
			理数	数学(数列、ローン地獄)	等差数列・等比数列をやって、現実の生活から問題を提起する。数学的応用でローンを考える
			家庭科	生活時間と生活行動－24時間なにしている？・家庭の経済を考える、家計と教育費－1月いくら使っている？クレジットー今払う？後で払う？、お金のため方使い方。・生産者、消費者の責任－マーク調べ	消費の問題を考える
		生活を科学的に認識し、変革しうる実践力	保健	事実を元にして科学的認識を育てることから彼らの健康観をつくっていきたい。	
			理数	化学(食品化学、化粧品の危険、衣料化学)	日常生活の便利は科学的なものは諸刃の刃であるという事を認識していく
			理科	枯れ葉剤(ダイオキシン)原爆、原発事故、衣料の化学、食品の化学、微生物を利用した食品。	
			家庭科	住生活の基礎知識、理想の間取りは？、・パソコンを用いた住居設計。・被服と自然、社会－被服・衣生活の基礎、繊維の性質、天然繊維と化学繊維・洗濯の科学(汚れが落ちるとは、合成洗剤と石けん等)洗剤の人体への影響、洗剤と生態系・食物と自然、社会、・3大栄養素・ビタミン、ミネラル、食物繊維・小麦、小麦粉油脂・大豆と加工食品・野菜、果物・牛乳、乳製品、卵・塩、砂糖、香辛料・魚と寿司・肉と加工品。食物から入る有害化学物質(食品添加物)・米(米の流通と消費、炊飯の科学等)受精から着床まで。出産－生命の誕生(出産のビデオ、	家庭科の目標の柱である
		リテラシー的な生活知の獲得	英語	手紙を書く	相手を想定して何かを書くと言うことは大切。具体的な手紙の書き方出し方もやっている
			理数	数学(コンピュータ、情報処理)	コンピューターをどんなものであるか。コンピューターリテラシー
			商業文書	ワープロの習得。表計算ソフトの習得。	
6	文化を享受できる力	文化の継承と発展そして変革できる力	国語	日本の伝統芸能に親しむ	つくられ方こそが文化
				百人一首に親しむ	
				漢字を構造的に把握する	
			体育	ターゲットボールゴルフ:技術獲得するための道筋(分析・検討)を通して、「できる」に近づく事をわかる	
			体育	ショートテニス:ターゲットバードゴルフでの技術を元に、ショートテニスの技術を発展的に捉え、それを「戦術・戦略」認識までつなげていく	戦術・戦略へつなげる
			体育	タッチフットボール:戦術戦略をグループ学習で	
			体育	バスケット・バレー:近代スポーツの文化を学び、技術－戦術・戦略の系をグループ学習で学んでいくことにより、近代スポーツの文化構造把握をしていく	近代スポーツの起源、なぜできたのか。文化と構造把握
			英語	①外国映画を観ることによって、その表現方法や隠された意味を探る。(映画鑑賞と批判)	文化的な背景の違いを映画を通してみていく。隠された意味を探り出す。
				②英語の歌を聴き、歌詞と曲の関係を探り、話される英語の感覚をつかむ。(歌)	音楽という文化を通して学んでいく
			理数	数学(数学史) 理科(科学史)、(数のはじまり・√・ピタゴラスの定理・微積分)	過去の歴史的事実、理論体系を学んでいくことによって、現在の人間と発見した人間は変わらない。現代の我々がかつての時代に生きていれば同じ疑問をもって、同じ認識をしていく事実を学ぶ。つくられた文化を学ぶのではなく、つくっていく文化を認識する。
			家庭科	献立と調理の基礎知識、基礎技術・調理実習。既製服と流行(配色の実習を含む)・3原組織(実習を含む)	食文化、特に手を動かすこと。食文化領域の手作業、作法を知る。服飾文化を知る。配色など、織物の作業、事実
7	世界を読みとる力	社会構造、世界の縮図、人間理解などを言語、非言語を通して読み解く力	英語	英語版「火垂るの墓」を通して登場人物の心情を読みとり、戦争の意味を探る。	物語を通して登場人物の心情を通して戦争の悲惨さを学ぶ
			地理A	人種・民族の多様性と民族アイデンティティー、相互尊重について学ぶ。	戦争の問題を経済的、政治的背景以外に、民衆の民族アイデンティティーの問題。人権・民族・国家を学ぶ
		社会、世界の事実(社会、政治、文化、歴史、人権、戦争、人種、国家、自然現象、環境など)を認識し、また、その構造(体系)を理解し、何が正当であるかを判断する力	国語	「りゅうれぇんれんの物語」を読む。	長編叙事詩・・・強制連行の中国人の・・・13年間北海道を逃げ回った人の物語。
			保健	水俣病小論文の作成:水俣病患者の闘争の歴史から彼らの周りの事実を追体験し、それを元に、自分の疑問を調べ、論文としてまとめる作業から、社会と自分との関係を問い直し、何が正しいのかの判断をする力を培わせたい。	自分の力で読みとり。自分の力で表現。
			体育	体育理論:近代スポーツ史を学び、スポーツの現代的課題に迫る授業(商業祝儀・オリンピック・パラリンピック・孫基禎の授業など)	近代スポーツの歴史を通し、その暗部に迫り何が問題かを探る
			現代社会 地理A	日本と朝鮮、中国との関係から、人権、民族、戦争、国家などについて学ぶ。戦争についての資料をもとに、その実相や原因について探求する。	
			英語	①17世紀から第2次世界大戦後に至るアフリカン＝アメリカンの歴史を事実に即して学ぶ。②ニュースを読むことによって、世界の動きや社会のあり方を知り、何が正しいのかを判断する。③戦争の記述に関する海外の教科書を読み、日本のそれと比較する。	アメリカ社会のもう一つの側面を学ぶ。世界の動きで何が正しいのかを判断する。第2時世界大戦の戦争の記述が世界各国で違うことを学ぶ
			家庭科	(家庭科の教材全てを通じて)	ただ、環境に関わる、ものなど他にいくつか関わるところがある。
			理数	①化学(校概論)、自然環境と保全。②世界のスケールを読む。数学(三角比)。③理科のミクロの世界(パワーズ オブ テン)マクロからミクロ。④人間と資源とエネルギー。 ⑤(高島)(理科の教材すべてを通じて)	公害論、環境の問題。ミクロ、マクロでものの見方をみていく。2面性、大きさ。
8	真理を探究する力	既成の価値観を見直す力	体育	「できる」「できない」を乗り越えるスポーツの価値について探求する授業。	
			現代社会	哲学・論理学の基礎を学ぶ	生とは何か、死とは何かを、一緒に考える
			理数	数学の計算力、基準作り(数学一般)	基準作り、ひとつの視点から見ていく
			国語	時空トリップ20世紀シリーズから「国語・日本語」「恋愛」	国語が創られた国家の意思を20世紀トリップができる。恋愛は生徒達が興味がある。江戸時代まではラブの概念がなかった。だから近代以降困った歴史。それが文学の歴史に刻まれている。
			家庭科	家庭科の歴史、男女平等教育と家庭科、ジェンダー	性別役割分業から、ジェンダー
			理科	レオポン、あいの子、雑種、雑種強勢、オーストラリアの兎、生物多様性、遺伝子組み替え作物・食品、人類進化、恐竜、エイズ、アレルギー、細菌兵器、枯葉剤(ダイオキシン)、原爆、原発事故、元素、原子、分子。	既成の価値観を見直す
		教科諸領域の構造・体系を把握する力	英語	①アルファベットの源泉を辿る。②動詞の意味や文の構造を知る。	表形文字、表音文字の違い。文の構造文法です。
			理数	数学BASICのアルゴリズム(コンピュータ入門)	人間とコンピューターの手順が同じであることを学ぶ
			家庭科	(家庭科と理科の共通教材を通して)	操作過程によってできている世界を知る。それをコンピューターのプログラムから学ぶ
			理科	微生物を利用した食品(乳酸菌等)、遺伝子組み替え作物・食品、エイズ、枯葉剤(ダイオキシン)、卵・精子形成	
		科学的探求方法の理解力	保健	保健でつけてもらいたい力すなわち、保健の授業の目的を科学的認識を育てると言うこととして理解してもらう授業。	科学的認識を育てる。科学とは何かを問う
			理数	物理(力学)、物理、化学、の実験、化学の原子の世界。自然の謎を解く研究のプロセス(理科)自然と科学技術(理)	仮説から
			理科	細胞、細胞分裂、卵・精子形成、受精・ヒトの発生、ヒトの遺伝、性決定、血液等、人体の仕組み、衣料の化学、食品の化学、ウィルスと風邪、元素、原子、分子、化学反応(式)	実験観察、規制の価値観からの脱出。常識的に生徒を揺さぶる
				顕微鏡実習(細胞)、身近な物資の燃焼(実験)、(演示)実験、各教材において仮説を立てさせる、各教材のコンピュータによるシュミレーション等	

各教科の目的や内容を交流させていくことになり、目の前の生徒たちにつけさせたい力として「8つの力」（表1）を構想するに至った。この8つの力を分析し、教科で引き取ることを検討し、「教育課程の自主編成」は進んでいった（表2）。しかし残念なことに、この編成作業は浦商定時制の廃校に伴い、未完となった。

（2）2つの学び

浦商定時制は、「自ら決める力」と「学びへ向かう力」を育てることの必要性を訴えていた。その教育の成果は「生徒が主人公の学校」と「学びの主人公の学校」として述べてきたが、とりわけ「2つの学び」を提起したい。ひとつは環境や平和といった「社会的課題に向き合う学び」である。浦商定時制では「水俣」に向き合い修学旅行を核として「沖縄」に取り組んでいた。この「環境」や「平和」や「人権」に向き合う学びは、彼らの生活課題にリンクさせることで学びの内容が深くなり、彼らの次への一歩につながっていった。ふたつめは、和太鼓や民族舞踊などの、「自己表現を基盤にした学び」である。「卒業式」に向け取り組んだ太鼓がきっかけとなり、その後、授業化された和太鼓の取り組みでは、自らの殻に閉じこもり他者と交流をしようとしなかった青年が、太鼓を媒介に人とつながり地域とつながっていった。

「社会的課題に向き合う学び」と「自己表現を基盤にした学び」。2つの学びが、自己決定をともないながら、他者を認め、自己肯定観を育てていく中で、生徒の自己実現を促し、社会で生きる道につながると考えられる。

①社会的課題に向き合う学び

社会的課題に向き合うとは何を指すのか、またなぜその課題が青年たちの心を揺さぶり、自己実現につながるのだろうか。浦商定時制の取り組み総合学習「平和と文化を学ぶ沖縄修学旅行」[8]から、その糸口を探してみたい。

事前学習が核であった。沖縄戦のことや、沖縄の文化、自然、歴史、エイサーを、ホームルームや、体育、国語、世界史、総合的学習の時間、情報処理の授業で、彼らに突きつけていった。修学旅行実行委員会学習班は「ひめゆりの塔」や「さとうきび畑」などの映画上映も企画した。戦跡調べもした。修学旅行の実行委員長はSが担った。かつて大学生を金属バットで殴りつけ少年院に送致され、暴力が支配する中で生きていた。留年や休学を繰り返している。誰も近寄ろうとはしなかった。ときに言葉を荒げ教室でキレたり、学校に寄りつかなくなったりする中で、沖縄への学びは彼を学校に近づけていく。事前学習の焦点は読谷村の「チビチリガマとシムクガマ」に絞られ、集団自決があったガマと千名以上の人が助かったガマの違いを調べ考え沖縄戦の実相に迫っていった。２つのガマの違いを学んだあとでもなおSは「生きようとガマに入ったのになぜ自決したのか」と問うた。この自問自答が学びの原点にあった。埼玉県東松山にある原爆の図丸木美術館へ行った。沖縄県宜野湾市にある普天間基地に隣接する佐喜眞美術館には、丸木夫妻によって描かれた「沖縄戦の図」が展示してある。「チビチリガマ」「シムクガマ」の図もある。そこにつながるために埼玉で「原爆の図」を見る。Sの感想である。「丸木美術館に行き、今でも心に残っていることと言えば美術館の1階に飾られていた大きな絵です。その絵には残虐な絵もあり、平和を願う絵などもあり、なんだか夢中になってしまい、気づけばさっき横にいたはずの人がぜんぜん違う人に変わっているくらい夢中になってしまいました。他に自分が感じたことは、周りのことです。いつも一緒にいるグループがうちのクラスには何組もあると思われますが、そこで驚き、感心したことがあります。まずひとつは、そのグループのひとり一人がバラバラになっていたことです。そして、そのひとり一人が美術館の絵に自分と同じように口を開け、ただひたすら絵に夢中になっていたのです。そういったこともあり、クラスのみんなのいつもとは違った顔も見たり、真剣な一面をみたりと、自分自身の考え方についても大きく変化できたかなと思います」。不登校を経験した者が九割を超えるクラス。彼らが真剣にたたずむ姿に自らの学びの今を重ね合わせ、彼はともに学ぶ、仲間の必要性を自覚していく。

彼が綴った修学旅行のしおりのあいさつ文「高校生活最後の夏休みも終わり、遂に待望の南国の島沖縄へ修学旅行として向かう日がやってきました。皆さんはそれぞれどのような思いを抱いて沖縄へ向かうのでしょうか。例えば沖縄の特産物を食べたい。海で思いっきり遊びたい。たくさんの買い物をしたい。いろいろ考えていることと思いますが、決してそれだけにはしないで下さい。

沖縄の歴史に触れ、歴史を感じ、沖縄の歴史を学んでください。そして学び、感じたことを忘れないように心に深く刻んでください。そこに『沖縄に行く意味』があるのではないかと思います。『沖縄に行く意味』をよく考えながら沖縄を目いっぱい感じてください。皆さんとともにこの高校生活最後の修学旅行をすばらしい思い出の1ページにできたらいいなと思います」は、「沖縄の学び」へ深く入り込む様子と仲間への真剣なメッセージが読み取れる。実際の修学旅行では、韓国人慰霊の塔、平和祈念資料館、平和の礎、魂魄の塔、嘉数高地、アブチラガマ、ひめゆり平和祈念資料館、嘉手納基地、チビチリガマ、普天間基地、そして佐喜眞美術館など、多くの場所を現地ガイドの方とめぐることになり、沖縄の方たちから、生徒たちの「真剣な学習態度」や「ダレない姿」にお褒めの言葉をいただくことにもなった。佐喜眞美術館の館長佐喜真氏は説明後「事前にたくさん学習してきたのでしょうね。ありがとう。あまりに熱心に聴いてくれるのでいつもより熱が入って時間がオーバーしてすみません」と述べた。彼らは沖縄に真剣に向き合うことができた。

修学旅行から帰ってきてからは公開授業研究会での発表とまとめの執筆が待っていた。原稿用紙一〇枚を下限のレポートに真剣に向き合う彼らがあった。その中でSはレポートの中でガマ体験のことを次のように綴った。(9)

「自分がここにいたら・・・不意にそう考えた。一時間といることができないかもしれない。ここにいたら自分が何者なのかすらわからなくなり、頭がおかしくなってしまうだろうと思った。こうしてアブチラガマの学習が終わったが、後にして考えると、こういう場所に隠れなければいけない状況をつくった『戦争』という悲惨で残酷で理不尽なことがあったのは事実なのだと、改めて思う。それは、過去や歴史にしてしまってはいけないことで、戦争は今でもどこかの国では起こっている。どこかでその『戦争』によって、たくさんの人が『戦争』の犠牲者になり殺されている。この日本でもいつまた『戦争』という悲劇が繰り返されるかはわからないことで、常に私は『戦争』のことを考えていきたい。二度と悲劇が繰り返されないように」。このとき彼は「最高の学びの場」に「仲間」とともに立った。自らの学びが誰かとつながる確信を持った。かつて暴力が支配する価値観で生きてきた彼が、クラスの仲間とつながり、そして沖縄とつながり、もっと学びたいと思った。Sは「戦争が起こる意味と、その影響」を考えるために大学に進学することを決めた。

②自己表現を基盤とした学び

自己表現に近づくためにはいくつかのハードルがある。言い換えれば自己表現ほど難しく、子ども・青年にとって近づきにくい「学び」はないであろう。夜間定時制にやってくる不登校を経験した生徒やゴンタたちは言葉を媒介とした「自分の表し方」が下手である。時には暴力的に、時には投げやりに、そして時には自分のからに引きこもる。自分をあらわすことが「絶対にいい」とは断定はせず、しかし彼らにまずは、「自分をあらわす力」が必要だと確信をしたのは、先述した教育課程の自主編成の取り組みの中であった。竹内常一[10]は高校生の窮屈な状況を「生徒の意識や態度のあり方から派生しているというよりは、生徒における『文化としてのからだ』の未確立、すなわち、からだをとおして自然や社会をつかみ、からだをとおして仲間とひびきあえる『わざ』をうちにふくんだ『文化としてのからだ』の未発達」に、その原因を求めている。「文化としてのからだ」をとおして自我を表現し、仲間の他我を認識し、からだをつうじて仲間と「共振」し関係して、そこからまた自分自身を認識する。

浦商定時制では、和太鼓を核に取り組むことで、彼らの表現を助ける事になった。具体的には神奈川県三崎半島に伝わる太鼓を、子ども用に編曲した「ぶちあわせ太鼓」を取り上げ指導した。基本リズム「スットン・スットン・ド・ドーン・ドン・ドン」と「サン・トコ・ドッコイ」を叩く。特に「スットン・スットン・ド・ドーン・ドン・ドン」スットンの「ため」の部分はからだの脱力と、呼吸法に時間をかけ、ていねいに指導する。まずは、バチを持たず、立つ。腰を据え、背骨を伸ばして「しかっ」と立つ。手足の力を抜き、からだを流れにまかせ切る。片手を頭上にスッとあげ、息を軽く「スッ」と吐きながら降ろし、「ッ」のところで息を止め指に力を入れ「トン」と手を振り下ろす。それがこの「スットン」の基本形である。片手がある程度さまになってきたら、今度は右手、左手を左右に振り下ろす。そして次にはバチを持つ。手を振り上げたときのバチ先が天空を指すように手にしっかりとバチを感じ取らせながら、太鼓を前にしてこの動作を繰り返し、音を出す。はじめは遠慮がちな音が、徐々に、しっかりと響く音に変わっていく。そして他者とのアンサンブルに移っていく。他者の音を聞きとり、「共振」し自らの音を奏でていく。他者が取り掛かる「スッ」の「ッ」のところに自ら身体を意識して入り込む。その心地よさ。この音の重なりが閉じていた身体を拓いていくことになる。

　浦商定時制の太鼓の取り組みを取材した埼玉新聞記者の新井[11]は「太鼓は農業や漁業などの生産現場で伝承されてきた楽器だ。人間の動物的な部分を多く引き継いでいる『野の文化』だ。いったんは心を閉ざした若者が太鼓を携えた時、忘れていた生命そのもののリズムを取り戻し、本来の『まっとうさ』が表に出る。身体を通して自分がここにいる、ということの意味や理由を探し、表現者として発信を始めた時、閉じていた感性が開かれる」と記事にした。太鼓や踊りの中に込められている想い。それこそが、現代の若者たちの心に「共振」し、自らの場所を確認させ、これからにつながる大切なきっかけとなった。

（3）社会で自立する力を支える学び
―だまされない学力

「生徒が主人公の学校」とは、ただ単に生徒が好き勝手に物事を決め、実行していく教育の方法だけを指しているのではない。彼ら自身が決定する過程そのものを教育内容として取り込み、わがものとし、外へ開いていく「学び」のプロジェクトでもあり、生徒が学校の主人公になるための理想と、教師のやせ我慢も含みおいている。困難な場所にいる彼らが自分を引き受けていくために、必要な作法でもあった。そして、彼らがここで学ぶ「学力」を浦商定時制では「だまされない学力」と呼び、社会において自立するために必要な力として捉えていた。不自由さをそのままにせず、ひとまず口にしてみる。その後、他者とつながり、ともに課題に向き合い、考え検討し方向性を導き出す。できれば実行に移し、総括し、次に生かしていく力である。この「だまされない学力」は、先程の2つの力「社会的課題に向き合う学び」と「自己表現を基盤にした学び」が土台となり形成される。社会的課題に敏感となり、ひらかれた身体が仲間と共同し、他者へ働きかける。

社会的課題に立ち向かうことが、困難な「生きる」を強いられている彼らの、今を「生きる」を助け、社会で自立するために必要な取り組みであると考えている。浦商定時制の「学びの主人公」の学校づくりは「生徒が主人公」の自治の力を育てることとリンクし、社会に出た青年たちの力を構想していた。そして現在、この方法と理念は、私たちの学校づくりの中で発揮されている。

四　Moonlight Project（月あかりの計画）――私たちの学校

二〇一四年。Moonlight Project（ムーンプロ）は「私たちの学校」づくりを取り組みの柱として設立した。原点は、先述した「学校の未来形を探る」と題して開催した「浦商定時制シンポジウム」に取り組んだときの構想であった。二〇一五年一般社団法人となり、現在は、カフェ運営と太鼓集団響の活動を通して不登校や虐待、いじめ、経済的理由により困難な場所にいる子ども・青年たちの支援に取り組んでいる。この場所にやってくる子どもや青年たちを学びの初心者、ともに学ぶ仲間といった意味を込め「ラーナー」と呼んでいる。

（1）HIBIKIカフェ

自家焙煎コーヒー豆の販売と、ランチやデザートも用意している当たり前のカフェである。若者支援を「誰も」が気軽に集まれる「カフェ」で、「あえて」取り組もうと、つくった場所である。1階のフロアーには一二人が座れる大テーブルがあり、ラーナーたちの語らいの場所となっており、彼らは好きなように座り、会話を楽しんだりゲームに興じたり本を読んだりと、思い思いの時間を過ごす。普通のカフェなので、お客さんとラーナーたちが混じることもある。常連さんの話にラーナーがつきあったり、逆にラーナーの相談に常連さんが乗ったり、ときにはラーナーがお客さんの相談に乗ることもある。また常連のお客さんがカフェの様子を見て、若者支援に興味を持ち、その後HIMAの会（後述）に参加するなど、カフェという場所が支援する側とされる側の壁を低くし、誰もが同じ視線でいられる役割をしてくれている。

カフェの営業は午前一一時から午後八時までだが、午後六時からはラーナーたち優先の時間となる。みんなでゲームをしたり勉強に向かったり、ラーナー主催の行事の企画会議に参加したり、参加は自由で強制はしない。一人でボーとしている、ゲームに向かう、ただいるだけでいい居場所を大切にしている。またここは学びの場所でもある。宿題を家庭で見てもらえない小学生たちのために始めた「宿題カフェ（宿カフェ）」である。小学生や中学生、高校生、時にはレポートを抱えた大学生が集まってくる。

ここが大切にしているものに、ラーナー達の企画がある。流しそうめん大会、ハロウィンパーテー、クリスマス会、誕生日会、そして小学六年生、中学三年生、高校三年生、大学四年生の卒業にあたったラーナーたちのお祝いの場「宿カフェ卒業式」など、年間を通していくつもの行事を、浦商定時制と同じように、ラーナーたちが実行委員会を立ち上げ、時間をかけて企画を練り、カフェや太鼓集団響のスタジオ（住み込みの稽古場）を会場に、自分たちの時間を演出する。

（2）太鼓集団響

「響」は浦商定時制の太鼓実践を元に立ち上げられた太鼓部を母体として設立した太鼓集団である。浦商定時制が勝手につぶされる直前、すでに地域に密着していたこと、叩く場所を確保すること、そしてなにより定時制という「意味ある空間」を当事者の思いを無視し、勝手になくすという暴挙に「許さない」との思いで叩き続けることを決めた。その後、防音施設を備えた稽古場兼住み込み施設を、響スタジオと名付け、埼玉県本庄市児玉町に建設した。太鼓を叩き続けることで、なくされた学校「浦商定時制」の名前を記憶に刻んでもらうことが必要だったし、そのためにも本格的な稽古の上に、上質な太鼓集団となることが求められた。メンバー一人ひとり、これまで多くの舞台をこなし、「定時制出身」とか「元不登校」というレッテルから離れ、純粋に太鼓で勝負して生きていきたいと思ってもいた。定時制出身という意味を込めながらも太鼓では純粋に表現として受け取ってもらうことで、そこにあった学校、浦商定時制の本物性を理解してもらいたい。そんな願いを基底にした太鼓集団である。そして今、定時制出身ではない若者も加わり、彼らはプロとして、太鼓を生業として生きていく道を歩んでいる。北は北海道から南は沖縄まで日本全国を周り現地の人とつながり、海外公演も経験してきている。響がプロになる意義は、光を降り注ぐ側である太陽に「響」がなる、ということである。かつて困難を抱えていた彼らが浦商定時制という場所で、現実を受け止め、心を解きほぐし、互いに光を当てる存在として仲間づくりに力を注げるようになったように彼ら自身が、若者たちに光を注ぐ存在に育っていく。その先に、響や響につながる若者たちの未来が翼を広げて待っているはずである。子どもたちに向けての太鼓教室を主催することや、響の公演のスタッフとしてラーナーを巻き込んだり、ラーナー企画に会場が響スタジオの際はスタッフとして彼らを支えるなど、多くの場面でラーナーとともにいながら彼らに自分たちの過去と今を見せ続けてくれている。

(3) 響きあう学びの会―学校づくりのプラットホーム

「響きあう学びの会(HIMAの会)」は、カフェにやってくる子ども・青年たちに寄り添う支援者たちの集まりである。元教師、教師を目指す学生、現職の教師、そして善意ある人たち。ラーナーとHIMAの会がともに学ぶ場、という意味を込め「響き合う」学びの会となった。月に1回の研究会を開催し、目の前のラーナーたちのことを語り合ったり、行事の支援の方法を検討したりすることからはじまり、教育や、居場所論を検討し続けてきた。そしてここが「新しい学校づくり」のプラットホームとなる。

二〇一八年、一般社団法人Moonlight Projectは臨時総会を開き、定款の目的に「学校づくりを目指すこと」を加えた。この場所が私たちの学校づくりの場になっていく。実際の学校像を見つけようと、国内外様々な学びの場ついて報告発表したり、ラーナーたちに理想の学校を語ってもらったり、模擬授業に取り組むなどムープロの学びの核に座っている。とりわけ大阪にある狭域通信制高校の秋桜高校の子どもを大切にする姿勢や、学校づくりのソフトとハード部分に、多くのことを学ばせていただいている。

貧困もそこから派生する「生きづらさ」も、課題は多く、できることは限られている。しかし、私たちが持つ武器、学校という場にあった「学びの空間」を利用しない手はない。子ども・青年たちの困難さには、経済的な理由や、「つながり」がつくれない、持っていないということが大きく作用する。対抗軸として文化資本を仲間とともに携えることができれば、「生きづらさ」から離脱するスタートラインに立てるはずである。私たちは彼らに必要な文化資本としての「学び」の中身を検討し、学校づくりにつなげていこうと考えている。

二〇二〇年度通信制高校に参画する予定で学校法人と連携を進めていた。しかし、設置場所である東京都教育委員会の認可が下りないことが明らかになり、この取組みは自前の学校づくり、フリースクール設立に向かうことになった。私たちの学校スコーレ・ムーンライトを準備中である。

五　社会的課題に立ち向かう

ＨＩＢＩＫＩカフェ店長のヒロミは、珈琲豆の焙煎士でもある。中学校まで不登校を経験し、浦商定時制にやってきた。五万筆を超える署名を提出するときの生徒会執行部だった。現在、カフェにやってくるラーナー達の相談相手として、ＨＩＭＡの会のスタッフの連絡係として、宿カフェの全体に気配りをしてくれている。ユカはＨＩＢＩＫＩカフェの厨房ランチ担当で、ムーンプロの会計を担っている。中学生二年から不登校になり、埼玉県立上尾高等学校定時制課程に進学した。卒業後は短期でアルバイトをしたり、しなかったりで、七年間は自宅中心の生活を過ごしていた。それがカフェとの出会いにより、宿カフェキャリアに通い、自分を取り戻し、今はムーンプロの重要なスタッフとなり、若者支援にも積極的に関わっている。支援する側から支援する側へと巣立った。ヒロノブは、浦商定時制の卒業生である。在校時、卒業式実行委員長として、浦商定時制の行事にリーダーを努めた経験を持つ。現在太鼓集団響の代表を務めるが、未来の響メンバーである研修生の育成担当でもある。小中学生の成長を支えている。メグミはいじめが原因で小学校、中学校は不登校だった。浦商定時制で「生きる」を取り戻し、生徒会や、太鼓部で活躍し、先述したSが委員長の沖縄修学旅行では、右腕とした活躍した。沖縄の青年たちとの交流のために、クラスメイトに太鼓を伝え、沖縄でエイサーの学びの中心に座り、沖縄と埼玉をつなげる役をこなした。今は響のプレイヤーとともに太鼓教室担当を担っている。マナブは、先述したが、浦商定時制で生徒会長として統廃合反対の取り組みの先頭を走っていた。現在は太鼓集団響のプレイヤー兼コンポーザーとして響をリードしている。大学で「身体技法と和太鼓」の講座も受け持ち、太鼓の世界を広げるとともに、ラーナーや、宿カフェキャリアの若者たちの「先をゆく兄」として、背中を見せ続けてくれている。というのも、彼自身、小学校から中学までは不登校として自宅に閉じこもり苦しんだ経験を持っている。その彼が、「生徒が主人公」の学校を自ら体現し、現在も多くの若者達にその意味や、大切な考えを伝え続けてくれている。

社会的課題に向けて、困難な場所にいたから、またはいるからこその発信がある。社会的課題に立ち向かう力を考えたい。マナブは太鼓を叩く意義を「世界の平和のために」と言ってはばからない。それは言葉だけではなく、例えば東日本震災が起こると太鼓を持って現地に駆けつけ、被災された方々が避難されている体育館や仮設住宅で太鼓を叩くとともにボランティアに取り組む姿であり、今でも埼玉での追悼集会に参加する姿勢からも一過性ではないことがわかる。オスプレイ配備が社会問題化していたときも響の沖縄公演終了後、宜野湾で開催された反対集会に駆けつけ、現地の方々とともにいた。埼玉で毎年開催される戦争展においては、学生時代から実行委員を引き受け、今年も太鼓を抱えて現場に駆けつけている。ウクライナの現状にたいしても、「平和と芸術」と「科学とヒューマニズム」の必要性を折りに触れ訴え続けている。インドの太鼓プレイヤーともつながり、コロナ感染状況の悪化で、延期となってはいるが、インドの路上で生活をせざるを得ない子どもたちに向けて、太鼓のワークショップを現地で行うことにもなっていた。これらに率先して取り組む彼は、不登校だったかつての自分と、今の自分を比較し、その差を原動力として活動していると述べる。

不登校・ひきこもり・学習不振。彼らには意欲がないのか、根性がないのか、やる気がないのか。この勝手な推測は、若者達を社会から引き離し、「排除」していくことになりかねない。教育という場所で彼らを引き取り、社会で自己主張、生きることができるような方策を考えたい。その場所は、誰もが安心できる居場所を土台に、彼らの交流や価値の交差による学びの場が必要である。浦商定時制のように、誰もがいることができる場所から始まり、私的関係をつなげ公的な場所に引っ張り上げ、正義や正しさを基準としたやり取りを交流させ、彼ら自身が「排除」を排除させ、誰もがいてもいい場所に飛び込んでいく。そんな子ども・青年を育てる場所である。そのプロジェクトに参画する人もまた、その取り組みの中から育つことができる。

私たちも含め、子ども青年に必要なのは社会での意見表明権であり、それは社会に対して批判する力ではないだろうか。舞田[12]はＯＥＣＤ（経済協力開発機構）の国際教員調査「ＴＡＬＩＳ２０１８」を引き合いに、授業において批判的思考を促すことがどれほどあるかと（対象は中学校教員）問うている。日本は二四・四％でしかなく、対してアメリカでは八二・三％にもなる。調査対象の四六カ国・地域中、日本は最低を示している。この批判的思考こそ、文化的側面に加え、私たちが目指したい学力の一つであり、その学力は社会で生き抜く力として今、教育に「包摂」の土台として求められている力ではないだろうか。この力を「だまされない学力」として大切にしたい。

誰もが受け入れられる教育の場所が必要である。批判を怖れない個人と批判を受け入れる社会の構築。それを自治の力で育てていく。社会は「学び」の内実に迫る自覚的、戦略的な「排除」を超え誰をも歓待する教育を求めている。

註

（1）夜間定時制の必要性を検証し浦商定時制の実践を土台に「学校の未来形を探る」をメインテーマで取り組んだ公開研究会。以下の六つの分科会を設定し、多面的に学校像を探っていいた。①授業づくりと教育課程―八つの力、②居場所・自治活動―最後の砦としての学校、③非行を学ぶ―私たちにできること、④不登校を考える―青年たちからの発信、⑤ＨＲ―もやい直しをクラスで、⑥学校の未来形を探る―浦商定時制をたたき台に、であった。なお詳細は『この学校がオレを変えた―浦商定時制の学校づくり』（浦和商業高校四者協議会、ふきのとう書房、二〇〇四年）に綴られている。

（2）藤本正人（当時埼玉県会議員）平成一六年六月議会「浦商定時制の存続を」一般質問より

※なおこの当時の思いを現所沢市長である藤本氏がブログに綴っている
https://blog.goo.ne.jp/zenntatosampei/e/da3d8dec4c15bb72555f806361c59111
二〇二二年一月二一日参照

（3）埼玉県教育局高校改革推進室、室員の言葉。「高校を残すなんて母校を思うノスタルジーでしかない」の言葉に反発をこめて。

（4）西村貴之「浦商定時制の可能性」前掲『この学校がオレを変えた』一九九頁。

※「マイナスからゼロへ」と「最後の砦」はそれぞれ平塚眞樹氏と淡路克浩氏の、浦商定時制の固有性を浮かべあがらせる中での発言を、西村氏がまとめたものであり、「マイナスからゼロ」はそれまで投げやりだった青年が「自分の人生を引き受けること」ができるようになったということであり、「最後の砦」は浦商定時制の固有性をとともに、今日的な定時制の役割を①保護する場、②再訓練する場、③レジストする基地、として述べたものである。浦商定時制の特徴を捉えている。

（5）チーマー：グループが自らのグループを「チーム」と呼んでいたことからチーマーと呼ばれるようになった。反社会的な行為を行う集団を指す。１９９０年代は渋谷を中心だった活動から地域に広がっていく時期でもあり、浦商定時制のある当時の浦和市周辺にも拠点ができていた。

（6）山岡雅博「自分たちで創りあげる文化」白井慎・西村誠・川口幸宏編『新特別活動―文化と自治の力を育てるために』学文社、二〇〇五年、四六―四七頁。

（7）川口幸宏「文化性と自治性に裏づけられる特別活動」同前『新特別活動』７頁。

（8）平野和弘「学びの着陸点『沖縄修学旅行』」平野和弘編著『オレたちの学校浦商定時制―居場所から「学び」の場へ』草土文化、二〇〇八年、七八―八八頁。

（9）酒匂利明「修学旅行のまとめ」同前『オレたちの学校浦商定時制』八九―一〇一頁。

（10）竹内常一『教育への構図―子ども・青年の発達疎外に挑む』高校生文化研究会、一九七六年、四五頁。

（11）新井健治「響き合う身体　開かれる感性　浦和商業定時制の教育実践」埼玉新聞二〇〇四年六月一二日　第六回（一一回連載）

（12）舞田俊彦「批判的思考が低い日本の教師に、批判的思考を育む授業はできない」
Newsweek日本版デジタル版二〇二〇年九月二日配信
https://www.newsweekjapan.jp/stories/world/2020/09/post-94329.php　二〇二〇年一一月九日参照。

〔寄稿〕

塾の戦後史から考える教育への権利
――臨時教育審議会と塾との関わりに着目して――

早坂　めぐみ

はじめに

一九八〇年代、臨時教育審議会に対して塾教育の意義を表明するために、連帯し活動した人々がいる。彼らは中小塾の人々であり、「塾教育研究会」（略称、ＪＫＫ）という団体を結成した。本稿は、塾教育研究会の結成と活動、その背景にある意識に着目し、彼らが表明した塾教育の意義と価値について考察する(1)。本稿は塾教育の担い手を、多様な教育の場をつくり、教育への権利を保障しようと奮闘した、社会文化の担い手として捉える試論である。

塾業界にとっての一九八〇年代とは、社会からの厳しい批判を受け止めつつも、塾が肯定的に見直される転機となる時代であった。

その第一の動向として、臨時教育審議会（以下、臨教審）における塾の議論があげられる。臨教審は、一九八四年から一九八七年の短期間に(2)、日本の新自由主義的教育改革を議論し、教育政策として塾の社会的評価を見つめ直す重要な転換点になった。塾は社会的に非難される向きがあったが(3)、臨教審においては、「世界を考える京都座会」から引き継がれた教育の市場化という文脈から、塾を捉えなおそうとする機運が高まっていた。

第二の動向として、臨教審後の一九八八年一〇月には、通商産業省（現在、経済産業省）の認可を得て、社団法人全国学習塾協会が設立されたことが挙げられる。この協会は塾団体としてはじめての社団法人となり、以後塾を管轄する省庁は通商産業省となった。塾教育を論じる前提として、文部（科学）省の設置認可や規制からは自由であったことは重要である。

以下一節では、臨教審の塾論議について、文書を用いて検討する。二節では、塾教育研究会の発足経緯と理念を明らかにし、三節では、代表経験者三名のインタビューをもとに活動の背景にあった塾教育の意義と教育への権利に対する意識を明らかにする。

一　臨教審における塾論議
―『臨教審だより』の対談記事にみる塾問題の諸相

臨教審が発足する前年、一九八三年に松下幸之助が組織した「世界を考える京都座会」（以下、京都座会）は、教育の自由化、多様化、競争原理の導入、規範教育の徹底を基本理念とする教育改革を提言した(4)。特に渡部昇一は「〝塾〟による新パラダイムの形成」として、「塾をも学校として認めよ、あるいは塾でも学校のかわりになることを認めよ(5)」と論じた。

臨教審には京都座会のメンバーがいたものの、渡部の主張を引き継ぎ、塾を全面的に支持していたとは言えない。臨教審の最終答申では、「塾など民間教育産業への対応」として、学校と塾など民間教育産業の関係のあるべき姿や教育行政の対応の仕方、教育における民間活力の導入との関連も含めて、慎重に検討する必要性が提起された(6)。臨教審は、生涯学習体系に民間教育産業の役割を積極的に位置づけようとした一方で、塾通いの弊害の克服のために、真剣な努力を払う必要性についても言及した(7)。

では、臨教審はどのようにして塾を把握したか。臨教審が編集した『臨教審だより』（第一法規出版株式会社発行）における塾の記載は、管見の限り二度ある。

第一に、本稿が着目する塾教育研究会発足の前年にあたる一九八五年、臨教審の委員と東進スクール塾長の永瀬昭幸氏、エミール学院塾長の大沢稔氏（翌年、塾教育研究会代表）の対談記事が『臨教審だより』（№四）に掲載された(8)(9)。この対談記事は、臨教審の時代における塾の様相をうかがいしる象徴的な記事である。

第二に、一九八六年一一月一一日「塾など民間教育産業の問題について」というタイトルで、臨教審第一部会が千代田区立の小学校長、渋谷区立中学校長にヒアリングを行ったという記録がある。翌週一一月一八日には同じタイトルで、塾教育研究会の代表である大沢稔氏、河合塾理事長である河合斌人氏、東進スクール塾長である永瀬昭幸氏へのヒアリングを行った。(10)このヒアリング後、塾に関する記述に最も多く紙幅を割いた臨教審「審議経過の概要（その四）」が一九八七年一月二三日に決定、公表された。

ここでは、前者の対談記事を参照する。対談記事のタイトルは「塾通いをどうみるか」であり、対談のメンバーには大沢稔（エミール学院塾長）、永瀬昭幸（東進スクール塾長）、戸張敦雄（委員）、木田宏（専門委員）、聞き手として内田健三（委員）の各氏が名を連ねている。大手塾と中小塾の塾長がいかに自身の塾を語ったのか。また、臨教審の委員は塾に対してどのような意見を述べたのだろうか。

まず、対談において明確に対比されたのは、大沢氏と永瀬氏の塾の規模や目的の違いであった。永瀬氏は学生時代、昭和四六年に塾を開業し、インタビュー当時には一四年が経っていた。塾の目的については、「自分は将来のリーダーづくりをめざし、進学塾を志向してやってきて、今は五〇〇〇人近くの子どもが来ています。進学塾という看板を掲げた以上、当然進学実績が命です」と述べた。(11)一方、大沢氏は銀行勤めののち昭和四八年に英会話と学習の二本立てで塾を開業した。大沢氏は、「私の塾では、できるだけ人まかせにしたくないので、教師は、私と家内二人が中心です。現在、生徒数は一〇〇人ちょっとですが、一週間に二日ぐらい通って来るので、私どもが大体目の届く範囲でかなりきめ細かい指導ができているのではなかろうかと思います」と話した。また、授業の進め方として、「子どもたちの顔をしっかり見て、たとえば『今日は疲れているなぁ』と思ったら、それなりにこちらでいろいろと見てやる。『今日は燃えているなぁ』と思ったら、少しむずかしい問題を出す」という臨機応変な対応をしている。(12)「進学実績が命」と言い切る永瀬氏と、家族とともに手作りの教育をする大沢氏とでは、塾の様子が明らかに異なる。

次に、学校と塾における授業や進路指導について議論された。大沢氏が「学校で本来やるべき勉強をしていないんで、われわれが少なくとも基礎学力だけは付けている、という非常に奇妙な形でわれわれの存在価値が出てきている」と述べたことに対し、臨教審の戸張氏は、「だとすればやはり学校教育はもうちょっとしっかりしなければならないということなんですね」と学校側の課題を認めた[13]。つまり、学校における最低限の学力保障が課題であることは、大沢氏と戸張氏との間で共有されたと見てよい。一方、戸張氏は進学塾に対して「学校教育に対してある面では協力をしていただいているんだろうけれども、ある面では学校教育を窮地に陥れるような場合も出てくる」と指摘し、塾で先取りして学ぶことにより「学校の授業というものには感動がなくなってしまう」ことや、「相当無理な進学指導をしている進学塾もあって、学級担任が子どもと親とじっくりと相談をしていくのに対して、それが非常に邪魔になってくるということもある」と批判した[14]。永瀬氏は、「予習してきたって面白い授業はあるはず」であると反論し、進路指導については「受験なんていうものは一つや二つ落ちたってどうということないじゃないか。むしろ子どもには良い試練になる。人生というのは常に成功だけじゃないんだから、早く起き上がり方を教えたほうがましだと思うのです」と持論を展開した[15]。対して、戸張氏は学校では生徒が「失敗した場合のダメージがどのくらいかということも考える」という学校の進路指導の配慮について力説したが、永瀬氏は「まあ、学校のほうで抑えた指導をされているからわれわれがこういう好き勝手なことを言っておるわけであって（笑い）、これを全国的にみんなやったら大変ですよ」と開き直った[16]。

さらに、臨教審の専門委員である木田氏は、特に進学塾の問題性を鋭く指摘し、「強者」の論理で突き進む塾に対して反省を求めている。以下の発言からそれが読み取れる（傍線は筆者）。

「学校が、できる子どもたち、何度受験しても良いという経済的な余力のある子どもたちだけを考えていていいのであったら、誰だって永瀬さんのような考え方をすると思うのですね。しかし、教育というのはできる子どもだけを考えての教育ではない。できない子どもにより手厚く指導してやることがある意味では教育として大事なんですね。[17]」

「今起こっている〝自由化〟に私らが反対しているのは、それは金持ちと強者の論理だと考えるからです。人間社会というものは金持ちと強者だけで生存できるわけではない。そこを塾の皆さんにも考えてもらいたい。」[18]

これらの重要な指摘を受けた後、二名の塾長は対談の最後に何を述べたか。

進学塾の立場から、永瀬氏は「週五日の塾通いでありましても、これは人生の節目の小学校六年生とか、中学校三年生の一年間であって、（略）たかが一年ぐらい寝る暇を惜しんで勉強しても別にどうということはないと思います。また、私ども進学塾が何ら社会に貢献していないのにいつまでもぬくぬく生きさせてくれるほど社会はやわではないと思うのですね。われわれは逆に存在意義があると信じていますから、リーダー教育というものを通して、できるだけ全国の主要都市に展開していきたい」と決意を述べた。[19] 一方、地域に根差す塾の立場から、大沢氏は、子どもに対して「塾でも学校でも真剣に生きる人の姿をたくさん見せる必要がある。臨教審でも学校でもマスコミでも、こういう会をどんどん開いていただいて、一緒に教育の場で働く者として塾も共同作業していきたい。われわれは仲間なんですから、敵にしないで下さい。そういう気持ちでひとつお願いしたいと思います。」と、塾の立場から教育への貢献の意志を述べた。[20]

永瀬氏は進学塾の存在意義を固く信じ、大沢氏は塾と学校はともに子どもを育てる仲間であると述べた。対談を通じて、二氏の意見が鋭く対立することはなく、特性の異なる塾が率直にそれぞれの立場から見解を述べたという読後感が残る。他方で、臨教審の委員は特に進学塾に対する反発を強めたが、だからといって永瀬氏のポリシーや独自路線を改めさせるほどの効力を持たなかった。

しかし、今から見直せば、この対談は大手塾と中小塾が進む道の分かれ目であったかもしれない。永瀬氏の東進スクールは、一九八八年一二月、株式を店頭公開（現ジャスダックに株式上場）し、株式会社としてさらなる成長を目指すタイミングを迎えた。[21] 一方、大沢氏は、本稿が着目する塾教育研究会を一九八六年に発足させ、塾教育の多様性や学校外における教育への権利を意識した活動へと進む。大沢氏が対談記事において「共同作業」、「仲間」、「敵にしないで」と語ったが、それは社会文化の担い手としての語りであったと読むことができる。巨大な教育産業になるべく攻勢をかける大手塾と、「新しい柔軟な教育ネットワーク」の一員として社会的承認を求める中小塾。その分岐点が、臨教審の時代であったのである。

二　塾教育研究会の発足と『塾教育リポート』の作成

塾教育研究会の前史について、その十五周年記念誌である『歩み』を参照してみよう[22]。

「JKK設立の源流」として、渋谷区神宮前の隠田神社境内にあった「以文塾」主宰・角田健三氏の存在が大きく、角田氏の学校教育や現代の子ども達に対する深き憂いと、「塾教育」にかける飽くなき情熱と、そのもとに参集した当時まだ大半が二〇代から三〇代であった塾の仲間たちの交流が深まり、「その血気盛んな議論・甲論乙駁の中に、JKK設立の気運が充満しつつあった[23]」。また、月刊誌連載のための継続座談会が同塾において開催され、そこでの「若き塾長達の教育実践と（私）教育に対する止まることを知らぬ熱き思いがマグマの如く煮えたぎり、切磋琢磨する過程の中で、会設立の基盤が醸し出されていった」と情熱的に記述されている[24]。

設立の「傍流」としては、国立教育研究所による塾の本格的調査の実施、同プロジェクト主催のシンポジウムに、ゲストとして大沢氏が招かれ、地域塾の立場から意見表明する機会を得たこと、さらに、「平林・大沢のコンビで企画・運営され、その後メンバーを募る際、シンボリックな吸引力となった、塾全協[25]（現在、NPO法人学習塾全国連合協議会）第九回全国研修大会の存在」についても言及されている。

いよいよ、塾教育研究会は初代代表となる大沢稔氏の呼びかけにより、本稿のインタビュー協力者の平林一之氏をはじめとする五人が発起人となって設立された。一九八六年二月のことであった。「新宿において発起人会（設立準備会）」が持たれ、「塾教育に『情熱と理念』を持ち同志を募り、今後継続的に研究・研鑽活動を展開されるべく設立」するという合意を得た。より具体的には、「学習塾における教育力の、尚一層の向上（かつ「塾人」としての教育的資質の錬磨）を目指し、相互研鑽の場を設けること。さらには、各塾における教育実践に基づく研究成果を踏まえ、社会的なアピール活動をも積極的に行う」という合意事項により、塾教育研究会が船出を迎えた。一九八〇年代半ばに、塾教育について熱心に考え、情熱的に議論していた人々のネットワークや既存の塾団体での活動が背景にあったからこそ、塾教育研究会の組織化が後押しされた。彼らの関心はあくまで塾教育にあり、自身を塾経営者や塾講師と呼ぶのではなく「塾人」や「塾教育者」と表す点にも、塾教育を背負う覚悟が表れている。

「塾教育研究会設立趣意書」（一九八六年二月）[26]によれば、「塾教育研究会は、塾教育に携わる者の立場から、塾教育の研究を推し進め、塾教育の実践に基づいて、子どもたちのために、学校、地域社会、行政、マスコミ等を含めた教育関係者に対する働きかけを行う目的で設立され」た。塾業界の内部については、次のように述べた。「営利本位で学習塾に携わることは、本来の塾の教育をゆがめ、教育の冒涜に通じます。このような傾向を増長させないために、塾教育の真の意義に立脚した塾教育者が、学習塾に対する正しい認識を広めていくことが大切です。そして、望ましい教育を巡る教育改革の課題に対しても、積極的な存在となる必要があると思います」。

この記述より、営利一辺倒の塾に対する、塾からの内部批判の意識が読み取れる。塾の営利性に対する自制の意識があったことは注目に値する。

『歩み』によれば「当時、学習塾団体間の交流がほとんど無い事に閉塞感を抱きつつあった」者たちが、「団体の垣根を超えて積極的な交流を図ろうとした」意図もあった[27]。こうした新しい交流は既存の塾団体の上層部から「分派活動と批判された」こともあったが、「ＪＫＫ発足後の最初の目標は、社会的重要性及び時宜的な見地から、その数年前にスタートした中曽根臨教審に対し、学習塾サイドからも是非『意見表明』をしておきたい」という目標を掲げて、活動を開始した[28]。

そして、急ピッチで臨教審に向けて作成されたのが『塾教育リポート―タイプ別による塾教育紹介一〇二タイプ―』である[29]。臨教審に提出されたリポートには、生徒のタイプ、クラス規模、指導内容、指導精神、指導方法等による様々な類別が試みられ、塾には一〇二のタイプがあると書かれている[30]。「あとがき」を記した長野芳明氏は、このリポートの作成を、塾人の連帯の成果として見ており、次のように記載している。「私的に営まれる経営体が、教育という大きな共通のテーマにおいて、情報の閉鎖性を、一銭の利益を要求するでなく打破された点。規模も性格も、目的にすら異なるものがあるのに、仲よく共同し、対等に話し合い、お互いを尊重し合って歩むことができた点。これは正しく柔軟性の自己実現、先駆性の自己開発にあたるものではないか。塾といえば金勘定だと思われる向きに、塾教育者の気持ちの素直さや連帯感を是非お伝えしたい[31]。」

発足から一五年後に刊行された『塾教育リポート』（二〇〇一年改訂版[32]）には、当時を振り返り、皆倉宣之代表が「序言」にて次のように記した[33]。「わたしたち塾教育研究会（JKK）は、一九八〇年代半ばに中曽根内閣が組織した臨時教育審議会が教育改革への活動を始めたことを契機に、私教育（民間教育）に携わる者からの教育に対する意思表示をするために、首都圏の塾長を中心として結成された任意の教育を考える団体」である。また、塾教育の変化として、「個別指導（個人指導）の増加」や、「新しいタイプの塾の出現」としてサポート校、インターネットスクール、フリースクール、ホームスクーリングといった形態を挙げた。反対に、消滅した塾タイプとしては、「スパルタ式指導型」があり、「畳に正座して勉強する塾、木刀を教師が持って授業する、宿題をやってこなかったら教室に入れないなどの体罰まがいの行為を行う塾は敬遠され、ほぼ全滅」した。つまり、塾は個に対応することが求められるようになり、体罰まがいの指導をするような人権に無配慮な塾は残らなかった。

塾教育研究会の中長期的な活動に着目することによって、塾教育の意義の考察が可能である。当事者たちはどのような思いを持って活動してきたか。次節にて、インタビューの結果を見ていきたい。

三　塾教育研究会代表経験者の意識と活動

(1) インタビューの概要

塾教育研究会発足時のメンバーであり代表経験者でもある皆倉宣之氏、平林一之氏、大沢稔氏に対して、塾教育研究会の設立に向けての意識や、当時の活動状況をたずねるインタビューを行った。皆倉氏と平林氏には二回（二〇一五年八月一四日、同年一〇月二〇日）、その後平林氏から大沢氏をご紹介いただき、大沢氏にインタ

表1　インタビュー対象者のプロフィール

氏　名	皆倉宣之氏	平林一之氏	大沢稔氏
生　年	1939年	1947年	1946年
出　身	鹿児島県	東京都	福岡県
出身大学	中央大学法学部	早稲田大学商学研究科会計学専攻	一橋大学社会学部、一橋大学経済学部
塾と開塾年	京葉学舎（千葉県花見川区）、1980年	稲穂塾（東京都大田区）、1972年	エミール学院（東京都府中市）、1975年
開塾の経緯	東京都庁を退職。知人に頼まれて塾を手伝ううちに、画一的公教育の対抗軸と、多様性に満ちた塾（民間）教育の意義に気づき、その実践の場として塾を設立。数年後には、私立中学受験指導を廃止し、探究型の授業を目指す。	学部時代の家庭教師の延長線上、院生としての生活を維持するために、自宅付近に小さな学習塾を開設。そのまま本業となる。地元密着型の町塾ゆえ、卒業生の子弟も結構な数になる。	３年間都市銀行に勤務し、お金より生身の子どもと接したいと思った。学校は規則や規制が多く、自由に子どもと接することができない。戦争のない世界をつくるため、国際理解、使える英語教育の必要性を感じ、大学時代から始めたユースホステル運動の延長の実践の場として、学習塾を考えた。
活　動	塾開設の数年後に臨教審が始動したのを機に、文部省や県教委との接触を開始。塾教育の研究を目的とする団体であるJKK（塾教育研究会）の創立にも参加し、現在代表を務める。翌年、千葉学習塾協同組合の創立に加わり、以後理事として塾教育の実践に取り組む。	塾の本来の仕事のほかに、主に塾仲間を対象に呼びかけを行い、いくつかの研究会活動にも力を注ぐ。塾教育研究会（JKK）創設メンバー、３代目代表。進路指導研究会２代目代表。「フォーラム私教育と公教育」では結城忠先生を代表として、日本における可能性と限界を学ぶ会を１５年行った。同会の幹事。フォーラムは休止したが、現在第２期が進行中。	臨教審第１部会のヒアリングに招かれ、学習塾の素晴らしさや、学校教育の難しさを論じたが、果たして、自分はどれほど学校教育のことを知っているのかを疑問に感じ、私立の中高での教師として２１年間学校教育に身を投じた。学習塾と学校の比較ができた。
	※JKK現代表	※JKK３代目代表	※JKK初代代表

ビューを行った（二〇一七年一月二四日）[34]。

インタビュー対象者には五つの共通点がある。①塾教育研究会の代表経験者であること、②塾教育研究会にとどまらず、それ以外の活動の場をつくってきたこと、③教育研究を重視した活動を、仲間とともに行ってきた（現在もなお行っている）こと、④生年は異なるが、憲法・教育基本法体制とともに生き、一九六〇年代という若者が社会変革を志向した時代に、若者として生きるという時代性が背景にあること、⑤高学歴エリート層であること。②については、皆倉氏は千葉学習塾協同組合での活動や地域での図書館づくり運動[35]、平林氏は進路指導研究会[36]およびフォーラム私教育と公教育での活動を展開している。大沢氏は二一年間私立中高英語科講師を非常勤として勤めながら、塾教育研究会を退会後、学校外教育研究会[37]での活動、東京都ボランティアガイド、タウン誌の発行を行うなどしており、三氏とも積極的な活動の場を有し、社会参加に対する意識は高い。筆者が塾研究を試みる過程で、調査の一環として塾関係者が集まる塾団体主催の催しに参加し、徐々に研究協力をお願いできる関係性が築かれていき、インタビューと資料提供の機会を得た。現在でも年齢差を超えて、温かな人間関係を続けていただいていることに感謝している。

（2）塾に対する社会の批判と京都座会の塾肯定を、JKK代表経験者はどう捉えたか

一九八〇年代当時、塾を営む人々は、塾に対する社会のまなざしをどのように捉えていたか。大沢氏は塾調査の報告書をもらうため、平林氏とともに文部省へ赴いた際のエピソードを語った。

大沢　私たちがまだ三〇代の頃、文部省は一〇年おきに学習塾の調査をしていたんですよ。その調査結果の報告書があったので、私が平林さんに誘われて、二人で文部省に行ったんです。報告書が欲しいと。そしたらすごく冷たくあしらわれてね、あなたたちに「対応するところはない」と。すごい敵対意識丸出しでね。でも塾の調査なのにね、何でくれないのか、ねばったらもらえましたけどね。

当時は、塾に対する風当たりが強かったことがうかがえる。平林氏と皆倉氏は、「塾撲滅論」や「塾悪者論」について言及した。

平林　教委や学校の先生達から、そしてマス・メディアも、口を揃えて一斉に「塾批判」。「必要悪」のみならず「塾撲滅論」さえもありました。

皆倉　ある塾がチラシで「学校行かなくていい、塾に来い」と書いて当時マス・メディアで騒がれて、国会でも問題になったんですよ。

平林　この当時、塾に対する風当たりはまだとても強かった。

皆倉　当時、社会はとにかく塾悪者論だった。

塾は各所からの批判の対象であったことを、三氏が共通して認識していた。しかしそれは謂れのない批判ではなく、学校の重要性を無視した一部の身勝手な塾に原因があった。

皆倉　よく塾の雑誌とか、そういうのがもう喜んで取り上げて、持ち上げているんだけど、ちょっと実現不可能なことと僕自身は思っていた。全部教育を民間にするというのはね、これはおかしいっていう。公教育として、教育は公的なものとしてやるべきだっていうのがあったから、（京都座会について―筆者注）喜ぶとかそれはなかったですね。ただ個性の問題として、学校は人数も多くて満杯で、いじめははやっていたし、そういう中で、公教育がしっかりしなきゃいけないことと、それから、そこで落ちこぼれる子がいるわけ、どうしても。わかんなくなったとか。あるいはもう行けないとか。そういう子をどうやって救うのかっていうことに、関心がありましたね。（略）学校には行けないけど、塾に来るっていう子がいっぱいいたわけですよね。だから「塾居場所論」っていうのが流行ったのもその頃だけど。塾がやっぱり、その子たちの居場所、そして、学校以外の場所があるっていう意味で、重要だって思っていましたね。

皆倉氏は塾と学校のそれぞれの役割を認めており、京都座会の塾肯定論に対して冷静に見ていた。教育をすべて民間でまかなうという自由化論への反対を表明し、塾の意義として、様々な理由で学校から落ちこぼれる子どもたちを救う場が必要であると考えていた。塾が学校になることではなく、学校の外部に居場所がある意義を重視していた。ただし、この姿勢は塾関係者の見方を代表しているわけではない。臨教審を塾にとっての好機ととらえるならば、臨教審が始まってすぐに塾業界は活動を開始したと推測されるが、実際はどうであったのか。

平林　中曽根臨教審に対して当初は冷ややかな思いがあ

った。（中略）僕らが影響を受けたのは、幼稚園協会とか小学校校長会といったあちらこちらの諸団体が、意見書を提出しているという事を知ったので、学習塾側からもっていかねばというきっかけがあったと思う。（中略）世間ではほとんど相手にされていない学習塾側でもね、その教育力を世に問う為、我々学習塾の教育力を世間に向けてアピールしなきゃいけないっていう思いはあった。

皆倉　発想っていうか、塾として、やっぱり何か言わなければという思いはありましたよね。もうこのまま黙って、塾っていうのは、その頃、日陰者みたいだったけど、塾としての役割を、そういうのをちゃんと強調しないと、このまま黙って、ちょっと忍びないという意識が背後にあります。

平林　背景として、その当時、学習塾自体が世の中から全く相手にされていなかった。吹けば飛ぶような存在だった。とりわけ教育界では、邪魔者扱いでさえあった。

皆倉　だけど、こうやって、一生懸命子どもを考えてやって、だけど、相手にされていないっていうので、しかも答申を見たら、補習塾と進学塾っていうのが、分類が出てきたから、これはちょっとね、正さないとっていう、そこで燃え上がった感じ。

皆倉氏と平林氏の発言から、塾教育研究会の発足や活動の動機は、臨教審に対して塾業界以外の他団体が提言する姿勢をみて、やる気に火がついたことにあったという。臨教審発足後から約一年半が経ってＪＫＫが組織されたというタイム・ラグも、それを裏づけるものである。塾教育研究会発足の背景には、塾に対する当時の社会の批判が根底にあり、塾の役割や教育力を世に問いたいという人々の思いがあった。

（3）臨教審と塾教育研究会の関係性

①塾教育研究会による『塾教育リポート』発行とその意図

塾教育研究会は発足後すぐに『塾教育リポート』の作成に取り掛かった。その意図について、平林氏は次のように説明した。

平林　これ（『塾教育リポート』を指す―筆者注）は、教審に対して学習塾側から何らかの提言しようという。それまで学習塾は、教育の世界では全く相手にされない存在だったのだけど、この時は、これまでの反省もあり、ただ開き直り斜に構えるよりも前向きに、政府が陣頭指揮のもと推進しようとしている教育改革について、塾側からコミットしてみたいというのが、ＪＫＫの発足の大きな柱だった。本当に総力戦でね、精力的に週に何回も会合をやりながらね。

『塾教育リポート』は塾側から臨教審への発信であり、その作成のための活動は頻回に行われ、熱を帯びていた。

皆倉　当時、社会はとにかく塾悪者論だった。確かに悪いところはあったけれど、十把一絡げというのをとにかく気にしていた。我々は「それとは外れるよ」ということを言いたかった。塾と一言で言っても通用しないんですよ。塾には大手も小さいのもあるし。子どものためを思ってやる塾もあれば、利益一本でいくところもある。塾ひとくくりで語られたくないというのがあって、こういうタイプがあることを示して、そのなかで塾をとらえないといけない。「塾には進学塾と補習塾がある」と書いてあるのを、それは違う、おかしいですよ、と。

皆倉氏は、十把一絡げの塾論に対しての抵抗を示し、「子どものため」の塾に言及した。大沢氏にも同様の語りが見られた。

大沢　学習塾の人間が、けっこう中でみていたらわかるんだけど、金儲けだけじゃないんですよね。むしろ、学校で自由じゃない、何というかハッピーじゃない、そういう子どもたちが塾に来て、すごく楽しく、先生とも仲良く、そうしてしかも、一生懸命、皆命かけて教えている先生がいっぱいいる。そんななかで、学習塾を余計なもの、学校教育を邪魔するようなものと見られているということについて、憤りを感じたんで、学習塾の社会的地位の向上の一点に絞って、もっと塾を認知させようという形で、私と平林さんとが中心になり、活動したわけです。

子どもに対して真剣に向き合っている塾があるにもかかわらず、あらゆる塾がひとくくりにされ、業界が不当に低く評価されることについての憤りが、活動の原動力になった。また、塾の営利性については、「利益一本でいく」塾、「金儲けだけじゃない」という発言にあるように様々なスタンスがあり、塾長の理念もそれぞれのこだわりがあった。平林氏は臨教審当時の書籍に、次のように書いている。「塾間における子どもの醜い奪い合いといったような、過当競争の弊害が、子どもたちに悪い影響をもたらさねばよいがと、懸念している。何せ、子どもを商品としか見ない厚顔無恥な「業者」も、一部には確かに存在するようであるから[38]」。塾業界のなかには、営利一色な塾に対して「厚顔無恥」と批判し、懸念を示す者もいたのである。

②塾教育研究会から臨教審への提起

塾教育研究会は臨教審発足から一年半後に設立されたが、それからわずか一年も経たずして、大沢代表が臨教審のヒアリングに呼ばれた。そこで独自の成果として『塾教育リポート』を提出し、塾の現状と「一〇二のタイプ」を説いた。その成果は臨教審「審議経過の概要(その四)」に記載された。『塾教育リポート』(二〇〇一年改訂版)の序言には次の記述がある。

「臨教審の『審議経過の概要（その四）』では、これまでの進学塾と補習塾という学習塾を二分法で見る姿勢をがらりと変えて、『主として地域からなる塾で構成する団体（注：塾教育研究会を指す）からのヒアリングによると、塾にはいろいろな種類の塾があり』、『学習塾は、しばしば特別な受験指導を行う『進学塾』と学校での授業についていけない学力不振児のための『補習塾』とに二大別され、後者は比較的好ましいもの、前者はあまり好ましくないものという先入観で見られがちであるが、このような二大別はかえって実態の正確で、きめ細かい認識を妨げる恐れがある』となっていて、従来の学習塾観を一新するようになりました[39]。」

また、平林氏は、臨教審当時の書籍において、「一口に塾と言っても、その規模も方針も授業内容も雰囲気も、何もかも千差万別、多種多様。ただひとえに、塾長の理念と個性の反映であり、一万の塾に一万の特長と方針があると言っても過言ではないだろう。だから、塾はこういうものだと定義するのは、実際上困難であると言っても差し支えない」と書いた[40]。平林氏の当時の記述は、『塾教育リポート』作成の背景にあった問題意識と重なる。

　塾教育研究会が臨教審に塾の多様性を説明したことにより、臨教審の塾に対する認識は、実態に近いものになっただろう。京都座会も、臨教審も、塾の実態を見ないままに大雑把な塾論議を展開していた。そうした塾論議に対して、はじめて塾側から発信して是正しようとしたことが塾教育研究会の功績である。

（4）塾教育の意義と限界

①塾教育の四つの特徴―教育の多彩さあるいは多様性、柔軟性、先駆性、即応性

『塾教育リポート』の「はじめに」には、塾の人々が塾のことをよく知らなかったことへの反省が述べられている。「JKKが塾教育の研究に取り掛かり始めた時に、先ず自らの足元を照らす必要を痛感した」こと、そして「塾教育の様態を多角的にタイプ分けする作業に入ってから、塾教育が多彩な目的をもって営まれ、多様な形態で存することに驚き、塾教育の意義と責務について、改めて深く考えさせられた」という記述がある[41]。

　大沢氏によれば、『塾教育リポート』作成の背景には、塾教育研究会発足以前の「学習塾全国連合協議会」（塾全協）の研修大会があった。

大沢　我々の始めた頃は、一人ひとりが皆魅力があったんですよ。そういうのを平林さんと一緒にね、塾全協の第九回研修大会に、それも資料ありますけど、それで日本の二五の学習塾を、スライド構成で紹介しました。私の友達が映画監督していたので、スライド構成で編集してもらった。二五の塾を紹介して、全国津々浦々のね、塾は「今こういう塾がある」って、皆個性があってね、それぞれ一人ひとりの塾長が「自分の指導をしたい、教えたいという哲学を持って生きているんだ」と感動したものでした。（中略）我々の頃はそういう時代だったんですよ。だから、塾っていう仕事に魅

力があった。

「哲学を持って生き」る塾長のもとに、個性ある塾が成り立つ。そうした実感が、『塾教育リポート』に反映され、塾教育の特徴として「教育の多彩さあるいは多様性」「塾教育の柔軟性」「先駆性」「即応性」の四点が示された。そして、「これら四点に代表される特徴は、塾教育の現場で、それぞれエネルギッシュに、複合的に働いている。塾教育はまさに多様な教育の個性である」と結論付けられている。[42] 塾に対する社会の期待やニーズを語る際、平林は次のように学校と塾を対比的に論じている。

平林　確か通達「補習のすすめ」もね、こんな通達が出ても、結局、塾通いは収まらなかったし、社会のニーズがずっとそのままあった。あるいは学校自体が、校内暴力だ、学級崩壊だ、不登校問題だ、色々あって、親たちの塾に頼らざるを得ない所謂ニーズが、ずっと継続的にあった。それは塾通いの弊害もずいぶんと言われたのだけれど、メリットの方が人々により強く受入れられた。

平林氏の語りより、塾は学校に成り代わるものではなく、塾が学校を補完するために一線を引いて存在することの重要性が浮上する。学校において困難や不満を抱えた人々や、学校とは異なる学びの場を求める人々を思い、学校外部に多様性、柔軟性、先駆性、即応性に富んだ教育の場をつくることが、子どもにとっての救いになる。

②塾教育の限界

平林氏は、塾教育研究会の活動を振り返って、現在の塾を次のように懸念している。

平林　我々にね、まあちょっと言葉が適当かどうか定かでは無いが、今思えば多少ゆとりがあったのだと思う。塾ブームに後押しされ経済的な側面、経営面でも、色んな面で…。今は、なかなかそうはいかない。明日のご飯を食べる為に、必死な塾が多いから、そんなゆとりのある意見は出ないのかもしれない。あの頃は、僕らにとっては、共通の課題に対し、ある種のコンセンサス、暗黙の、あい通ずる目標といったものがあったような気もする。

さらに、大沢氏もこんにちの塾の仕事が「面白くないと思う」と懸念を示している。

大沢　今はおそらく塾の仕事っていうのも、普通のサラリーマンといっしょで面白くないと思いますよ。親もそういう意識だからね。あの頃はまだそうではなかったんですよ。

これらの発言は、塾を「ゆとり」をもって営むことができた時代の終焉を物語っている。そして、塾の社会的地位向上という業界が抱えていた共通課題に対して、人々が協力し合って活動していたことも、さりげなく過去形で語られている。

塾教育研究会の設立趣意書には、経営一辺倒の塾を問題視する視点が盛り込まれ、当時においても大手塾と中小塾との違いは鮮明であった。しかし、臨教審後の時代において、その差はより歴然としている。皆倉氏は、現代の塾について、自身の論文のなかで次のように危惧を呈した。「大きな資本を要するＩＴ機器の世界では、設備の面でも宣伝の面でも中小の勝ち目はないように思われる。そこには、いま社会のあらゆるところで求められている多様性とは逆に、企業が押しつける効率性と画一化された内容の教育が闊歩する世界の到来になるかも知れない(43)」。

塾教育は多様性が特徴のひとつであるが、経営に対する営利一辺倒かそうではないかの考え方の違いさえも様々であっただろう。しかし、こんにちにおいては、巨大な資本をもつ企業こそが有利になる時代を迎えており、中小塾は存続の危機をむかえている。資本の規模の差が、塾教育の存続を左右するという点は、塾教育の限界といえるだろう。続けて皆倉氏は、「教育は資本力や機械による効率性、利便性だけで完結するものではない」と断言し、「今までもそうだが、大きな流れに乗り切れない人、機械には感じられない人の温かみを求める人、いるだけで安心できる場所を求める人」に寄り添ってきたのは、「血の通った小塾だった」ことから、「こういう塾の火を絶やさないことは、社会の安定を保つ上でこれからますます重要となるのではないだろうか」と提起する[44]。

塾教育の意義として、人の温かみや血の通った教育があり、社会の安定のために塾が必要であるという見方を提示している。ここでいう塾とは、社会的に不利な条件に置かれた子どもに対し、教育への権利を実質的に保障し、よりどころとなれるような塾である。

おわりに

本稿は、一九八〇年代、臨教審に向けて塾教育の意義を表明するために、中小塾を営む人々が組織した塾教育研究会の活動の実態と意識に着目した。塾教育の意義には多様性、柔軟性、先駆性、即応性の四点があり、塾には進学塾と補習塾という二類型には到底あてはめることのできないほど、多数のタイプがある。塾教育研究会のメンバーは、協力して『塾教育リポート』をまとめ、臨教審に提示した。この活動の背景には、社会からの塾批判と塾を十把一絡げに語られることへの抵抗感があり、多様な教育の場を創意工夫して作るために塾が奮闘していること、営利一色の塾に対する塾内部からの批判の目が向けられていたことが、資料やインタビューより明らかになった。

塾教育研究会の人々は、社会から塾に向けられた蔑みのまなざしへの抵抗感を原動力に、塾教育の実態を知ってもらうために連帯し、意見表明するという行動をとった。彼らの塾は塾としての規模は小さかったが、その奮闘の様相から学校教育制度とも営利一色の塾とも一線を画し、社会文化性を備えた存在であったと言えるだろう。

そして、学校がさまざまな教育問題を抱えるなかで、塾はあくまで学校の外部において学校教育を補う役割に徹し、学校で問題を抱えた子どもにとっての救いの場としての機能を備えていた。大手塾と中小塾とでは異なるが、少なくとも本稿が着目した塾教育研究会に参加し、活動する中小塾には、子どもの学習権保障に対する意識と機能が備わっていた。

塾批判は世間一般からの批判のみならず、学術的にもその傾向が見られた。たとえば、教育法学の大家である堀尾輝久は、一九七〇年代の終わりに、塾や業者テストが教育における公序良俗に反するものであるという見方を示し、教育行政はそれらを野放しにしてはならないと苦言を呈したことがあった[45]。堀尾は戦後教育学の理論的支柱となった人物であり、特に人権としての教育を、学習権の思想的発展を通じて実現しようと、数々の著作を通じて世に問い続けてきた[46]。そうした人物からの塾批判は、塾がとにもかくにも問題性を帯びており、塾の存在そのものを容認すべきでないという厳しいまなざしが向けられていたことの象徴ともいえる。また、学習権に心血を注いできた堀尾でさえ、塾はその教育の内実を明らかにする価値のある存在とみなすことはなかった。堀尾の論じる教育への権利は、国家と学校教育という枠組みがあまりに強固であり、学校外に学びの場を作ろうとしてきた市民への関心は、相対的に低かったと言わざるを得ない。本稿が導く教育への権利は、学校に限定されるものではない。おとなが教育について共に学び、ときに連帯し抵抗や意見表明しながら教育を実践し、子どもに貢献するという、中小塾がたどった歴史は、教育への権利の実現という点で見過ごすことはできない。本稿は学習権の適用範囲を拡張し、より豊かにとらえようとする試論であり、社会文化的実践として位置づけることでその意義を見出そうとした。

臨教審の時代以降、大手塾と中小塾が進む道は大きく分かれた。臨教審はその瀬戸際であった。いまや中小塾と大手塾とのあいだには、埋めることができないほどの格差が生じている。こんにち巨大資本を有する教育産業のなかには、全国的に個別指導や集団授業を提供する多店舗展開の塾や、遠隔授業を視聴するサービスを提供する塾・予備校、通信教育や人材派遣業のほかに保育や介護を提供する多面的な対人サービスを提供する大企業もある。こんにち、教育政策としてEdTechが重視され、学校教育や子どもはビジネスの格好のターゲットとなっている。本稿一節で着目した対談記事において、大手塾と中小塾の塾長が同じテーブルについて臨教審の委員と意見を交わしたが、結局のところ、現時点では大手塾に軍配が上がっている。一方、臨教審の委員に対して、「われわれは仲間なんですから、敵にしないで下さい」と訴え、塾教育研究会が主張した塾教育の意義は、大手塾の巨大資本の前ではいまや存続すら危うい事態となっている。

風前の灯火となりつつある塾教育を、どのようなかたちで未来に継承できるだろうか。塾を含む教育産業は、営利よりも教育への権利や学習権保障の観点をもつことができるだろうか。学校とも家庭とも異なる「第三の教育の場」として塾の人々が作ってきた塾教育の意義を、過去の遺物としてではなく、いかにこんにちに伝え、未来に継承できるかが問われている。

注

(1)本稿は筆者の博士学位論文「塾の社会的受容過程に関する考察」(二〇一八年、東京学芸大学大学院連合学校教育学研究科)の第二章六節をもとに、社会文化学会大会シンポジウムにて報告した内容に基づいている。

(2)臨時教育審議会は一九八四年八月二一日に委員任命・臨時教育審議会発足後、一九八七年八月七日「教育改革に関する第四次答申(最終答申)」について決定、内閣総理大臣に提出するまで活動した(大蔵省印刷局編集発行(一九八八)『教育改革に関する答申(第一次〜第四次)』三五〇-三五二頁)。

(3)事例として、一九六五年東京都教育委員会教育長による「入試準備教育の是正について」(通称第一次小尾通達)や、一九七七年文部省初等中等教育局長通達「児童生徒の学校外学習活動の適正化について」がある。これらには塾ブームに対する批判の意図が込められている。

(4)世界を考える京都座会編(一九八四)『学校教育活性化のための七つの提言』ＰＨＰ研究所。

(5)渡部昇一(一九八四)「教育の多様化について」世界を考える京都座会『学校教育活性化のための七つの提言』、八三頁。

(6)大蔵省印刷局編集発行(一九八八)、前掲書、三〇一-三〇二頁。

(7)同前。

(8)東進スクールは大手の塾・予備校であり、現在は株式会社ナガセのグループ企業として存続し、教育産業として成功を収めている。

(9)臨時教育審議会『臨教審だより』№四、一九八五年四月、七-一三頁。筆者による大沢氏へのインタビュー調査から、この対談への参加は知人の推薦を受けてのことであったという。

(10)臨時教育審議会『臨教審だより』№二五、一九八七年一月、一九頁の「会議開催日誌」参照。

(11)臨時教育審議会「教育改革論争シリーズ二 塾通いをどうみるか」『臨教審だより』№四、一九八五年四月、七頁。

(12)同前、八頁。

(13)同前、九頁。

(14)同前。
(15)同前、九‐一〇頁。
(16)同前、一〇頁。
(17)同前。
(18)同前、一三頁
(19)同前。
(20)同前。
(21)株式会社ナガセの沿革を参照。https://www.toshin.com/nagase/history/ （ラストアクセス二〇二二年一一月七日）
(22)塾教育研究会（二〇〇一）『歩み創立十五周年記念誌』塾教育研究会発行、三頁。
(23)同前。
(24)同前。
(25)田中幸穂（二〇一二）によれば、塾全協の始まりは、昭和五十一年社団法人の設立を目的に、当時の私塾団体である全国私塾連盟（全塾連）、日本私塾会（日私会）、日本私塾教育連盟（日私連）が結集して塾全協を作ったことにあるが、結局のところ意見が一致せず、三団体が退会した。塾全協の関東ブロックに残ったのは二十名の会員だったが、五年間で二百名になった。田中幸穂（二〇一二）「人材の宝庫と言われた学習塾全国連合協議会（塾全協）」全日本学習塾連絡会議『学習塾百年の歴史　塾団体五十年史』、七六一頁。なお、塾業界として初めての社団法人設立は、昭和六三年のことであった。
(26)同前、二頁。
(27)同前、三頁。
(28)同前、四頁。
(29)塾教育研究会（一九八六）『塾教育リポート—タイプ別による塾教育紹介—一九八七年版一〇二のタイプ』。リポートの発行は、奥付に「一九八六年一二月」と記載されているが、ヒアリングが行われたのが一一月一八日であり、ヒアリングの段階でほぼ完成していたと思われる。寄稿者や協力者名には二八名が名を連ねた。
(30)同前、二頁。たとえば、指導内容による類別としては、単科専門型、重点科目型、受験集中型、受験挑戦型、労作教育型、社会見学型、芸事等指導併用型、教科書補習型、遊び主体型、遊び取入れ型、課外指導導入型の一一タイプがある。指導精神による類別としては、躾・礼儀作法型、生活指導型、創意工夫型、人間教育型、啓蒙型、理念型、無規則型、入門・破門型、公教育協力型、公教育否定型の一〇タイプがある。
(31)同前、五八頁。
(32)塾教育研究会（二〇〇一）『塾教育リポート—タイプ別・事例別による塾紹介—二〇〇一年版』。改訂版のリポートには五五名が名を連ね、一九八七年版よりも多くの寄稿者がいた。
(33)同前、二一‐三頁。

(34)三氏とも、事前にインタビューデータを研究成果として公表をすることがあることを説明し、ICレコーダーによる録音の許可をいただいた。三氏は実名でのインタビューの公表に応じてくださった。雑誌・書籍等での原稿を執筆してきた経験があり、それらを資料として引用するにあたり実名での公表が適切であるという事情がある。

(35)皆倉宣之（二〇一七）「図書館をつくった話」千葉学習塾協同組合『設立三十周年記念誌　蒼天』七九‐八一頁。皆倉氏は「花見川区にもう一つ図書館をつくる会」代表を務め、千葉市関係各所へ要望書を提出するなどした。その運動の成果として、「みずほハスの花図書館」の開館にまで至った。

(36)平林一之（二〇一二）「進路指導研究会の歩み」全日本学習塾連絡会議『学習塾百年の歴史　塾団体五十年史』八〇二‐八〇六頁。一九八七年一月、「塾全協」東京南部支部のメンバーが中心となり設立。進路・進学指導の充実を目指し、会員相互の情報交換や研修・研鑽を行うことを目指して発足した。

(37)大沢稔（二〇一二）「学校外教育研究会の活動の歴史」全日本学習塾連絡会議『学習塾百年の歴史　塾団体五十年史』七八三‐七八六頁。

(38)平林一之（一九八五）「補習塾雑感—現状とこれからの姿」国立教育研究所内塾問題研究会『シンポジウム塾と学校』ぎょうせい、一二九頁。

(39)塾教育研究会（二〇〇一）、前掲書、序言。

(40)平林一之（一九八五）、前掲書、一二七‐一三五頁。

(41)塾教育研究会（一九八六）、前掲書、一頁。

(42)同前。

(43)皆倉宣之（二〇二〇）「塾長から見た公教育と受験産業」歴史教育者協議会『歴史地理教育』№九〇五、九頁。

(44)同前。

(45)堀尾輝久（一九七九）『現代日本の教育思想』青木書店、一七六頁、二二九‐二三〇頁。

(46)堀尾輝久（一九九一）『人権としての教育』岩波書店・

■特集　教育への権利と社会文化――新自由主義時代の経験を問う

〔寄稿〕

こがねはら子ども食堂の冒険〜経験的居場所論

髙橋　亮

一　子ども食堂はどういうところ？

私の今の活動の原点でありスタートは「こがねはら子ども食堂」であるが、そもそも子ども食堂とはなにか[i]。この問いに明確な答えはない。どこかに届け出る必要もない。したがって管轄する官公庁もない。

子どもが一人でも行くことができる無料または低額の食堂。この言葉が子ども食堂を語るうえで広く使われている唯一の共通認識である。ここには「貧困」も「孤食」も含まれていない。食堂である以上、食事を提供することは条件となるが、それ以外は特に決まりはない。このハードルの低さこそ、活動が広がった一因である。

最近は講演する機会が多いが、その場で必ずする質問がある。始めの質問は、あなたは子ども食堂という言葉を聞いたことがある、または知っていますか？　ここ二〜三年は参加者の属性（主催団体等）にもよるが、八〇％以上の方が手を挙げてくださるようになった。メディアで取り上げられることが多くなり、知名度が上がったことが理由と思われる。

そこで二つ目の質問。では、実際に子ども食堂に行ったことがある、または運営や手伝ったことがありますか？　これにはほとんどの方が手を挙げず、大体一〇〇人中二〜三人、少ない時はゼロということもある。子ども食堂をテーマにした講演であっても、この割合はほとんど変わらない。

その理由を尋ねると、どこに子ども食堂があるかわからない、近くに子ども食堂がない、貧しい子どもが行くところだから、子どもだけが参加できる場所だから、などの回答が返ってくる。つまりは、「子ども食堂」について知ってはいるが、実際に行ってみたことのある人はまだまだ少ないというのが現実である。

そうしたなかで、子ども食堂の活動は全国で急速に広がっている。二〇一五年頃から「子どもの貧困」と子ども食堂が併せて報道されたことがきっかけとなった。このことがいまだに「子ども食堂は貧しい家の子どもが行くところ」というイメージを持たれる大きな原因になっているが、決してそのようなことはない。また、コロナ禍でもその団体数は確実に増え、既存団体も活動を継続している。(ii)

子ども食堂がなぜ短期間でこのように増え、さらにはコロナ禍という人が集まる活動には向かい風の中でも増え続けているのか。このことを考えることは子ども食堂の持つ意味を考えるうえでヒントとなるかもしれないとも思っている。

二　小金原で子ども食堂を始める　二〇一六年〜

（1）引き金は居酒屋での常連客の会話

私が運営する「こがねはら子ども食堂」は千葉県松戸市小金原地区にある。松戸市は江戸川を挟んで東京都と隣接するベッドタウンとして発展した人口約五〇万の千葉県で三番目の都市である。(iii)

小金原地区は一九七〇年代初めになだらかな丘陵を切り開いて開発され、UR団地と平均八〇坪の分譲住宅が、整然と整備された道路に立ち並ぶ静かな住宅街である。最寄り駅も三つあり通勤も便利で現在七〇代後半から八〇代の世代の皆さんがマイホームを購入し子育てをした昭和の時代には活気があふれる豊かな街であった。

しかし、ご多分に漏れず高齢化と少子化の波は街の活気を奪いシャッター商店や空き家問題、町内会や子供会など地域コニュニティーの担い手不足による弱体化は他の都市と同様に小金原地区でも問題となっている。

二〇一六年二月、このように典型的なベッドタウンで「こがねはら子ども食堂」は始まった。そのきっかけは開設から遡ること三年前の二〇一三年、居酒屋「よっけ」

での常連客同士の会話であった。「よっけ」は小金原の桜通りに面し、毎春、桜の花が咲き誇る住宅街にあり、現在の子ども食堂の会場である。

常連客同士の会話から立ち上がったのが、「桜プロジェクト」である。地域に住む子どもたちは成長したら市外に出て行ってしまい戻ってくることが少ない、子どもたちが住み続けたい街にするにはどうしたらいいのか、小金原を故郷として誇りに思ってほしいということで、小金原ならではの桜まつりをやろう、ということになった。

ある日の「桜プロジェクト」のミーティングでメンバーの地元中学校教員が、学校に給食を食べに来ている生徒がいるとの話をした。それを聞いた時、私はその意味を瞬時に理解できず、勉強が嫌で給食を食べにだけ来て帰るのだろうくらいに受け止めていた。しかし、詳しく聞いてみると、給食が一日の内で唯一のまともな食事だ、という意味だと分かった。まともに食事ができない子どもがいるなんていつの時代のどこの国の話だと大きなショックを受けた。また、地域の町会長からは、夕方暗くなっても公園の街灯の下で勉強している子どもたちがいるという話も出た。親の帰宅が遅いので寂しいからというのがその理由であった。

このような話を聞いて、一見豊かな住宅街である小金原にも様々な困難を抱える家庭で育つ子どもたちが少なからずいることが見えてきた。桜まつりもいいけれども、地域の子どもたちがお腹を減らすことがない、寂しい思いをしないようにしたい。塾に行けない子どもたちの勉強もみてあげたい。こうして湧いてきた私の思いに共感してくれた何人かのメンバーと、当時報道で目にしていたこども食堂を始めようと決意したのが、二〇一五年の一一月のことである。

翌二〇一六年二月と四月、地域の公共施設「小金原市民センター」の調理室と集会室を借りて「お試し子ども食堂」を2回実施することにした。①スタッフの誰も子ども食堂を経験していないので自分たちが感触をつかむ、②地元の大人や子どもにこども食堂を知ってもらう、③ボランティアを募集する、以上三点を目標とした。

(2)「お試し子ども食堂」から「こがねはら子ども食堂」へ

初回は、居酒屋「よっけ」のオーナーである「よっけママ」とその友人、地元の有志の方々に加えて、高校時代の私の同級生（彼らも刺激を受けて板橋区で子ども食堂に関わるようになる）にも声をかけて参加してもらい、ボランティアの不足を補った。

肝心の子どもたちだが、立ち上げメンバーの一人で、地元の子どもたちを集めて「和太鼓の会」を運営している、お隣の小金原九丁目町会長が「会」の子どもたちを連れてきてくれた。つまり仕込んだのだ。仕込んだのにはわけがあった。主な立ち上げメンバーは子育てを卒業し、対象となる小学生、中学生とつながりがなかった。また、こども食堂を誰も経験していないなかでのスタートであり、失敗しても「ごめんね」で済む関係の子どもたちに限定した方がいいと考えた。

余談だが、町会長が自家用車で連れてきた子どもの中に、自家用車に初めて乗った小学生が、5分の道のりで車酔いをしてしまった。自動車に慣れていない子どもが今の小金原にいるのに驚いた。

初回のメニューは今でも子ども食堂の初回メニューの定番カレーライス。子どもたちの好物であり、参加者が予想を超えても量の調整がしやすい、味付けが失敗しにくい、大量に調理できるなどのメリットがあるからだ。

初回は事故もなく無事に終了した。子どもの参加は、「会」の子どもたちとその友だち一七名、大人はボランティア含めて約四〇名、他に地元のケーブルテレビの取材や各町会役員も見学に来て、我々が経験し地域で知ってもらう、いう初期に目的は果たすことができた。

二回目は、子ども食堂の立ち上げ時から考えていた学習支援をしようと張り切っていたが、食後、子どもたちは全員近くの公園に遊びに行ってしまい見事に空振りした。勝手な大人の思い入れを子どもたちは軽々と超えていくことを私たちはこのことから学んだ。

終了後にボランティア説明会を開催し、二〇名ほどの参加があった。説明会の席で、地域で学校活動への協力を行っているグループから「次の会場も決まらず、資金的な継続の見通しもないのに始めるのは無責任だ」との批判の声が上がった。「余計なお世話だ」と思った瞬間、立ち上げのメンバーで、居酒屋のオーナーである「よっけママ」が「うちの店で毎週土曜日にやります！」と大きな声で宣言してしまった。私は「えっ？きいてないよ」と驚いたが、後で聞くと彼女はいずれ「よっけ」でやることになるなと覚悟はしていたそうである。

このように、半ばはずみで翌週土曜日の四月三〇日から毎週土曜日一〇時から一五時までの定期開催が始まった。

こども食堂では学習支援を活動の柱にしようとしていた。立ち上げメンバーに現役の中学校教員がおり、「よっけママ」は元々学習塾を自宅で一五年間開いていた。子どもたちに学びの機会を提供したいという思いが共通してあったからだ。そこで正式名称は「こがねはら子ども食堂・よっけ塾」とした。

ところが定期開催が始まって初回、私たちは大きな失敗を犯すことになる。メンバーの中学教師が、ちょっと気になる教え子に「今度の昼、ただで昼飯食えるぞ」と声をかけ、そのうち三人がやって来た。私たちは必要としている子どもたちがやって来た。ご飯も食べさせて、勉強も教えられるぞと張り切って迎え入れた。午前中は、今にして思うと無理やり勉強をさせた。

彼らはなんとか勉強を済ませ、ランチタイムになった。用意した煮込みハンバーグを三回もお代わりして旺盛な食欲を見せてくれた。聞けば両親とも帰りが遅く、食事はほぼ毎日冷凍食品を温めて兄弟だけで済ませるとのこと。他にも洗濯など家事も両親が帰るまでに済ませないと叱られる、という話をしてくれた。

私たちは、まさに思い描いていた子どもたちが来てくれた、と思ったのだが、彼らは二度と来ることはなかった。二回目のお試し食堂でやってしまった失敗、大人のやりたいことをやっちゃダメなんだという反省をすっかり忘れ、大人の思い入れを子どもたちに押し付けてしまった。彼らは「ご飯が食べられる」という言葉に惹かれて来ただけで、勉強なんてする気はさらさらなかった。それなのに無理やり勉強をさせられ、話したくもない話を聞かれ、きっと嫌な思いで帰っていたのだろうと思う。

こうした大人と子どものズレの機会から、私たちはいくつかのことを学んだ。

一つ目は「つぶやき」と「気配」。子どもたちは自分が信頼できる大人にしか自分のことや家族のことを話すことはない。しかし、ちょっとした「気配」や「つぶやき」にその子の気持ちや悩みや出ることがある。そんな時何気なく横に座って「最近どう？」などと口火を切ってあげるとぽつぽつと話してくれることがある。具体的に何かをしてあげる場合もあるが、ほとんどは話を聞くだけのことが多い。でも子どもたちは安心するようだ。

次に「足元・身の丈」。専門職ではない私たちができることは、一緒にご飯を食べて勉強したり遊んだりするだけだ。それも小金原地区という狭い地域に限られている。会場である店もせいぜい二〇名も集まれば満員だ。だからこそ「狭く・深く」関わることができ、週一回という「半日常」だからこそ見えるものがあると思う。

そして、しつけや誘導をしない。ルールも決めない。特に年配のボランティアさんは食事の仕方などについて子どもたちにしつけをしがちだ。もちろん、その子どものことを思ってしてくださるのは分かっているが、私はやめるようにお願いする。何かに誘導したり、目標を決めたりすることはしない。誰でも参加できる場所と決めた以上、それに合わない人を排除することにつながるからだ。

子どもたちは学校でも家庭でも、常に決められたルールの中で生活していて息が詰まりそうになっている。そこにきて子ども食堂でもあれこれ言われては彼らの安心できる居場所はどこにあるのか。ルールなどこちらが決めなくても子どもたちは自分なりに過ごす知恵を持っていて、それが先輩から後輩に自然と伝わり、一つの「空気」みたいなものができる。結局、大人がどこまで子どもたちを信じ切ることができるかが問われるのだろう。

それを実感するエピソードを一つ。ある日食事の途中でいつまでも遊んでいる年少の男子たちがいたので思わず、「食べるなら食べる、終わったなら片付けようね」と注意してしまった。ボランティアに配慮してのことである。すると横にいた「お試し子ども食堂」の時から来ている常連の女子が、「亮さん、いつからそんなこと言うようになったの？」とニヤッとしながら言ったのである。

私は恥ずかしくもあり嬉しくもあった。彼女たちは子ども食堂をそのように受け止めてくれていることが分かったからだ。

半ば「はずみ」で始まった「よっけ塾」であったが、五月にはさっそく一期生三人が集まってきた。全員高校受験を翌年に控えた中学三年生。一人は「よっけ」近くに住み、幼いころから知っている父子家庭の男子。二人は女子で、塾に通わせる余裕がないということで問い合わせてきた生徒とその友だちであった。学習ボランティアは、「よっけママ」や私、前述の中学教師、元教員、外資系企業をリタイアした人などバラエティに富んだ人材が揃った。他に「和太鼓の会」の小学生も参加。午前中は勉強、昼食後は受験生は勉強、小学生は遊び、という今も続くタイムテーブルが定着した。

三　松戸市内で学習支援事業に乗り出す　二〇一七年〜

(1)「カラーズ六実」二〇一七年八月〜

翌春、一期生は志望校に全員合格し、私たちも年間を通したペースがつかめてきたころ、NPO法人ワーカーズコープから、「松戸市子どもの学習支援事業」の委託を受けたいが運営をしてくれないかとの話が来た。

「松戸市子どもの学習支援事業」は、生活困窮者自立支援法に基づき松戸市が市内に住む「生活保護」「就学援助」「児童扶養手当」受給家庭の子どもを対象とした無料学習支援制度である。その目的は「生活困窮家庭の子どもに対して学習支援や居場所の提供を行い、学習意欲と基礎学力の向上を促し自ら学ぶ力を養うことで、子どもの高等学校等への進学や将来における安定就労に繋げ、貧困の連鎖を防止する」ことにある。

対象は小学校五年生から中学校三年生まで。週二回の学習指導と日曜日を除く毎日、居場所を開放すること求められる。

週二回、一六時三〇分から二〇時三〇分まで学習支援を始めるにあたっては、ある決断が必要であった。私の本業は保険業というアポイントビジネスなので時間的な問題は何とかなる。しかし、「よっけママ」は居酒屋の店主である。運営を引き受けると、週のうち夜二日は仕事との両立ができなくなり、商売に大きな影響が出る。

しかし二人で相談した結果、運営を引き受けることにした。そこには大きな理由が二つあった。

一つ目は「学びの機会」に恵まれない子どもたちに学ぶ楽しさと食事の楽しさを提供したいということが子ども食堂を始めたきっかけであり、市の学習支援はそのような子たちへのアウトリーチ事業であること。

もう一つは、運営を依頼された新設の教室は、二〇一七年三月に外国人の両親を持つ小学生が、通学する小学校の「保護者の会」会長に殺害される、という痛ましい事件が起きた六実（むつみ）という地区であったことである。実は事件の前に、その地区で子ども食堂を始めたいという複数の団体から相談を受けていた。その矢先での事件であった。とても子ども食堂を開けるような状況ではなくなってしまっていたところに依頼があった。

委託事業であるのでもちろん有償ではあるが、一〇数年続けてきた生活基盤を変えるということには大きな決断が必要であった。しかし、私たちは、悲しく辛い思いを経験した地区の子どもたちに寄り添う支援をしたい、そのことが被害にあった女児に私たち大人が少しでも報いることではないか、との思いから引き受けることとした。

このような「引き寄せ」や「めぐり合わせ」と思えることが、このあと次々と起きた。それらが、私たちの活動のきっかけや助けになっていることをここでは指摘しておきたい。

左図は文部科学省が二〇一九年一二月に発表した『平成三〇年度子供の学習費調査』の結果をもとに筆者が作成したグラフである。

文部科学省は、子供を公立又は私立の幼稚園，小学校，中学校，高等学校（全日制）に通学させている保護者が、子供の学校教育及び学校外活動のために支出した一年間の経費の実態をとらえる「子供の学習費調査」を一九九四年（平成六年）度より隔年で実施している。元データは幼稚園から高校までの

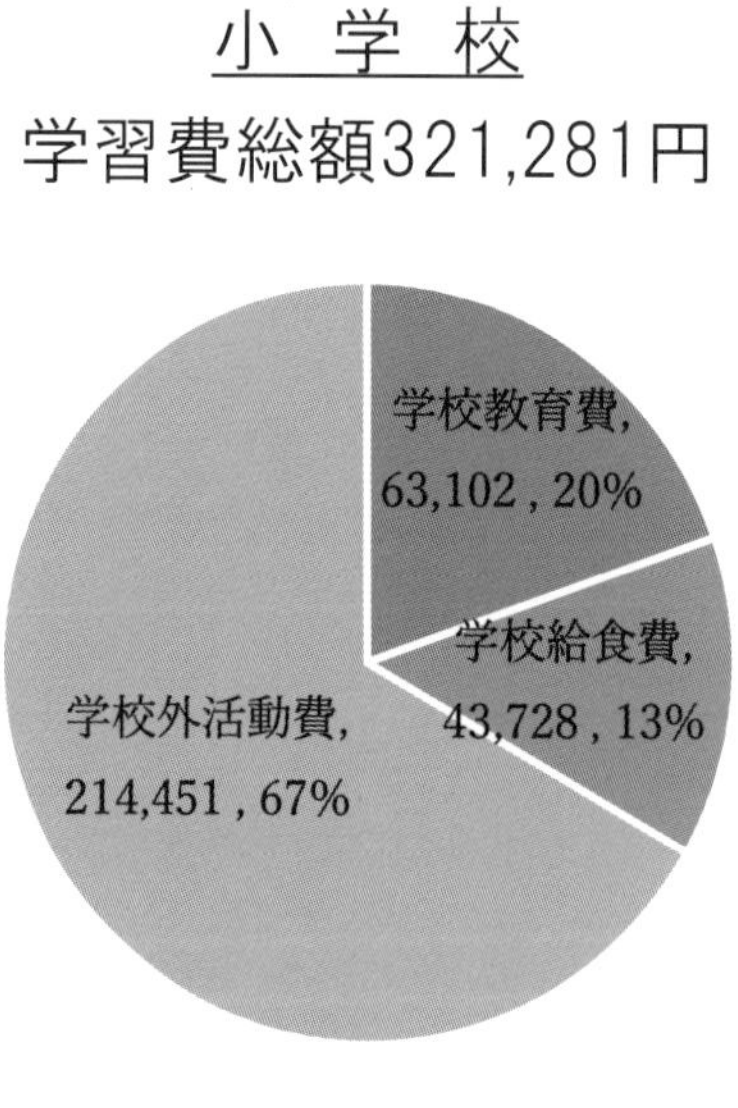

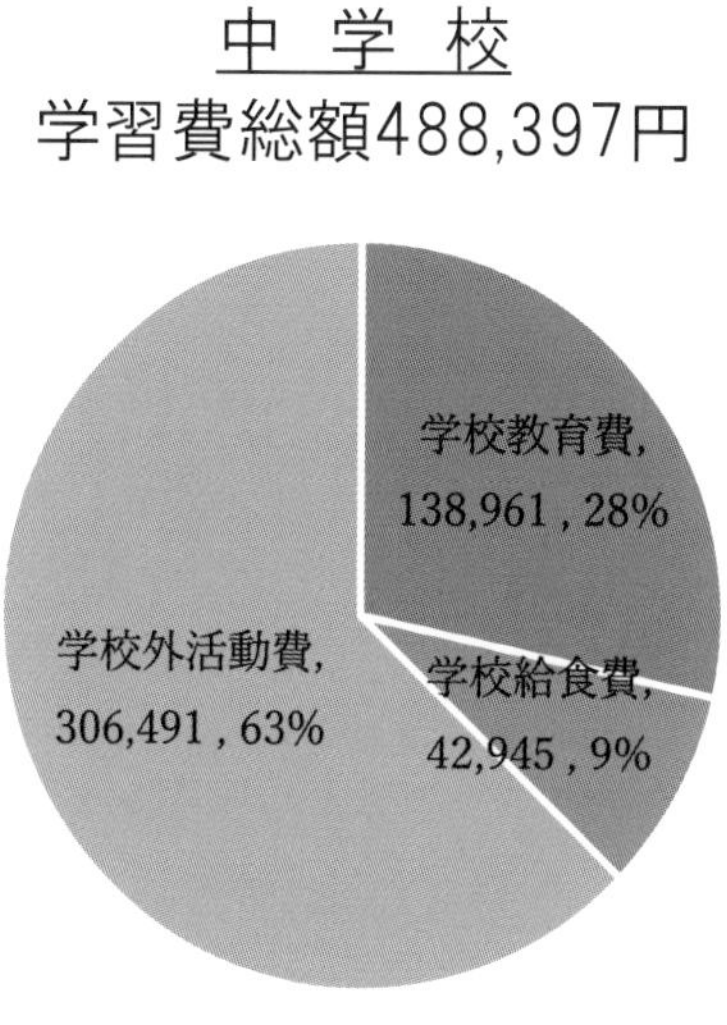

公立と私立別の統計となっているが、ここでは筆者が公立小中学校のみ抽出し、「学習費総額」「学校教育費」「給食費」「学校外教育費」の四項目に整理してグラフにしてみた。

この調査でわかることは小中学生ともに塾代や学習教材、レクリエーションやスポーツ、文化活動にかける費用が家計における学習費総額の六〇%を大きく超え、小学生で年間平均約２１４，０００円（月額約１８，０００円、総額の67%）、中学生で年間平均約３０６，０００円（月額２５，５００円、同63%）の支出を保護者がしている、という事実である。この数値はあくまで平均でこれらを負担できない家庭も多い。

子どもたちに学習指導していて実感するのは、塾などの学校以外の学習機会の欠如が学力に影響を与え、そこに保護者の収入が少なからず影響を与えているということである。不利な条件下にありながらも生活習慣や保護者の関わり方によって年収が低い家庭の子どもの学力が必ずしも劣るわけではないが、経済的な格差が子どもの学びの機会の格差につながっている。この点は『松戸市子育て家庭生活実態調査』でも明らかになっているとおりである[iii]。

こうして二〇一七年八月、市内で四つ目の学習支援教室である「カラーズ六実」が始まった（カラーズは学習支援教室全体の愛称）。こども食堂の経験を活かしながら、既往とは異なる角度から学びと経験の格差の解消に役立ちたいと考えた。

対象は先述の「生活保護」「就学援助（準保護）」「児童扶養手当」受給家庭である。市の担当課から対象者に案内がいく。私たちは応募してきた保護者と子どもと面談し、子どもの思いや親の希望を聞きとる。ほとんどが保護者の意向で申し込んで来るが、申し込んで来ていない家庭がどうしても気になる。多くの子どもたちは経済的な理由で塾に通えておらず、成績は平均以下である。

私たちには一年余りのこども食堂の経験と「よっけママ」の一五年に及ぶ学習塾の経験はあるが、制度に基づく事業の経験はない。しかし、不安よりワクワク感の方が増していった。私たちが出会った子どもたちは、決して恵まれた生育環境にはない。身近なところで、あのとてつもなく悲しい事件が起きた直後でもあった。被害者を直接に知っている子どももいた。それにも関わらず、子どもたちが生き生きとした姿を見せてくれ、私たちの構えていた気持ちがほぐれていった。

こうして初年度の活動がスタートしたが、はじめは慣れないこともあり戸惑うことも多々あった。

一番困ったのは、高校受験直前の一一月に入ってから来た中学三年生である。その生徒は、かなり劣悪な家庭環境で育ち、学ぶということをほとんどしてこなかったため学校の成績が五教科合計で一〇〇点に満たない状態であった。しかし高校に進学したい、という強い思いから最後の望みを持って「カラーズ六実」に来た。私たちも全力で支えて、なんとか公立高校に進学させることができた。彼女とは進学後も関わり続け、今は親からの支援を一切受けられないなか自分の夢を実現するため自活しながら大学で学んでいる。

もちろん本人の努力が大きいが、私たちが彼女に関わり続けたことが彼女に自立する力をつけていったことは間違いないと思う。この経験がのちのＮＰＯ法人「Matsudo 子どもの未来へ with us（通称 with us）」設立につながっていく。

「カラーズ六実」で目指したのは、「教えないこと」だった。学習支援である以上、勉強で分からないところを教えるのはもちろんである。「教えない」とは、正解に導かないということを意味している。

これは子ども食堂で得た、大人が導かないという経験から来ている。子どもたちは正解を知りたがる。学校でそのように教育されているからだ。しかし、学ぶことの楽しさを知ろうとしたとき、自分の頭で悩みながら考え答えに到達することが（たとえそれが間違っていても）学びの第一歩だと考える。だだ、それは一人では難しい。共に考え、答えにたどり着いたとき共に「やったー」と喜んでくれる大人がそばにいることが大事であり、そのことが子どもに安心感を与え、自分が受け入れられている感覚を持たせると信じている。

公立の学校教育の場合、大人数の子どもたちを相手に定められたカリキュラムに基づいて教えていかなければならいが、どうしてもそれについていけない子どもがでてきてしまう。「カラーズ六実」はいわゆる進学塾ではないので、そのような子どもたちが何とか学校の授業についていけるように、そして、高校進学時に選択肢を持つことができるようになることに主眼をおいた。そのためにも、正解を求めるのではなくなぜそうなるのか、を共に考える時間を大切にしてきた。

問題の解き方を教えて正解に導くことはある意味簡単だが、それではいつまでたっても自分で考える力がつかないし、分からないことが分かるようになる喜びを味わうことはできない。私たちは子どもの「あ〜、そういうこと！」「ちょっと待って、言わないで！」という言葉を待つ関わりを心がけている。

松戸市の学習支援事業で素晴らしいと思うのは、「居場所」としての役割を大事にしている点にある。先にも触れたが、週二回の学習日以外にも、日曜祝日以外は毎日一六時から二〇時の間開放されていて、対象の生徒とそのきょうだい、友達は利用できる。一軒家を借り上げているからこそできることである。

専属の見守りスタッフも配置されている。子どもはそこでどのように過ごしても自由である。利用時間の関係で小学生の利用はほとんどないが、自分の学習スペースがなかったり、幼いきょうだいの世話をしなければならなかったりする子どもにとって、「カラーズ六実」は学習時間や自分の時間が持てる場所となっている。

卒業生が増えるにしたがって、高校生や大学・専門生もやってくるようになった。定期試験前になれば、「数学やばい、先生教えて」と駆け込んで来る。高校二、三年生になると進路について親や教師とは異なる第三の大人から自分の選択の背中を押してもらいに来る。エントリーシートの内容、面談の予想問答などの相談に来る生徒もいる。特に何もなくてもフラッと来る生徒は、ほとんどが親や教師にも相談できない悩みをもっている。

私たちは現役生徒への指導の傍ら、できうる限り彼らの話を聞き、必要であればアドバイスをするが、大事なのはいつ来ても話を聞いてくれる大人がそこにいる、ということだと思う。中学時代は何事にも意欲を持てなかった子どもが、自分の目標を見つけ目を輝かせながら相談や報告に来てくれることは、なにものにも代えられない私たちの喜びである。

（2）「カラーズ小金原」 二〇一八年七月〜

「カラーズ六実」の開所一年後、私たちの地元小金原で五か所目のカラーズが立ち上がることになり、ワーカーズコープから運営の打診があった。引き受けると「カラーズ六実」と併せて週四回の学習支援となる。「よっけママ」は居酒屋を週二日間しか開けられなくなるが、私たちにやらないという選択はなかった。子ども食堂に来ている子どもの中にも対象者がおり、近くに「カラーズ」があったらなあと思っていた。生活はなんとかしようと決意した。


二〇一八年七月、「カラーズ小金原」の運営が始まった。利用者の何人かは子ども食堂の常連や来たことのある子どもたちで、子どもたちに安心して学べる環境を提供している。また、「カラーズ小金原」との出会いがきっかけで子ども食堂に来るようになった子どももいる。行政による子ども支援施策と民間の子どもを守る活動が噛み合う局面がここに生まれている。

ところで、私たちの運営する二つの学習支援事業の他にない特徴として、食糧支援もおこなっている点が挙げられる。後述する自前のフードバンク「とうかつ草の根フードバンク（ＴＫＦ）」から安定的に食糧の供給を得られるため、必要な時に米など食材を子どもたちに持って帰らせることができるのだ。子どもたちは米が必要になると「お米ください！」と言って、米や野菜などをカバンに入れて持って帰る。その姿はなんともほほえましい。

新型コロナの感染拡大による全国臨時休校になったとき、「カラーズ」も休止となった。コロナ禍でステイホームが呼びかけられたが、私たちは家に居場所がない子どもたちのことが心配だった。しかし、委託事業である以上は市の指示に従わざるを得ない。せめて密にならない居場所の時間だけでも開所できないかを申請したがそれも許可されなかったが、ここで食料支援が力を発揮することになる。

休校期間中は全員が登録している「LINE公式アカウント」に毎日クイズを出して、子どもたちとのつながりを保ち続けた。リアルに子どもたちに会って様子も確かめたいと思った私たちは、「カラーズ」を会場に、フードパントリー（食品配布会）を実施した。この事業は経済的困難を抱えている家庭が対象である。コロナで食糧に困っていることは想像できた。食品を受け取りに来る親子と少しの時間でも会話できればと考えた。大半の利用者が、米など用意した食品を受け取りに来てくれた。ほとんどが親子連れで元気な顔を見せてくれた時はホッとした。

四　松戸を拠点に中間支援団体を立ち上げる　二〇一九年〜

（1）「とうかつ草の根フードバンク（TKF）」　二〇一九年一一月〜

私がフードバンクの必要性を強く感じたきっかけは、子ども食堂を始めて間もなくやって来た姉妹だった。彼女たちは非常に過酷な家庭環境にあったが勉強には熱心で、その家庭を長年見守っていた近所の女性が、この子たちの勉強をしたい、という気持ちに応えられないかと悩み、私たちのところに連れてきたことが関わりの始まりだった。

その後、「カラーズ」が始まり通って来るようになったが、そのうち「自分たちの食べるお米がない」という話をするようになった。親のネグレクトや浪費が原因である。私たちは、彼女たちが空腹を抱えている現実を何とかしたいとのやむにやまれぬ思いで、多い時には月に三〇キロの米やその他の食材を支援することもあった。

幸いにも私たちには毎月三〇キロのお米をご寄付くださる方があり、それを渡すことができる。だが、同じような家庭が増えたら対応しきれない。実は他の子ども食堂にも同じような子どもたちが来ていて、運営者が支援したくてもできていない現実があるのではないか。そうであれば、みんなでフードバンクを作り、支援できる体制を作ればいい。そう考えた。いつもながら単純だ。

そこでかねてからつながりのあった、近隣六市の子ども食堂ネットワークの代表格に呼びかけ、「とうかつ草の根フードバンク（ＴＫＦ）」を立ち上げることにした。名称は六市のある東葛（とうかつ）地域にちなんだ。スローガンは、「子ども食堂からその先へ・食と安心を届けます」。食の支援を通して地域で孤立する家庭を減らしていく子ども食堂の活動をＴＫＦが支える、という意味である。

一般的なフードバンク（以下ＦＢ）は、寄付された食品を倉庫に保管し、必要とされる施設や個人に宅配便などで送る仕組みとなっている。また、営利企業と異なり、ＦＢは「入庫」と「出庫」がいつあるか分からず、計画的な在庫調整ができない。下手をすると、せっかくご寄付いただいた食品が倉庫に山積みになり、やがてそこで賞味期限を迎え我々が廃棄するということになってしまう。

ＴＫＦは発送することは一切しない。集まった食品については、各市の子ども食堂ネットワークの担当に倉庫まで受け取りに来てもらい、持ち帰ってもらう。そこから市内の子ども食堂に配分し、各子ども食堂が地域の必要としている家庭に届ける、そういうシステムをとっている（図参照）。

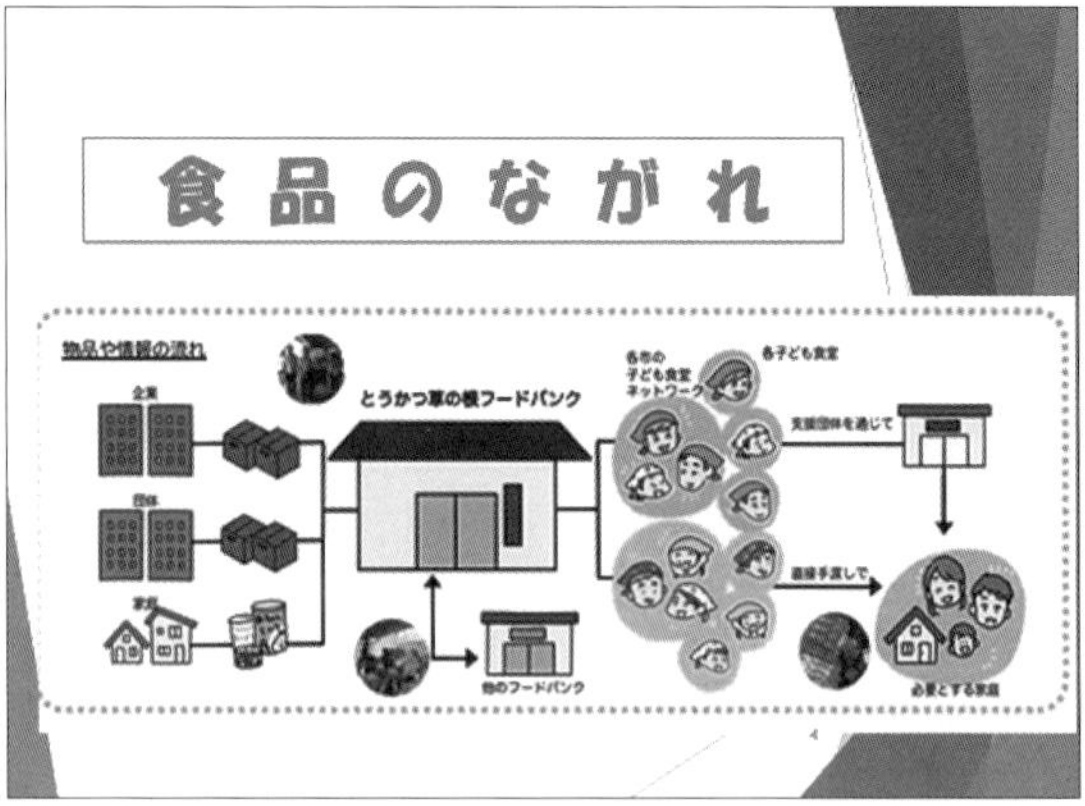

それが可能なのは、一つは、各市内の子ども食堂ネットワークの存在である。東葛地域六市にはそれぞれ子ども食堂ネットワークあり、すでに食材の融通など助けあ

う環境があった。二つは、各市の子ども食堂のネットワーク同士が、すでに市を越えて食材の食材や情報交換などでつながっていたこと。三つは、倉庫が各市から車で三〇~四〇分の距離にあることである。これによりFBの経費で最も多くを占める発送料がゼロ、箱詰めの手間もスペースも不要となり、継続しやすいシステムになった。

立ち上げ時のメンバーは松戸と流山の子ども食堂関係者五人で、そのうちの一人が自宅敷地内の使っていない納屋を提供してくれた。その納屋は何十年も使われておらず建屋も痛み、大量の物がしまわれていたため、友人たちにお願いし、二〇人ほどが一日がかりで片付けた。建屋の修繕には一二〇万円ほどの費用が必要で、各自二五万ずつの拠出を覚悟したが、私の活動を支援してくださっている篤志家の方から資金提供を得て、第一期工事は完了した（それ以降も二度の拡張改善工事を行った）。

こうして二〇一九年一一月、TKFはオープンした。千葉県内で三番目のフードバンクである。前例のない運営システムのため、当面試運転期間とし、翌年四月から本格始動する予定だった。しかし、翌年三月、新型コロナのパンデミックが始まった。

コロナ以前、東葛地域の子ども食堂の多くはいわゆる困窮家庭にはつながりを持っていなかった。「子ども食堂からその先へ」という理念はいいが、その段階では大半の子ども食堂にはその実感がなかった。しかし我々の社会を襲った新型コロナはひとり親家庭を中心に一気に困窮を加速させ、もともと困窮していた家庭はさらに、今までなんとか踏ん張っていた家庭も日々の食事に困るような事態に陥った。

そこでTKFでは、二〇二〇年四月~五月に緊急キャンペーン「コロナに負けるな、食と安心を届けよう！」を企画した。企業、個人、団体に向けては寄付のお願いを、子ども食堂には日ごろの利用者へのより一層の関わりや地域の児童民生委員等との連携を強化し、食を必要としている家庭とつながるよう呼び掛けた。

その結果、学校給食や卒業式や入学式が中止になったことで余ったコメなどの食材や、観光客向けに生産し、出荷できなくなっていた大量の製品が寄せられた。新聞でTKFが報道されたことから個人から現金や家庭に眠る食品の提供を、ライオンズクラブやロータリークラブからも大量の食品が寄付された。政府から支給された一〇万円の定額給付金を全額ご寄付いただく方も複数いて、驚くとともに大変ありがたった。

他方で子ども食堂も、ＴＫＦからの呼びかけに応えて食品を必要とする家庭とつながりはじめ、フードパントリーなどを実施。実質一か月半で一四トンの食品を子ども食堂を通して一二〇〇世帯にお渡しすることができた。

最初に米一トンをある市の教育委員会から寄付されたとき、こんなに沢山どうしようと困惑したが、その後トン単位の入荷が続いても流通できることが分かりそれが今でも自信につながっている。

ＴＫＦは立ち上げ時には想像もしなかったコロナ禍の経験を経て鍛えられ、改善を重ねながら活動を続けている。コロナ感染が拡大し始めたころに設立メンバーが口にしていた「(コロナにＴＫＦが) よく間に合ったよね」はまさに実感であり、逆の言い方をすればコロナが「入口」(入庫) と「出口」(出庫) のパイプを一気に広げ、ＴＫＦの活動を本格化させた。

ＴＫＦにフードロス対策の側面はなくはないが、子ども食堂の活動を支える中間支援団体としての位置づけをより強く持っている。食品の提供のみならず、寄付金や補助金を原資に夏休みの給食がない時期に子ども食堂に経費を助成するなど、子ども食堂の活動の資金的な後押しも行っている。また、二か月に一度の運営会議 (各市の子ども食堂ネットワークの代表者により構成) は、東葛地域の子ども食堂の情報共有の場としても機能している。これは意図せざる結果であった。

コロナの影響だけではなくひとり親家庭を中心に困窮は続いている。ＴＫＦは食の提供を通して孤立を防ぐという子ども食堂の活動を下支えできていると自負している。

(2)「Matsudo 子どもの未来へ with us」

二〇二〇年～

子ども食堂や学習支援をしていていつも思うのは、私たちと出会った子たちはある意味ラッキーだなということである。傲慢に聞こえるかも知れないが、もしこの子たちが私たちと出会わなかったらどんな日常で、どんな未来を描けていただろうかと考えてしまう。制度の谷間で空腹を抱えたり、学ぶ権利を奪われて将来の希望を失っていたり、やっと自立の道を歩みだそうとしても様々な壁があり、自力ではそれを乗り越えることが困難であったり、そんな子どもたちと私たちが出会うことで、子どもたちは少しでも空腹を満たし、将来への希望をなんとか持ち、自立の一歩を踏み出すことができたことは事実である。

どんなに公的制度が整っても、いや制度ができるほどその谷間に落ちてしまう子どもや家庭は必ずでてきてしまう。それはある意味で仕方ないことだと思う。制度には公平性や申請主義の原則があるからだ。その谷間を埋めていくには、子どもたちの周りに子どもたちのことを思い行動する大人が一人でも多くなることが一番の近道だと思う。「ラッキー」の確率を上げたい。私たちが年間に出会える子どもたちはせいぜい二桁だ。

上記の思いをもった人を増やすにはどうしたらいいのか。

私たちは、地域からこぼれてしまう子どもを一人でも減らすことをミッションに、松戸市内四五の小学校区すべてに子ども食堂などの居場所を作るための中間支援団体、NPO法人「Matsudo 子どもの未来へ with us（通称 with us）」を信頼できる仲間たちと立ち上げた。

主な活動は、子ども食堂を立ちあげるための「スタートアッププログラム」の実施である。立ち上げを資金面でサポートしたり、ボランティア研修をはじめとした運営のノウハウを提供したりしている。空白地帯へのアウトリーチとして、キッチンカーによる出前子ども食堂などにも取り組んでいる。いずれも子どもの居場所を立ち上げたいと思う大人の背中を実際的に押す活動である。

さらに、常磐線北松戸駅前のビルの一室に事務所を置き、フリースペース「with us 北松戸」として月水金の一六時から二〇時で開放している。子ども食堂や学習支援事業の経験から、ハイティーンの居場所の必要性を強く感じていた。時間になると近くの県立高校や他校の生徒たちがやって来て、それぞれに勉強や備え付けの漫画を読んだりソファでゴロゴロしたり、自由に過ごしている。一〇代の居場所もまた市内に増やしていきたい。そうしたモデルという意味で、「with us 北松戸」のことを私たちは「モデルルーム」と称している。

二〇二二年の夏休み、「with us」として初の試みである、一泊二日の自然体験のサマーキャンプを実施した。三つの子ども食堂を通じて申し込んできた二二名の子どもたち、高校生、大学生を含むボランティア一二名の総勢三四名が公設民営の「大房岬（たいふさみさき）自然の家」に滞在し、荒磯での海岸アドベンチャーや磯遊び、ナイトウォーク、スイカ割、焼きマシュマロなどを目いっぱい楽しんだ。子ども食堂単体ではできないことを、中間支援団体である「with us」が費用を負担し、子どもたちの豊かな遊びを支援したという格好である。

子ども食堂にくる子どもたちの中には、様々な理由で夏休みにどこも行くことができない子どもが少なからずいる。「体験の格差」が子どもの将来に影響与えることとは「社会的相続の負の連鎖」（エスピン・アンデルセン）につながることを私たちは実践の中から学んできた。キャンプに参加したある子どもが発した、「海で泳いだのも、マシュマロ焼いて食べたのも初めて。今日は最高だ！」という言葉に励まされながら、子どもたちの体験を地域で豊かにしていく取り組みを今後も続けていきたい。

五　活動を通して見えてきたこと、学んだこと

（1）人とつながり、人をつなげる活動スタイル

ここまで、こども食堂と学習支援の二つの現場、TKFと「with us」という二つの中間支援団体、それぞれを設立・運営してきた経緯とそこでの気づきについて述べてきた。それは、福祉や教育の専門家でもない一市民による七年間の経験であり、現場から見えてきたこと、学んだことは多い。

改めて振り返ってみると、毎年新たなことを始めていることに気づく。それは結果であって、最初から計画を立てて実行してきたものでは全くない。七年前には今の姿は想像もつかない状態であり一番驚いているのは私自身なのだ。一つのことをやる中で必要なものが見えてきてそれをやり始める、結果として今の姿になった、としか言いようがないのである。

こうしたなかで、私の活動は「人とつながり、人をつなげる」というスタイルなどだ、ということが改めて分かった。

活動の方法には様々なスタイルがある。優れたリー

ダーのもと組織を拡大し、その目標を達成していくというのは効率的である一方で、リーダーや組織の限界が活動の限界となることもある。私の採っている「人とつながり、人をつなげる」というスタイルは、直接的な目的を実現するには遠回りかもしれないが、それぞれが持っている強みを集合させることによって、リーダーの属人的な限界を超えた活動を可能にする。だからこそ、私は集まる人たちの力が十二分に発揮しやすい場を支えることに徹しようとしている。

子ども食堂には新しく子ども食堂を始めたい人や講演の依頼、行政等の視察、支援をしてくださる企業の方等々実に様々な人たちがやってくる。私は積極的にそれらの人をつなぐ。そこから新しい関係が生まれることも少なくない。子ども食堂はそんな場でもあるのだ。

子ども食堂はオープン型、学習支援はクローズドなアウトリーチ型という違いはあるが、共通して言えるのは子どもたちの育ちには日常的に関わる多様な大人、親でも教師でもない第三の大人の必要性だ。「社会的相続」を親ができないのであれば、地域の大人がその補完をしていくことが「負の連鎖」を防いでいく一助となるであろう。

大切にしたいのは地域に子どもたちが安心して過ごせる場があるということ。先にも述べたように私たちが子ども食堂や学習支援で出会った子どもたちは「ラッキー」である。彼らは多様な大人と関わったことでそれぞれの人生を切り開いていこうとしている。しかし「ラッキー」ではいけないと思っている。私は、「居場所は人、地域は日常」だと考える。いつもそこに行けばその人たちがいる、そんな場所がある安心感だ。だからこそ地域の人がイベントではなく日常的に開く意味があるのだ。

子どもたちの現状を「我がこと」として思い、行動する、そんな「おせっかいさん」の背中を押し増やすことで、地域の人々が日常的に、つまり子ども食堂などと名乗らずとも子どもに関われる社会に少しでも近づけていきたい[ⅳ]。

（2）子どもの権利・人権を保障する地域へ

強く感じるもう一つのことは、この国では「子どもの権利・人権」があまりにもないがしろにされていることだ。子どもに限らず、総じて日本は人権意識が低い社会であるが、声を発することのできない子どもたちの人権は最も軽く扱われていると言わざるを得ない。虐待を始め子どもの自死の増加、教育や経験の格差、ヤングケアラーなど子どもたちを囲む環境は年々複雑化し悪化している。

もちろん行政も様々な制度を作り対応をしようと努力している。だが、根本となる子どもの人権を守る、社会の一員としてその権利を守り子どもを真ん中にした社会をつくっていくためには、その理念法である「子どもの権利条例」を松戸市にも制定する必要があると、7年間の活動の末に考えるに至った。

折しも国は、子ども基本法を制定し、子ども家庭庁も設置される。松戸市はある出版社のアンケートで、「子育てしやすい街」日本一に二年連続で選出された。こうした時勢もあり「こどもの権利条例」を制定するのに絶好の機会だと思っている。そこでまずは広範な市民、団体、議員、行政を巻き込むために、他市の事例や子どもの権利について学ぶための勉強会を呼びかけていくことにした。

この条例は市の子ども政策のいわば憲法として位置づけられ、立ち戻るべき原点となる存在でなければならない。条例を制定することそれ自体を目的化することなく、制定の過程で多くの市民が子どもの権利について考え、行動する契機となることが必要だと考えている。

最後に私が大切にしている言葉を紹介したい。

今は成人して社会人となったよっけ塾一期生の言葉だ。彼女は家庭的な困難を抱え、学校でもいじめにあっていた。教師に相談しても解決しなかったが負けず嫌いな彼女は学校に休まず通った。卒業を前にしたある日、私が何気なく「よっけに来てどうだった？」と聞いたら彼女は即座に「人を信じられるようになりました」と答えた。私はこの言葉を原点として今後も活動を続けていこうと思っている。

（たかはし・りょう　こがねはら子ども食堂、ＮＰＯ法人Matsudo 子どもの未来へ with us　代表）

注

（ⅰ）「子ども食堂」の名付け親は、二〇一二年に東京都大田区で「だんだん子ども食堂」を始めた近藤博子さんである。二〇二二年で一〇周年ということになる。

(ii)全国で何団体くらい子ども食堂があるのか。NPO法人全国子ども食堂支援センター・むすびえ（以下「むすびえ」）の二〇二一年末の調査では全国で六〇一四団体、二〇二〇年調査の四九六〇団体と比べても一〇〇〇団体以上増加していることがわかる。ただしこれらの数値はあくまで「むすびえ」が子ども食堂の地域ネットワーク（都道府県市町村単位）や各行政に調査を依頼し集計した結果であり、正確な数値は誰にも分からない。前述のとおり子ども食堂はあくまで運営者の自発的自主的な活動でありどこかの官公庁が管轄する活動ではないからだ。

(iii)松戸市全域の子どもと子育ての環境についての概要については、『松戸市子育て世帯生活実態調査報告書』を参照。二〇一七年九月に全小学校の五年生と中学校に二年生の生徒児童に生活実態調査を行い、二〇一八年三月にその結果を発表したものである。本調査は保護者と子ども両者を対象としマッチングした調査であり、各階層別に「家庭に必要な食料が買えない」「公共料金・家賃等の滞納」「栄養状況」「健康状態」「体験」「所有物」などいわゆる「剥奪指標」や子どもの「自己肯定感」など子どもの主観まで踏み込んでいる点で大変興味深い。報告書は松戸市のＷｅｂサイトで公開されている。

その概要を紹介すると、①生活の困難度において「低所得」「家計の状況」「経済的理由による子どもの体験や所有物の不足」の三つの要素から分類したところ何らかの支援が必要と考えられる「生活困難層」の割合が小学生の二三・五%、中学生では二五・一%と四人に一人の状態（ここでいう「生活困難層」の定義はいわゆる「相対的貧困層」も含むがより広義であり、相対的貧困とは異なることに注意が必要）、②ひとり親世帯や外国にルーツを持つ世帯の困難層の割合が高い、③「生活困難層」の子どもは食事面や健康状態、体験活動や所有物の有無、居場所やつながり、自己肯定感など様々な影響をうけている。④生活困難度が高いほど、保護者の健康状態が悪い、相談相手がいない保護者の割合が高い、支援制度の存在や利用方法が分からないために様々な支援利用に至っていない傾向があるなど、孤立している傾向がうかがえる。

(iv)子ども食堂に社会的課題の解決を期待し、「社会的インフラ」としてそのシステムに組み込もうとする発想と論理には、注意深くなる必要がある。少なくとも政治、行政は「子ども・子育て支援」を「子ども食堂支援」にすり替えてはならない。

■論文

個人化社会におけるコミュニケーションスキル
―一九七四年〜二〇一九年までの会話ハウトゥ本を分析資料として

桶川 泰

一 問題の所在

二〇〇〇年代以降の日本社会では「コミュニケーション能力」という言葉がクローズアップされており、そうしたコミュニケーション能力が求められる社会的背景についての研究もおこなわれている。

例えば本田由紀は、大量生産体制が中心の近代社会からサービス中心のポスト近代社会に移行することによって、コミュニケーション能力を中心としたポスト近代型能力が求められることを指摘している[1]。一方中村高康は、コミュニケーション能力が力説される社会的背景として「メリトクラシーの再帰性」という概念を提示し、本田のハイパーメリトクラシー論を批判している。例えば、ハイパーメリトクラシーと呼びたくなるような能力評価は過去において広汎に共有されていなかったのか、多様な職業に求められる能力は各々異なっているのではないかと疑問を呈示している。そして中村は「新しい能力を求めなければならない」という強迫観念自体を問題化している[2]。

中村が指摘しているように、「現代においてコミュニケーション能力が殊更必要になっている」という議論には論拠がないし、「全ての職業において一様のコミュニケーションのスキルが求められている」という思考には無理がある。ただし中村の議論は、労働・仕事などの職業圏におけるスキルを対象とした議論となっており、友人関係・恋人関係など人と人とのつながりにおいては対象外となっている。

個人化の進行に伴い、対人関係能力が必要になることは多くの論者に指摘されている。例えば、山田昌弘は、個人化の進展により、関係性の自由化が進行することによって、コミュニケーション能力がないものが選択されずに絆から排除されるという問題を生み出しはじめていることを指摘している(3)。また、近年の無縁化と呼ばれる現象も、地縁・社縁・家族縁の喪失や共同体的関係から選択的関係が主流化する社会への変容に起因することが指摘されている(4)。

こうした個人化の負の側面に対して、コミュニティ研究では「人と人とのつながり」「コミュニケーションの取り方」を再編していく必要性が論じられてきた。例えば、社会関係資本の多寡（社会的信頼・互酬性の規範・ネットワークへの積極的参加）が「社会的な豊かさ」「社会的効率性」につながり、アメリカにおける社会関係資本の減少を問題化したロバート・パットナムの議論(5)やアメリカにおいて職場とも家とも違う「とびきり居心地よい場所」であるサードプレイスの再生の必要性を力説するレイ・オールデンバーグの議論(6)などがある。

上述で言及したように中村の議論では「新しい能力を求めなければならない」という強迫観念自体を問題化しているが、個人化の進行により、つながりから排除される人間が現れるという問題には言及していない。本田の議論においては、「ポスト近代型能力を獲得する機会を社会的に様々な場に埋め込む」という社会的処方箋よりも、各個人が専門性という鎧を身に付けることを提案している(7)。本田自身はポスト近代型能力の獲得の機会を提供する場やメディアが如何なる言説の形を取って存在しているのかを明らかにしているわけではない。一方、コミュニティ研究では、「共同体」「人と人とのつながり」のレベルに主な焦点が合わせられており、コミュニケーションスキルを学習することができる社会的・文化的資源が如何なる言説の形を取って存在しているのかについては焦点を合わせていない。

そこで本稿では、一九七四年～二〇一九年までの会話ハウトゥ本を分析資料として、如何なる新しいコミュニケーションのスキルや思考の仕方が個人化の進行に伴い現れているのかを明らかにしていくことを試みる。また会話ハウトゥ本の中でも、つながりをめぐる技術と関連する「共通の話題の探し方」「話題のストックの増やし方」をめぐる助言に焦点を当てている。特に、コミュニケーションスキルの能力差は、家庭環境の格差が大きいことが指摘されている。(8) コミュニケーションスキルを後天的に学習することができる社会的・文化的資源が如何に存在しているのかを明らかにしていくことは重要な研究課題になると考えられる。

二　分析資料となる会話ハウトゥ本と会話ハウトゥ本の概観

(1) 分析資料となる会話ハウトゥ本と分析対象となる助言

分析資料となる会話ハウトゥ本は、一九七八年～二〇二〇年までの『出版指標年報』の「書籍の出版傾向」で紹介されている会話ハウトゥ本である。『出版指標年報』の「書籍の出版傾向」では、分野ごとに「売れてる本」「話題になった本」「出版傾向のある本」などが紹介されている。会話ハウトゥ本も、「書籍の出版傾向」の中の語学(日本語)分野に一九七八年から紹介されるようになっている。また、「ビジネス書」分野でも一九九四年から載せられている。

本稿では、この「語学」「ビジネス書」に紹介されている会話ハウトゥ本を分析資料とした。(9)「売れてる」「話題になった」会話ハウトゥ本を分析資料とすることによって、多くの人に需要のあるコミュニケーションのスキル・思考の仕方を抽出することが可能となる。もちろんコミュニケーションスキルを学ぶことができる社会的・文化的資源には、会話教室・企業内研修など様々に考えられる。その中でも、会話ハウトゥ本は、多くの人々に開かれて、比較的自由に利用できる文化的・社会的資源であり、時代的な変化も分析することができるメリットもある。

収集することができた分析資料数は一九七四年～一九七九年に出版された本が七冊、一九八〇年～一九八九年が一九冊、一九九〇年～一九九九年が九冊、二〇〇〇年～二〇〇九年が二八冊、二〇一〇年～二〇一九年が三八冊であり、総計で一〇一冊となる。

山田昌弘は、日本社会において、家族の本質的個人化(家族関係自体の選択・解消の可能性の増大)は一九九〇年代に進行したことを指摘している。[10] 第一の近代化においては、個々人の関係性は伝統的な共同体の関係性から解き放たれたが、階級の所属（日本においては日本的経営）・近代家族にはつなぎ留められていた。第二の近代化においては、その階級の所属、近代家族からも解放されるようになる。一九九〇年代以降の日本社会では、家族すら個人化が進行しており、本格的な個人化が進行している様相を窺うことができる。

そうした点では一九七四年～二〇一九年の会話ハウトゥ本を分析資料とすることによって、本格的な個人化の進行に伴い如何なる新しい会話スキルが登場しているのかを考察することが可能となる。

また本稿では、「共通の話題の探し方」「話題のストックの増やし方」をめぐる助言に焦点を当てているけれども、会話ハウトゥ本の中には「明確で簡潔な説明の仕方」「説得の仕方」「表現力の培い方」「聞き方・質問の仕方」など、様々な助言で溢れている。当然のごとく、何を目的とするかによって、その会話の技術的助言も異なってくる。例えば、「明確で簡潔な説明の仕方」では「概要→詳細の順番で話す」「適切なボキャブラリーを使用する」などが助言されている。本稿においては、「共通の話題の探し方」「話題のストックの増やし方」を研究対象としているが、「明確で簡潔な説明の仕方」「説得の仕方」「表現力の培い方」「聞き方・質問の仕方」など他のスキルも、人とのコミュニケーションにおいて重要なスキルであり、別稿にて発表する予定である。

ただし「共通点・共通の話題を探すこと」「話題のストックを増やすこと」は、会話ハウトゥ本において、つながりを築いていく上で重要なスキルの一つだと想定されている。例えば会話ハウトゥ本では、共通点・共通の話題を見つけることによって、相手と打ち解ける・好感を持たれる・親しくなることができることが力説されている。その対象は、「初対面の相手」「上司」「目上の人」「苦手な相手」「警戒心の強い相手」「あまり親しくない人」「仲良くなりたい異性」など様々に語られている。また話題のストックを増やすことによって、共通点・共通の話題が見つけやすくなることも指摘されている。

（2）会話ハウトゥ本の概観

本稿では、会話ハウトゥ本において「共通の話題の探し方」「話題のストックの増やし方」をめぐって如何なる助言が送られているのか、それは時代を通して如何に変容しているのかを考察していくことを目的にしている。もっとも、「共通の話題の探し方」「話題のストックの増やし方」を目的にして一冊の本が書かれることはない。会話ハウトゥ本の大多数は、一冊の本の中に、複数の会話の仕方(「説得力のある話し方」「表現力の培い方」など)を盛り込んだものがほとんどである。「共通の話題の探し方」「話題のストックの増やし方」も複数のトピックの一つとして会話ハウトゥ本に載せられることが多い。

そのため、多様な会話ハウトゥ本を分析資料として収集し、如何なるハウトゥ本の中に「共通の話題の探し方」「話題のストックの増やし方」をめぐる助言が載せられやすいのかを確認する作業を行っていく必要がある。

ただし、友達・恋人・親子との会話、会社の上司・部下・同僚・営業先との会話、初対面の人との会話など、ある対象との会話・会話の目的も一冊の本のテーマとして組まれていることは会話ハウトゥ本において少ない。加えて大抵の会話ハウトゥ本は、如何なる読者層をターゲットにして執筆されたのかについて言及されることも少ない。

そのため、会話ハウトゥ本における助言の様態の差異を、会話目的、対象としている関係性・場所、ハウトゥ本の読者層ごとに分類していくという研究作業はほぼ不可能に近い。そこで、本稿では、多様な会話ハウトゥ本をタイトル・サブタイトルに付けられている単語から分類し、如何なるハウトゥ本に「共通点・共通の話題」「話題の集め方」をめぐる助言が載せられる傾向にあるのかを確認する作業を行った。

まず、①「聞く」「質問」という単語が付いているハウトゥ本を「聞き方・質問系タイトル（八冊）」、「説得」「動かす」「納得」(「なるほど、唸らせる」他)、「伝える」「○○分でまとめる・話す」という単語が付けられているハウトゥ本を、「説得・動かし系タイトル（八冊）、伝え方・簡潔な話し方系タイトル(九冊)」に分類した。(11)「雑談」「会話が途切れない」というキーワードが付けられているハウトゥ本を「雑談系タイトル（九冊)」、「言い方」「口ぐせ」「言葉選び」などの単語が付けられたハウトゥ本を「言い方系タイトル（七冊)」に分類している。

また、②「頭がいい人」という単語が付いているハウトゥ本を「頭がいい人系タイトル（三冊）」、「面白い」「ウケる」という単語が付けられたハウトゥ本を「面白い・ウケる系タイトル（四冊）」、「できる」「一流の人」「結果を出す人」「世界のトップ」などの単語がついたハウトゥ本を『「できる」人系タイトル（十冊）』に分類している。「人間関係」「ふれあい」「人づきあい」「うちとける」「いい関係」[12]他の単語が付けられているハウトゥ本を「人間関係系タイトル（十冊）」、「好かれる」「惹きつける」「愛される」「ツカム」という単語が付けられているハウトゥ本を「好かれる・惹きつける系タイトル（十二冊）」に分類している。

①の会話ハウトゥ本が「聞き方・質問の仕方」「説得・動かし方、伝え方・簡潔な話し方」「雑談の盛り上げ方」「言い方」といった特定の会話技術をめぐる用語がタイトルに付けられているとすれば、②は「頭がいい人」「面白い・ウケる人」「できる人」「（良好な）人間関係」「好かれる・惹きつける人」といったある人間になること・ある関係性を築くことを目的にした用語がタイトルに付けられている。

他にも、タイトルが抽象的であり、如何なる会話術なのか、如何なる人間になることが目的なのかが不明瞭なハウトゥ本や『論理的な話し方が面白いほど身につく本』『プロアナウンサーの老人の心をつかむ会話術』のように具体的であるが特殊性の強い・類似のタイトルが少ないハウトゥ本も存在する。それらのハウトゥ本は、「抽象的・その他タイトル（三一冊）」として分類している。[13]

次節以降では、三節において、「共通点・共通の話題の見つけ方」は如何なるジャンルの会話ハウトゥ本に多く載せられやすく、時代を通して如何なる変化を見出すことができるのかを考察する。四節では、会話ハウトゥ本では「話題収集の仕方」をめぐる助言には如何なるものがあり、如何なるジャンルの会話ハウトゥ本に載せられやすいのかを確認し、時代を通して如何なる変化を見出すことができるのかを考察していく。

三　会話ハウトゥ本における共通の話題・共通点をめぐる助言の様態

（1）共通点・共通の話題はなぜ必要なのか

前節で言及したように会話ハウトゥ本において、共通点・共通の話題を見つけることによって、相手と打ち解ける・会話が弾む・親しくなることができることが助言されている。逆にどんな「高級な」話題でも、相手にとって興味がない話題は「つまらない話題」になることが指摘されている。共通点・共通の話題を見つけるとまで言わなくても、相手の興味・関心のある事柄を話題の中心に据えることがマナーとして言及されることも多い。

「共通点・共通の話題の必要性」、もしくは「共通点の見つけ方・共通の話題の作り方」に言及した会話ハウトゥ本の冊数をタイトル毎に整理したものが表1であり、時代毎に整理したものが次項に載せている表2である。

表1から確認することができるように、「共通点・共通の話題」をめぐる助言は「雑談系タイトル」「人間関係系タイトル」「好かれる・惹きつける系タイトル」「面白・ウケる系タイトル」など、相手と打ち解ける・好感を持たれることを目的とする、もしくは必要とするコミュニケーションのタイトルに載せられやすい傾向にある。また「聞き方・質問系タイトル」「言い方系タイトル」のように「共通点・共通の話題」を発見する必要性がなさそうに見えるハウトゥ本にも載せられていることを確認できる。聞き方・質問系タイトルのハウトゥ本では「好きな人からの質問には喜んで答えますが、嫌いな人からの質問には答えたくないのです[14]」などのように、相手が自分の質問に答えるためには親密な感情が必要であり、共通点を見つける必要性が助言され

表1　「共通点・共通の話題」をめぐる助言とハウトゥ本の種別（単位＝冊数）

ハウトゥ本の種別	共通点・共通の話題に言及した冊数	ハウトゥ本の種別	共通点・共通の話題に言及した冊数
抽象的・その他タイトル（31）	13(42%)	聞き方・質問系タイトル（8）	3(38%)
雑談系タイトル（9）	8(89%)	説得・動かし系、伝え方・簡潔な話し方系タイトル（17）	3(18%)
言い方系タイトル（7）	3(43%)	好かれる・惹きつける系タイトル（12）	6(50%)
人間関係系タイトル（10）	5(50%)	面白・ウケる系タイトル（4）	2(50%)
「できる人」系タイトル（10）	1(10%)	頭がいい人系タイトル（3）	1(33%)

ることもある。言い方系タイトルのハウトゥ本においても、初対面の会話の仕方として共通の話題をもつ必要性が言及されている。一方、『できる人』系タイトル」では、親密な関係性づくりよりも、「明確かつ分かりやすい話し方」や「人を説得し、動かす話し方」のスキルが載せられる傾向にあり、「共通点・共通の話題」に言及するハウトゥ本は少なくなっていた。

（2）共通点・共通の話題の作り方

「共通の話題の見つけ方」、もしくは「相手が関心を示す話題の探し方」をめぐる技術面的な助言においては如何なるものが存在しているのだろうか。

まず会話ハウトゥ本では、「様々な話題を振りながら、相手が関心を示す話題を掘り下げていく」「相手の反応を観察しながら興味・関心を示さない話題は引き下げる（別の話題を提示する）」という助言が多い。

そうした一連の助言の中には「キドニカケセシ衣食住」などのキーワードを紹介する論者もいる。「キ＝季節、ド＝道楽、ニ＝ニュース、タ＝旅、テ＝天候、カ＝家庭、ケ＝健康、セ＝セックス、シ＝仕事、衣食住」といったキーワードの中から相手が関心を示す話題を探っていくという助言である。類似のキーワードを紹介する助言も含め、一九七〇年代に三件、八〇年代に二件、九〇年代に一件、二〇〇〇年代に四件、二〇一〇年代に三件と一九七〇年代〜二〇一〇年代まで綿々と助言され続けている。

また「さまざまな話題をふりながら（「ヨコ展開」）、この人は何に興味があるのか、どんな話をすれば会話が深まっていくのかを探っていき、相手がのってきたところでその話題を深めていきます（「タテ展開[15]」）」といった類の助言も一九七〇年代〜二〇一〇年代の会話ハウトゥ本に一貫して載せられ続けている。

それでは「共通の関心・共通の話題」をめぐる助言の有り様は一九七四年〜二〇一九年までの間に如何に変容したのだろうか。まず表2から確認することができるように、共通の話題・共通点を見つけることの必要性・重要性（もしくは見つけ方・探し方）に言及しているハウトゥ本は、七〇年代に二件、八〇年代に六件、九〇年代に二件、二〇〇〇年代に一一件、二〇一〇年代に一八件見出すことができた。

「共通点・共通の話題を見つけることによって、〇〇な人（苦手な人・警戒心の強い人・初対面の人など）とも打ち解ける・会話が弾む・親しくなることができる。様々な話題を振りながら相手が関心を示した話題を掘り下げていく」という助言は量的な増減を問わないのであれば一九七〇年代～二〇一〇年代まで存在し続けている。

　それでは如何なる時代的な変化を見出すことができるのだろうか。量的な増減についてはデータ数が少ないため考察を

表2　「共通点・共通の話題」をめぐる助言を載せた会話ハウトゥ本の時系列的な増減（単位＝冊数）

	共通点・共通の話題に言及した冊数		共通点・共通の話題に言及した冊数
1974年～1979年（7）	2(29%)	2000年～2009年（28）	11(43%)
1980年～1989年（19）	6(32%)	2010年～2019年（38）	18(47%)
1990年～1999年（9）	2(22%)		

加えることは難しいけれど、質的な変化に着目すると、会話ハウトゥ本の論者の中でも野口敏や吉田尚記などの「より洞察能力が優れた」論者が二〇〇〇年代に新しい助言を繰り出すようになっている。

　一つは、共通の話題・共通点を見つける中でも、さらに「共通点を具体化していく」「具体的なフックを探す」という助言がされるようになっている。特に櫻井弘監修『誰と会っても会話に困らない雑談力サクッとノート』では、「『外見から得られる』共通点の作り方」「『会話から得られる』共通点の作り方」といった項目を設け、「季節の話になった↓夏もあっという間に終わってしまいましたね。今年の夏は、何かされましたか」など、如何にすれば共通点を見出すことができる話題展開をできるのか、その具体例を幾つか紹介している。(16)

　もう一つは（共通点・共通の話題を具体化していく技術でもあるが）、自分自身の「日常的な振る舞い方」・「経験」と相手の「日常的な振る舞い方」・「経験」の「差異」を話題として展開していくという会話スキルが提供されるようになっている。例えば、野口

敏は「ちょっとだけむっとしたこと・くやしかったこと」等の気持ちや「普段の振る舞い方」を話題にすることで「共通の話題」になりやすいことを助言している。野口によれば、天気の話題やカレンダーネタ、時事ネタもまた共通の話題になることを力説している[17]。

天気の話題やカレンダーネタ、時事ネタは共通の話題になることは多くの論者に指摘されているが、当たり前の話題のため会話が弾むことが難しいことも指摘されていた。それに対して、野口のハウトゥ本では、天気の話題でも「降水率何パーセントから傘を持つか」など、普段の振る舞い方（あなたはどのような人間なのか）に焦点を当てることによって、会話を弾ませることができることを指摘している[18]。

野口のハウトゥ本には自分と相手の「普段の振る舞い方」・「経験」の「差異」を話題として展開するという会話技術が詳しく紹介されているために本稿では紹介した。他には吉田尚記が「どんな給食が好きだった」「学校のローカルルール」などの「誰にも共感があってディテールの違う話」ができると会話が盛り上がるという助言を提供している[19]。また、阿川佐和子も（共通の話題の作り方としては紹介してないが）質問術をめぐる助言を提供する中で、「目の前の人が、『私』とどう違うのか、どのくらい近いのか遠いのか。そのスケールをもとに質問を広げていくことは、有効な手立ての1つとなり得ます[20]」と助言している。

個人が既存のつながりから切り離されていくような社会では、相手が投げた僅かな会話のボールを拾い、身近な事柄から話題を作り、共通点・共通の話題を探し、親密な関係性を築いていく必要性が生じるようになる。そうした関係性を築いていくためのコミュニケーションのスキルや思考のあり方が二〇〇〇年代の会話ハウトゥ本で発展している点を窺うことができる。

四　会話ハウトゥ本における話題の集め方をめぐる助言の様態

（1）一九七四年〜二〇一九年までの話題の集め方をめぐる助言の一般的傾向

「会話の相手との共通項をすばやく見つけるためには、この袋の中にさまざまな知識を入れておかなければならない」[21]などのように、話題のストックを増やす方法が会話ハウトゥ本の中で言及されている。

前節で「様々な話題を振りながら、相手が関心を示す話題を掘り下げていく」「相手の反応を観察しながら興味・関心を示さない話題は引き下げる（別の話題を提示する）」という会話様式が会話ハウトゥ本の中で助言されていることを確認した。もっとも、この会話様式を遂行するためには当然のごとく、会話を回す側が様々なジャンル（例えば、「キドニカケセシ衣食住」ならばそれぞれのジャンル）において話題が豊富であることが必要条件になってくる。また、話題のストックを増やす必要性として、話題が少ないとワンパターンになる点や話題が豊富であることによって幅広い人に対応できるという点も理由として言及されている。

最も多く助言されている話題のストックを増やす方法を列挙していくと、①「テレビ・ラジオを視聴する、新聞を読む、読書をする」、②「ネタ帳ノート・日記を付ける」、③「どのようなことでも話題になる・話題は身近なところに転がっている」という意識、④「好奇心や問題意識・観察力が必要（好奇心・観察力・問題意識が欠けていると、話題を見つけることができないこと）」という意識や⑤「話題は使いまわすことができる・アウトプットする（他の人に話をする）ことによって話題は自分のモノになる」という意識を持つ、などがある。

話題のストックを増やしていく必要性・もしくは増やしていく方法に言及したハウトゥ本をジャンル毎に整理したのが表3、年代毎に整理したのが次項に載せている表4である。表4では、さらに話題の増やし方をめぐる上述の助言が載せられているハウトゥ本もカウントしている。一冊の会話ハウトゥ本にそれぞれのトピックの助言が載せられている場合は重複してカウントしている。

表3から確認することができるように、話題のストックを増やす必要性・増やす方法は「雑談系タイトル」「面白・ウケる系タイトル」「好かれる・惹きつける系タイトル」の会話ハウトゥ本に載せられることが多い。「説得系・動かし方系、伝え方・簡潔な話し方系タイトル」においても「良い話し方には情報収集が必要」という理由で載せられることがある。

一方、「聞き方・質問系タイトル」では「聞き方・質問の仕方をめぐるスキル」、「言い方系タイトル」では「〜の場面の言い方・セリフ」などの助言が多く、話題のストックを増やす必要性までは言及されていなかった。

二〇〇〇年代になってくると、その会話を取る目的（話題を収集する目的）によって「集め

表３　話題の集め方をめぐる種々の助言とハウトゥ本の種別（単位＝冊数）

ハウトゥ本の種別	話題のストックを増やす必要性・増やす方法に言及した冊数	ハウトゥ本の種別	話題のストックを増やす必要性・増やす方法に言及した冊数
抽象的・その他タイトル（31）	11（35%）	聞き方・質問系タイトル（8）	0（0%）
雑談系タイトル（9）	8（89%）	説得・動かし系、伝え方・簡潔な話し方系タイトル（17）	4（24%）
言い方系タイトル（7）	0（0%）	好かれる・惹きつける系タイトル（12）	6（50%）
人間関係系タイトル（10）	2（20%）	面白・ウケる系タイトル（4）	3（75%）
「できる人」系タイトル（10）	4（40%）	頭がいい人系タイトル（3）	1（33%）

る話題」を具体的に提示するハウトゥ本も出現している。永松茂久『人は話し方が9割』では、「失敗談が、相手を安心させる一番の処方箋」であるため「最強のネタ帳『しくじりリスト』を作る」必要性を提案している(22)。他にも齋藤孝は『雑談力が上がる話し方』の中で、バッタリ知人に出会ったとき等の「すれ違いざま&出会いがしらの30秒雑談」の重要性を説き、普段から30秒程度で話せる雑談ネタをストックするという個性的な提案をしている(23)。

また安田正のように、興味深い面白い話を、「違うジャンルで常時5〜6個。ある程度古くなったエピソードは入れ替えていく」ようにすることを勧める論者もいる。「自分の本業に関わるおもしろい話」「健康の話」「スポーツ」「最近気になる商品」「おもしろかった映画や本」など、相手の年齢や性別を選ばない幅広いネタを持つことによって幅広い対応が可能になることを指摘している(24)。

(2) 二〇〇〇年代における「話題の集め方」をめぐる助言の変容①

前項において、話題の集め方をめぐる助言が二〇〇〇年代に如何なる変容を見せているのかについて言及したが、さらに時代を通して如何なる変容があったのかについて考察しておこう。

表4から確認することができるように、時代的な変容を明確に見出すことができる助言として、アウトプット(練習する必要性・使いまわす必要性)があり、二〇一〇年代に増大している。

一方、「テレビ・ラジオを視聴する、新聞を読む、読書をする」「ネタ帳ノート・日記を付ける」という助言は時代を通して存在していることを確認できる。「どのようなことでも話題になる」「話題は身近なところに転がっている」意識性を持つ必要性も時代を通して存在しているが、二〇〇〇年代に質的な変容を見出すことができる。一九七〇年代・一九八〇年代における助言は、「好奇心・観察力・問題意識が欠けていると、話題は身近なところに転がっていても見つけることができない」という具合に、「好奇心」と「話題は身近なところに転がっている」が密接に結びついていた。一方、二〇〇〇年代になると、「好奇心が必要」という助言を載せたハウトゥ本がやや減少し、「身近なところから話題を探す」ために必要な意識

表4 話題の集め方をめぐる種々の助言とハウトゥ本の時系列的な増減(単位＝冊数)

	話題をストックしておく必要性・話題の増やし方	新聞・テレビ・ラジオ、読書(小説・本)	ネタ帳ノート・日記、メモ帳(メモすることの必要性)	話題は身近なところに転がっている。話題はいくらでもある。	興味・好奇心の必要性	アウトプット(練習する必要性、話題を使いまわす必要性)
1974年～1979年(7)	2(29%)	1(14%)	1(14%)	1(14%)	1(14%)	0(0%)
1980年～1989年(19)	7(37%)	1(5%)	2(11%)	2(11%)	4(21%)	1(5%)
1990年～1999年(9)	3(33%)	2(22%)	0(0%)	2(22%)	3(33%)	0(0%)
2000年～2009年(28)	7(25%)	5(18%)	3(11%)	3(11%)	1(4%)	0(0%)
2010年～2019年(38)	16(42%)	8(21%)	3(8%)	5(13%)	2(5%)	8(21%)

性が突き詰められるようになっている。

前節で紹介した野口のハウトゥ本に戻ってみよう。

野口は「普段の振る舞い方」や「ちょっとした気持ち」が共通の話題になる一方で、「普段の振る舞い方」や「ちょっとした気持ち」に話題の焦点を合わせることによって、（「衝動買いしてしまうもの」「疲れた時のだらけ方」等のように）話題が「ザクザク」と生まれることも指摘している。自分自身の「普段の振る舞い方」・「経験」と相手の「普段の振る舞い方」・「経験」の「差異」を話題として展開するという技術が野口のハウトゥ本に詳しく載せられていた。ただし、その「自己」と「他者」の差異を話題として展開するためには、自己の「普段の振る舞い方」・「経験」に対する（言語化の）意識性が高いことが前提となる。そのため野口のハウトゥ本では、「普段の振る舞い方」や「経験」に対する意識性を高める様々な助言で溢れている。例えば、「自分がどんなときに、どんな振る舞い方をするのか」に意識を向ける必要性や話題のネタ帳を作って感じた事を書く練習の（自分の体験を言語化する）[25]必要性を助言している。

またニュースを見ても「自分にどう関係するのか」と考える習慣を持つ必要性（身近な時事ネタから話題展開できる技術を獲得する必要性）や「これを後で人に話すとしたらどう伝えようか」という意識性（人に話すつもりで行動する必要性）を提案している。[26]

「身近なところから話題を探す」ために必要な意識性は野口のハウトゥ本により多く「掘り下げられている」が、類似の助言は他の論者にもされている。野呂エイシロウ『「話のおもしろい人」の法則』では「自分の頭に浮かぶ疑問や違和感」を大切にする必要性（従来の「好奇心・問題意識・観察力」を持つ必要性）を説いているが、その疑問・違和を掘り下げる意識を培うためのトレーニング（「外に出て違和感を探してみる」「テーマを決める」）も少なからず提示している。[27]また、加藤綾子は、より意識性が高くなるための助言として、「（SNSなど）自分から発信する場を作る」「面白いことを見つけてそれを人に話す」という行動をする必要性を提起している。それによって、「身近なところから話題を探す」アンテナが高くなる（旅行に行っても土産物だけでなく、土産話を探す意識性が高くなる）ことを指摘している。[28]

（3）二〇〇〇年代における「話題の集め方」をめぐる助言の変容②

前項で言及したように、二〇一〇年代以降に、話題は「他の人にアウトプットすることによって自分のモノになる」という助言が多く出現するようになっている。

特に練習もなく、「出たとこ勝負」でうまく話せるようにはなりません・・・ある話を自分のものにするためには、3回も練習すればOKでしょう。飲み会やランチのときなど、機会を見つけてみてください。3回話せば、それは「持ちネタ」「テッパン話」としてストックされていきます。[29]

表4から確認することができるように、身近な人に練習しておく必要性に言及した会話ハウトゥ本は一九八〇年代にも一件確認することができる。鈴木敬司『ことばの催眠術』では「テレビを見ていても、新聞を読んでいても、『これはネタになりそうだ』と思ったら、すぐにメモっておくこと。そして、練習台に家族や気のおけない友達などを相手に試してみることだ[30]」という助言が載せられている。ネタ帳を作成するだけでは、実際にそのネタを使うタイミングが訪れてもうまく話すことができないことは一九八〇年代から認識されてはいたようだ。

二〇一〇年代の新しい特徴を二つ挙げると、①「話題は人に話すことによって（アウトプットを意識することによって）記憶に定着する（持ちネタになる）」、②「話題は使いまわすことができる」という思考の仕方が登場している点である。

①例えば、齋藤孝はアウトプットの意識性を持つことの有用性を、新書を例にして説いている。齋藤によれば、新書をじっくり読みこんでもアウトプットを意識していなければ脳への定着率がはかばかしくない（読了後一ヶ月後には説明を求められても上手く説明することはできない）。だが、五分・一〇分の読み飛ばしでも（新書ならば五分・一〇分程度の時間で著者の言いたいことを把握できる）アウトプットを意識した要約を行うことによって情報が頭の中にストックしていくことを指摘している。[31] 樺沢紫苑もまたアウトプットすることによって情報が記憶に定着することを指摘し、アウトプットとインプットの黄金比率は七：三であることを助言している。[32]

②また「話題は人を変えれば使いまわすことができる」

という思考の仕方も二〇一〇年代の会話ハウトゥ本の中で提供されるようになっている。「おもしろいネタを仕入れてストックしたら、10回から15回程度は使いまわすことができます。というより、使いながら反応を見て、さらにアレンジを加えていくケースが大半です[33]」、「せっかく面白い話を仕入れたのに、同じ人には1度しか使えないと思っている人はいませんか。そういう心配は無用です。面白い話は何度してもいいのです[34]」といった事柄が助言されるようになっている。

多分に個人化が進行し、多くの他者と出会う機会が増大した社会では、効率よく話題を収集し、効率よく収集した話題を使用していくための技術が必要になってくると考えられる。そのため、二〇〇〇年代の会話ハウトゥ本では話題収集をめぐる様々な意識性のあり様や思考の仕方を提供するようになっている。

五　さいごに

本稿では、一九七四年～二〇一九年までの会話ハウトゥ本を分析資料とし、「共通の話題の探し方」「話題のストックの増やし方」をめぐる助言に焦点を当てて、如何なる新しいコミュニケーションのスキル・思考の仕方が現れるようになっているのかを明らかにすることを試みた。

共通点・共通の話題をめぐる助言では、一九七〇年代・一九八〇年代では「キドニカケセシ衣食住から見つける」「相手の反応を観察しながら興味・関心を示さない話題は引き下げる」という助言に止まっていた。一方、二〇〇〇年代以降では、「共通点・共通の話題を具体化する」「自分と相手の『日常的な振る舞い方』・『経験』の差異を展開していく」「違うジャンルで常時五～六個準備する」などのスキル・思考の仕方が助言されるようになっている。

また「話題のストックの増やし方」をめぐる助言では、「身近なところから話題を探す」ための意識性の向上を促す助言、話題は「他の人にアウトプットすることによって自分のモノになる・完成する」「話題は使いまわすことができる」という助言がされるようになっている。

そうした点では、二〇〇〇年代以降、既存の助言に加え、「『相手が投げた僅かな会話のボール』や『身近な事柄』から共通の話題を作るスキル」「話題を効率よく収集し使用していくためのスキル」をめぐる助言が現れていた。もしくは助言の具体性が向上し、(「共通点・共通の話題を探し展開する」「話題豊富になり、話題を振る」という)「非認知能力」をより「視覚可能なもの」に近づける助言が現れている。

中村高康は、コミュニケーション能力が必要であるという強迫観念自体を問題化していた。もっとも、中村の議論は職業圏に限定されており、個人化の進行により、「対人関係能力がより必要になってきている」という議論までは否定されていなかった。本稿でも明らかにしてきたように二〇〇〇年代以降の会話ハウトゥ本では、個人化・社会的流動化が進行した社会の中で効率よくつながりを築いていくためのコミュニケーションのスキルや思考の仕方を提供するようになっている。

また、本田由紀はポスト近代型能力が捉えどころのないものであるため、各個人が専門性という鎧を身に付けることを提案していた。もっとも現代社会では、会話ハウトゥ本のようにコミュニケーション能力という非認知能力をより可視化する社会的・文化的資源も登場するようになっている。「ポスト近代型能力を獲得する機会を社会的に様々な場に埋め込む」という社会的処方箋の可能性を改めて検討していく必要性もあるのではないだろうか。

ただし、会話ハウトゥ本が提供する会話スキルや思考の仕方は、社会関係資本のような「社会的効率性」「社会的豊かさ」、サードプレイスから得られる「人間的経験」とつながるコミュニケーションのあり方であるのかという疑問は残っている。

例えば、レイ・オルデンバーグはサードプレイスに通う人が受ける恩恵として「目新しさ」(他に「人生観」「心の強壮剤」「ひとまとまりの友人たち」)を挙げている。[35] 一方、会話ハウトゥ本が提供するスキルにはコミュニケーションをルーティン化する(話題を効率よく収集し、使い回していく技術が提供されているように)側面を有している。コミュニケーションを「お互いのことを分かり合う」「意思疎通を図る」と定義するのであれば、会話ハウトゥ本が提供する会話技術の中には、コミュニケーション能力と呼ぶことができるかどうか疑問となるスキル・思考の仕方も存在している。[36]

註

(1)本田由紀『多元化する「能力」と日本社会』（ＮＴＴ出版株式会社、二〇〇五年）。

(2)中村高康『暴走する能力主義』（ちくま書房、二〇一八年）。

(3)山田昌弘『家族というリスク』（勁草書房、二〇〇一年）、引用は七頁。

(4)橘木俊詔『無縁社会の正体』（ＰＨＰ研究所、二〇一一年）、藤本健太郎『孤立社会からつながる社会へ』（ミネルヴァ書房、二〇一二年）、石田光規『孤立の社会学』（勁草書房、二〇一一年）、石田光規『孤立不安社会』（勁草書房、二〇一八年）。

(5)ロバート・パットナム『孤独なボウリング』（柴内康文訳）（柏書房、二〇〇六年）。

(6)レイ・オールデンバーグ『サードプレイス』（忠平美幸訳）（みすず書房、二〇一三年）。

(7)本田由紀『多元化する「能力」と日本社会』（前掲書）。

(8)本田由紀『多元化する「能力」と日本社会』（前掲書）、平田オリザ『22世紀を見る君たちへ』（講談社、二〇二〇年）。

(9)「語学（日本語）」「ビジネス書」分野において、「話し方本」として紹介された本、タイトルに「話し方」「話術」等のタイトルが付けられた本を収集している。学術本、一冊全てが言葉遣い・敬語の使い方のみが紹介されている本、一対大多数を想定しているスピーチ本は分析資料から外している。「語学」「ビジネス書」以外には、哲学・宗教（自己啓発書・心理学関連）分野にも「会話ハウトゥ本」が紹介されている。もっとも「哲学・宗教」に載せられているハウトゥ本は「語学」「ビジネス書」にも紹介されていた。また、会話ハウトゥ本は「語学」で紹介されることが多く、次いで「ビジネス書」で紹介されることが多い。「ビジネス書」で紹介される会話ハウトゥ本も「語学」で紹介されることが多かった。野口敏『誰とでも15分以上会話がとぎれない！話し方46のルール』（すばる舎、二〇一〇年）はビジネス書にも語学にも紹介されているハウトゥ本である。雑談の仕方を目的にしたハウトゥ本であるが、「このスキルはビジネス場面では～のように使おう」「このスキルは恋のチャンスを広げることができる」という助言の仕方がされている。

(10)山田昌弘「家族の個人化」（『社会学評論』五四巻四号、二〇〇四年）。

(11)会話ハウトゥ本のタイトルに付けられた「伝える」という言葉には、相手に的確に情報を伝えるという意味が込められる場合もあれば、相手を納得させる・説得させる伝え方という意味が込められる場合もある。そのため、本稿では「説得・動かし系タイトル（八冊）」と「伝え方・簡潔な話し方系タイトル（九冊）」を一つの範疇に括っている。

(12)「なぜ相手を怒らせるのか」「なぜ、この人と話をすると楽になるのか」「人と会っても疲れない」という語句が付いているハウトゥ本も含めている。
(13)「①特定の会話技術」「②ある人間になること・関係性を築いていくこと」のそれぞれにおいて重複しているキーワードがある会話ハウトゥ本も抽象的・その他タイトルに分類している。例えば、『伝える力――「話す」「書く」「聞く」能力が仕事を変える!』のように、(伝え方・聞くという)キーワードが重複しているハウトゥ本も抽象的・その他タイトルにカウントしている。一方、①特定の会話技術と②ある人間になること・関係性を築いていくことにまたがってキーワードが重複している場合は、それぞれのジャンル本に分類している。例えば『雑談上手になる本――人づきあいが楽しくなるとっておきのノウハウ』のように「雑談上手」と「人づきあいが楽しくなる」というキーワードがある場合、雑談系タイトル・人間関係系タイトルにカウントしている。
(14)谷原誠『するどい「質問力」』(三笠書房、二〇〇八年)、引用は三〇頁。
(15)安田正『超一流の雑談力』(文響社、二〇一五年)、引用は五四頁。
(16)櫻井弘監修『誰と会っても会話に困らない雑談力サクッとノート』(二〇一四年)引用は五〇‐五七頁。
(17)野口敏『誰とでも15分以上会話がとぎれない!話し方66のルール』(すばる舎、二〇〇九年、『誰とでも15分以上会話がとぎれない!話し方 やっぱり大事!!46のルール』(すばる舎、二〇一〇年)、『誰とでもスッとうちとけて話せる!雑談ルール50』(すばる舎、二〇一六年)。
(18)野口によれば、「万人に共通する」話題はないが、「一人の人間として共通」する話題ならたくさんあるのだ、と言う。「つまり私たちは夜眠り、朝起きて、ご飯を食べ、電車や車に乗り、会社に行き、家に帰って風呂に入り、また寝る。会話もするし、買い物も、スポーツもする。笑うし、泣くし、怒る。家族も友人も職場の同僚もいる。同じ人間として共通しているのです」と論じている〔野口敏『誰とでもスッとうちとけて話せる!雑談ルール50』(前掲書)(引用は八八‐九〇頁)〕。
(19)吉田尚記『なぜ、この人と話をすると楽になるのか』(太田出版、二〇一五年)、引用は一四九‐一五〇頁。
(20)阿川佐和子『聞く力』(文藝春秋、二〇一二年)、引用は七七頁。
(21)羽佐間正雄『スーパースターは会話も一流』(実業之日本社、一九八八年)、引用は四六頁。
(22)永松茂久『人は話し方が9割』(すばる舎、二〇一九年)、引用は一三九‐一四三頁。
(23)齋藤孝『雑談力が上がる話し方』(ダイヤモンド社、二〇一〇年)、引用は七一‐七四頁。
(24)安田正『超一流の雑談力』(前掲書)、引用は六二頁。
(25)野口敏『誰とでも15分以上会話がとぎれない!話し方66の

ルール』(前掲書)、『誰とでも15分以上会話がとぎれない!話し方やっぱり大事!!46のルール』(前掲書)。

(26)野口敏『誰とでもスッとうちとけて話せる!雑談ルール50』(前掲書)。

(27)野呂エイシロウ『「話のおもしろい人」の法則』(アスコム、二〇一四年)、引用は一〇三-一〇五頁。

(28)加藤綾子『会話は、とぎれていい』(文響社、二〇一九年)、一八四-一八六頁。

(29)安田正『超一流の雑談力』(前掲書)、引用は三五-三六頁。

(30)鈴木敬司『ことばの催眠術』(ベストセラーズ、一九八二年)、引用は二四八頁。

(31)齋藤孝『すごい「会話力」』(講談社、二〇一六年)、引用は九五-九七頁。

(32)樺沢紫苑『学びを結果に変えるアウトプット大全』(サンクチュアリ出版、二〇一八年)、引用は二八-二九頁。

(33)野呂エイシロウ『「話のおもしろい人」の法則』(前掲書)、引用は一一一頁。

(34)百田尚樹『雑談力』(PHP研究所、二〇一六年)、引用は一一六頁。

(35)レイ・オールデンバーグ『サードプレイス』(前掲書)、引用は九八-一三〇頁。

(36)もっとも、自己と他者の「日常的な振る舞い方」・「経験」の「差異」を話題として展開するスキルのようにコミュニケーション能力とつながりうる可能性のあるスキルも会話ハウトゥ本には存在している。

■論文

トランスナショナルな移動で形成される異議申し立てのコミュニティ
――ＤＩＹ文化における木版画コレクティヴ

狩野　愛

はじめに

　一九九〇年代以降、東アジア、東南アジアに広がったグローバル・アナキズムの運動が台頭した。各地域でパンク・ムーブメントから派生したＤＩＹ（Do it Yourself）文化というライフスタイルでの社会運動が広まり（田中、二〇一四、一三～一五頁）、反戦、反核、反資本主義運動など多岐にわたるテーマで文化や芸術表現を組み入れた直接行動が展開されてきた。二〇〇〇年前後から、ＤＩＹ文化で木版画をメディアに社会運動を行う集団が現れた。インドネシア、マレーシアで地域の社会課題に抵抗する活動において、集団で木版画を制作する様子が日本に伝わり、台湾、香港、中国へと広がった。さらにフィリピン、韓国でも社会運動の活動の一部で木版画を扱う集団が見つかり、相互交流が始まっている。

　本稿では、各拠点で活動内容は異なるが、共通した特徴として抵抗のメッセージを木版画に彫り集団制作をするアート・コレクティヴに着目する。これらの木版画コレクティヴは、地域市民と協働したデモやワークショップ、パフォーマンス、音楽活動など木版画以外の活動も積極的に行なっている。文化活動としては多種多様な展開をしている場合でも、さまざまな市民と共同制作が容易な木版画を重視していることと、本稿ではそれらの集団間のコミュニケーションの共通点として木版画が中心にあることから「木版画コレクティヴ」と称して論じる。とくに重要と思われるのは、それぞれのコレクティヴが、互いを認識し水平的な関係性を持ち、時に国境を越えた協働制作をして交流している点である。グローバル化と個人化が進展する中、木版画をメディアに社会運動を行うアート・コレクティヴの間で、人、物、コトの移動が活発になされてネットワークが可視化され、徐々にトランス・ナショナルで多層的な異議申し立てのコミュニティともいえる状況が立ち現れつつある。

このような状況が生じた背景には、ジョン・アーリ（二〇〇七＝二〇一五）が着目する多層的な「移動」がある。ジェラルド・デランティ（二〇〇三＝二〇〇七、二一一頁）は、アーリが「社会のオルタナティヴは移動性であり、この移動性に向けて新たなコミュニティが生み出される」と指摘したことに注目している。それをふまえれば、ネットワークを出入りする人びとが、木版画、イメージ、言説といった多様なモードで「移動」した結果、グローバル化した社会に適合したトランスナショナルなコミュニティが形成されていると考えられる。また、もう一つの背景として情報システムの変容がもたらしたコミュニケーションのあり方の変化がある。二〇一〇年代はスマートフォンとソーシャルメディアが普及し、インターネットと日常の情報空間が一体化した。社会運動の現場では、アラブの春や「ウォール街を占拠せよ」（オキュパイ・ウォール・ストリート）といった公共空間を占拠する旧来の対抗的な文化的実践で身体性がふたたび注目されるようになり、情動が喚起するグローバルな連帯が指摘されている（伊藤、二〇一二）。同時に市民がソーシャルメディアに世界各地で起きる出来事を次々と投稿し拡散する状況が生まれた。社会運動は対面とオンラインの相互作用によって、世界中の誰もが情報発信の主体となり時空間を越えたネットワークで形成されるようになった。

木版画コレクティヴのオンライン上の交流においても、インスタグラムやフェイスブックなどソーシャルメディアでコレクティヴやメンバーのアカウントを相互フォローしてつながり、活動状況や作品を確認しあっている。コロナ禍において、ソーシャルメディアでコミュニケーションが維持され、以前にも増してネットワークが強化されている。さらに、ソーシャルメディアを介して海外の社会運動の現場への参加や、共通のハッシュタグをつけてイメージを投稿するなど、表現の可能性の幅が広がったといえる。

本稿は、このような木版画コレクティヴがいかなる人、モノ、情報、イメージ、言説の相互作用―「移動」によって、トランスナショナルで多層的なコミュニティを生じさせているのか、参与観察を含むフィールドワークから考察し検討する。

一　先行研究のレビュー：木版画とDIY文化の接点

二〇〇〇年代以降のトランスナショナルな木版画コレクティヴのネットワークに関する研究は、日本のを中心とした事例研究（狩野、二〇一六）や、東南アジアの木版画コレクティヴに関するエッセイ（徳永、二〇一八）、後述するキュレーターや研究者らで発行している冊子（ZINE）以外は、ほぼない。戦後日本の民衆版画運動については、「野に叫ぶ人々」（栃木県立美術館）以降、近年「闇に刻む光―アジアの木版画運動1930s～2010s」（福岡アジア美術館、アーツ前橋）と、「彫刻刀が刻む戦後日本―二つの民衆版画運動」（町田市立国際版画美術館）の二つの美術展が開催され、戦後日本の社会運動と民衆美術運動のつながりが注目されている。とくに「闇に刻む光」展図録では、日本の戦後の民衆木版画運動が、中国の木刻運動の全国巡回展に端を発していることや、木版画がトランスナショナルに流通してできたネットワークの一端が示されている（二〇一八年：六二―六三）。戦後の木版画運動は共産党の文化運動として推進された点がDIY文化の水平的な交流と異なるが、トランスナショナルな木版画運動の系譜として見ることもできる。

次に、一九五〇年代末期から民衆文化運動と呼ばれる識字運動と民衆演劇が呼応した草の根の民衆主体の文化運動がトランスナショナルな交流の系譜としてある。ブラジルの教育学者パウロ・フレイレや演出家アウグスト・ボアールらが理論的、実践的支柱となりアジア、アフリカ、ラテンアメリカまで広がった運動で、東アジアと東南アジアに広がる演劇を中心とした民衆運動のネットワークの存在が示唆されている（一九八一年：一二四）。この運動と本稿で取り上げる実践は、人々の対話を創造するメディアとして芸術があり、共同制作が重視されているという共通点がある。一方で、インターネットが普及し、資本主義が浸透した二一世紀のＤＩＹ文化における木版画コレクティヴの活動は、グローバル資本主義とローカルな課題が混在した課題に抵抗する主体による実践である点に違いがある。

このように、一般市民の自己表現、生活表現を可能にする社会運動と芸術運動を接合した社会文化研究を踏まえ、本稿で扱うアナキズムとＤＩＹ文化との関連を整理しておきたい。

グローバル・アナキズムとＤＩＹ文化

グローバル・アナキズムは、新自由主義とグローバリゼーションの中で「生」「食」「住」に関わるあらゆる形態の支配を拒絶し、抑圧的な権力構造を批判し、新しい平等で自由な関係性をライフスタイルの中で構築することを目指す実践的な思想である（田中、二〇一四、浅羽、二〇〇四、スコット、二〇一七）。アナキズムは、一九世紀後半からヨーロッパやアメリカで支持されていく思想および政治運動だが、グローバル・アナキズムは一九四五年以前のアナキズムからの影響が少ないという見解が主流で、戦後の反権威主義的で水平的に結びつく社会運動に影響を受けている（クーン、二〇一四：七〇）。一九九〇年代以降、反グローバリズムの運動を通してアナキズムがそれまで浸透していなかった中東、アフリカ、東南アジアなどの地域に広がった。パンク・ムーブメントを起源の一つとしてアートとアナキズムの融合を特徴とし「グローバル・アナキズム」と呼ばれる文化的現象になった（クーン、田中、二〇一四）。

アートとアナキズムが融合して生まれたＤＩＹ文化は、イギリスのパンク・バンドＣＲＡＳＳが音楽産業を批判してオルタナティブな生産、流通、消費の仕組みをつくる動機で自主自律の空間と文化を作り、社会運動とアートと生活が重なるライフスタイルを確立したことから始まる。ＤＩＹ文化は、アナキズムの原理原則に加えて市民的不服従、非暴力など共通のエートスを軸に、グリーナムコモン女性平和キャンプやキャンペーン（McKay、一九九八）、スクウォッティング、ＺＩＮＥ、インフォショップ、海賊ラジオ、コピーレフト運動、ファッション、サウンドデモ、自主映画（毛利、二〇〇八）まで、パンクというサブカルチャーとその他の文化領域にまで広がり実践されている。そこでは、新自由主義とコミュニケーションやイメージなどあらゆるものが市場化するポスト・フォーディズムの社会の中で、協働や共有、楽しさを起点に人が集まりコミュニティやネットワークが形成されている。

木版画コレクティヴとDIY文化

木版画コレクティヴの多くは、ZINE、ポスター、ビラ、Tシャツ、トートバッグ、ステッカー、服などに縫い付ける布片（パッチ）などをシルクスクリーンや木版画で大量に制作し、販売で得た資金を運営資金に充てている。この点が、アナキズムが重視する自律した運営につながる。また、政治的メッセージが込められたこれらのアイテムを身につけることで意思表示をしたり、複製して流通させることができる。この情報の伝達性と実用性を備えることも、パンク・ファッションのスタイルとして理解されている。DIY文化の情報拠点であるインフォショップ「イレギュラー・リズム・アサイラム（IRREGULAR RHYTHM ASYLUM、以下IRA）」の成田圭祐は、パンクと木版画の関係について以下のようにコメントしている。

> パンクロック・スゥラップ、マージナル、タリン・パディ、デンパサール・コレクティフ、A3BCと印刻部の複数のメンバーは、とりわけパンク音楽に影響を受けてDIY文化に関わっている。パンクの人たちは、チープな作りを好み、アートワークはモノトーンが多い。Tシャツも自分たちで作りたいので、作っている。木版画は技術的にも素材的にも誰でもアクセスしやすい印刷技術のため魅力的に見える。スクウォットの場所を渡り歩いていた時、料理ができたことで仲間に入りやすいと感じた。誰の本を読んだことがあるかといった知識の問題ではなく、信頼関係は実技を通して築けると感じた経験は木版画にも通ずる。(1)

このコメントから、木版画がパンクから生まれたDIY文化と相性が良いことが分かる。パンクに影響を受けた木版画コレクティヴが布にモノクロで刷る営みは、文化内で共有された美的価値観の反映である。さらに、木版画の物理性と表現性がコミュニケーションをとる相手との信頼関係の構築につながる。コレクティヴ間で木版画作品を交換することで、相手の表現物の意図や手法の巧みさを読み取り、相互に刺激し、学び合っているのである。

また、木版画コレクティヴの活動の一つに集団制作やワークショップがあり、その背景にＤＩＴ（Do it Together）の価値観がある。木版画は初心者でも手軽に楽しめるので、「共に作る」ことが容易である。そして大型作品を布に刷るときには、大人数で版木を踏みながら刷ることも慣例になっている。このことは市民だけでなく、移民、ＬＧＢＴＱなどマイノリティの人びとが参加する機会となり社会に接続するメディアとして機能している。版画制作のプロセスは大きくドローイング、彫り、刷りに分かれるが、全てのプロセスにディスカッションを通しての合意形成がみられる。意見の一致と摩擦を乗り越えるには、非常に時間がかかるが、コレクティヴのメンバーがＤＩＴを共有しているからこそできる。

さらに木版画コレクティヴは、国や地域を越えて交流し、作品を共同制作してきた。この自由提携と団結もアナキズムの基本的な信条である。ＤＩＴとは、平等な関係性において、多様なアイディアやスキルを持つ他者同士が協力するという相互扶助の精神が反映されたエートスなのである。(2) 共同制作ではプロセスの共有や協働が重視されており、「誰が」所有するのか「誰の」制作かということは重視されていない。したがって、木版画コレクティヴでは通常参加する個人は匿名でコレクティヴの名前で活動している。こうした、あらゆる権力関係に批判的で、水平的な関係性を意識した組織のあり方自体がＤＩＹとＤＩＴの信条として、アジア圏の木版画コレクティヴ内で共有されている。

以上のように、二〇〇〇年代以降の木版画コレクティヴの隆盛は過去の木版画運動や民衆文化運動よりも、ＤＩＹ文化との関わりが強い。それでは、なぜ木版画が社会運動のメディアとして用いられ続けてきたのか、そのメディア性を含めて次節以降で検討する。

二　東南アジアから東アジアに伝播する木版画コレクティヴの興隆

本節では東南アジア、東アジアで木版画コレクティヴが次々と誕生し広がった経緯について論じる。インドネシアでは、一九九八年のスハルト独裁政権の終焉前後に各地で社会的不正や政権抑圧、社会批判を標榜するアート・コレクティヴが急増した。リアル・リザルディ（二〇一九、四〇～四三）は、インドネシア文化に「協力し合いながら生存する」コレクティヴのあり方自体が社会構造に取り込まれていると指摘し、都市、環境問題、教育など多領域で社会や地域と結びつく活動をする多くのアート・コレクティヴの活動について紹介している。

こうした背景で生まれた木版画コレクティヴが、ジョグジャカルタで一九九八年に結成されたタリン・パディ（Taring Padi）である。軍事独裁政権崩壊後の不安定な社会状況のなかで、美術学校の生徒を中心とした若者たちが移設される校舎をスクウォットし、社会や政治の問題をアートで人々に気づかせるという誓いを掲げて活動を始めた。テーマは、反軍事、反新自由主義、反グローバリゼーション、労働者、農業従事者、女性解放等の幅広い社会問題である。例えば石炭火力発電所建設による再開発で生活を追われる地元の農民や漁民たちと、ポスターや壁画の共同制作や、パペットを手作りしてデモをするなど多彩な視覚・身体表現で、抵抗の現場に入り込んでアートによる社会運動をしてきた。

マージナル（Marginal、一九九七、ジャカルタ）は、パンクバンドとして国内外で知られているほか、タリン・バビ（Tarin Babi）という生活共同体を結成してアート、音楽、抵抗の文化を実践している。タトゥーを犯罪と結びつける意識の変革運動から始まり、木版画やシルクスクリーンの制作とワークショップを地域の人びとと行い、ストリート・チルドレンには生活の糧となるウクレレや木版画やシルクスクリーンでTシャツを作る技術などを教えながら共同生活している（Haska、二〇〇八）。

両者に影響を受けたのが、パンクロック・スゥラップ（Pangrog Sulap、二〇一〇、以下PS）とデンパサール・コレクティフ（Denpasar Kolektif、以下DK）である。PSは、マレーシアのDIYパンクシーンでバンド活動をする若者たちが、二〇〇九年末に立ち上げた版画コレクティヴである。彼らもまたDIYとDITをモットーとし、伝統文化に対する地元住民の声を音楽や木版画で表現するほか、少年院や孤児院の青少年と積極的にかかわっている。

DKは、二〇一〇年にバリで設立したコミュニティの連帯に焦点を当て多様な文化的実践を展開するコレクティヴである。（Propagila、二〇二〇）。ＤＫは二〇一三年からバリ島市民がベノワ湾埋め立てで環境破壊が起きていたリゾート開発に抵抗するデモに関わり、木版画、リノカット、シルクスクリーンなどの印刷技術を駆使してポスターやＴシャツを制作し市民と共闘してきた。ディスプリント・カルチャー（Dis-Print Kultur、二〇二一、以下ＤＰＫ）はデンパサール・コレクティフの下部組織で木版画を中心にシルクスクリーンなど印刷表現をもちい、地域の環境問題など社会変革のためにワークショップや集団制作をしている。

インドネシア、マレーシアの木版画コレクティヴは、文化や芸術の実践で社会的な課題に介入していくことを目的として、木版画だけではなくパペットを使ったデモ、パンクバンドの活動や音楽ライブの開催、食事の提供などさまざまな実践をしている。このような幅広い実践において、ＤＫとＤＰＫのメンバー、ギラン・プロパギラは「木版画は多くの人が参加する入り口になる」と述べているように、木版画の共同制作はコレクティヴ活動にていいるように、木版画の共同制作はコレクティヴ活動に新しい人や多様な人の参加を可能にしている。(3) さらに、描画、彫り、刷りの各プロセスが共同で行いやすいという利点もある。

そして、タリン・パディ、マージナル、ＰＳに影響を受けて、日本で「反戦・反核・木版画コレクティヴＡ３ＢＣ（Anti-War, Anti-Nuke and Art of Blockprint collective, 以下Ａ３ＢＣ）」が活動を開始した。Ａ３ＢＣは、東日本大震災後に木版画をとおして反戦・反核のアクティヴィズムをするアート・コレクティヴとして二〇一四年に結成された。反戦・反核というテーマは、世界中に広がるＤＩＹ文化で共有されてきたテーマであり、海外のＤＩＹ文化の担い手とも共有されている。Ａ３ＢＣの活動拠点は、ＤＩＹ文化やアナキズム関連の情報を交換できる場であるインフォショップのＩＲＡである。(4) 成田圭祐が二〇〇四年に立ち上げたＩＲＡは、世界中のインフォショップやアナキストと交流を持ち、海外旅行者も多く訪れる。そこでの出会いや、ワークショップがきっかけとなり、スイスやドイツでも木版画を集団制作する活動が始まった。また、ＩＲＡのネットワークを介してＡ３ＢＣは欧米圏の印刷とＤＩＹ文化に関連したグループから招聘されて、ポスターを制作したり、展覧会に参加したりしてきた。定期的な活動では、グローバルな社会運動への連帯を示すバナーやプラカード、Tシャツ、大型作品の集団制作をおこなうほか、反原発や米軍基地建設反対などの社会運動の現場でのワークショップや展示、パフォーマンスなどもしてきた。

それでは、東南アジアと日本の木版画コレクティヴがどのように東アジアに派生していったのか。契機として、東京を中心に自主自律のＤＩＹ文化拠点の運営者や支援者が協力したイベント「No Limit 東京自治区」(二〇一六)があった(5)。このイベントは、アジア圏の友人同士の交流を活性化することを目的としていた。ライブハウス、路上、公園などで、一週間にわたってライブ、ワークショップ、レクチャー、上映会、デモが同時多発的に行われ、海外からの訪問者には食事と宿泊施設が無料で提供された。東アジアのＤＩＹ文化に親しむ参加者が集結し、Ａ３ＢＣも木版画ワークショップをＩＲＡで開催した。そこで木版画制作の表現の魅力や楽しさに気づいた人々が、帰国後に木版画による社会運動を各地で始めるようになる。その後、二〇一八年に台湾の関渡美術館で開かれた「Seven Questions For Asia」展でＩＲＡがその一室をキュレーションしたことで香港や台湾の人々によるデビュー作品が展示され、コレクティヴ名を冠して集団制作する活動が本格化した。

台湾ではパンクスやアクティヴィストが集まるスペース「愁城」で定期的な活動やワークショップをするようになり、二〇一九年から印刻部（Print & Carve Department）として活動している(6)。移民労働者の支援組織ＴＩＷＡ（台湾国際労工協会）のシェルターにいる移民労働者にインタビューを行いながらその物語を記録する木版画制作をサポートし、都市の再開発で強制退去を余儀なくされた地域住民を支援するための展覧会の開催などローカルな社会運動に寄り添った実践を続けている。

香港のプリントハウ（點印社、Printhow）は、印刻部やＡ３ＢＣの活動に触発されてＤＩＹ精神を持つ友人同士で社会的な課題に市民と共にアクションを起こす木版画コレクティヴとして結成された。プリントハウのメンバーの多くは女性で、ＬＧＢＴＱや性暴力、移民などのマイノリティへの連帯をテーマにインフォショップ「black window」で定期的に活動している。女性移民労働者のプライドパレード、移民シェルターでのワークショップ、女性への暴力に対する世界的なキャンペーンに参加し、バナーやTシャツ、トートバッグ、ハンカチなど、日常生活やデモで使えるアイテムの制作やワークショップをしてきた。

中国の木刻波流（Woodcut Wavement、二〇一九年）は、広州、深圳、上海など、その時々でワークショップやプロジェクトを企画し活動している(7)。木刻波流を結成したイ・ファンは、A３BCのワークショップとトークイベントに参加し、その手法を中国に持ち帰り木版画コレクティヴを始めた。木刻波流は、障がい者の舞踊団体とのワークショップ、パレスチナ難民のサポートをテーマにした映画鑑賞とディスカッション後に木版画制作のワークショップをして、その作品をZINEにまとめて出版するなど工夫を凝らした活動が見える。

さらに、韓国の済州島の「東アジアエコトピア（East Asia Ecotopia、韓国）」は、島の再開発、性暴力、動物の権利、環境破壊など幅広い問題に対して抵抗の活動をしている。連帯キャンプの設置、ワークショップ、木版画制作、パフォーマンスなど活動内容も多岐に渡る。

以上のように、アジアの各地域の木版画コレクティヴのテーマや活動内容は多種多様である。ローカルでは生活と社会に接近した社会文化運動として浸透し、グローバルではアジアのDIY文化圏における相互扶助と連帯の精神が共有されて徐々に発展してきた。

このような連環を可能にしているメディアとしての木版画の特徴を5点指摘しておきたい。①協働制作の容易さと楽しさ、②携帯性、③視覚表現の強さ、④技術的アクセシビリティ、⑤複製性というメディアの性質である。

①協働制作の容易さについて、DPKのプロパギラのコメントにある通り、木版画の全てのプロセスで参加と協働がしやすく、多様な人が制作プロセスにおいて楽しみを見出しやすい。例えば、PSは大型の木版画を布に刷る際、ウクレレを弾きながら地元の住民が多数参加して足で踏みながら刷る。その動画を見た日本のA３BCも同じ方法で刷るようになるなど、手法も模倣されている。

②携帯性については、作品とワークショップのモビリティがある。DIY文化の木版画コレクティヴでは作品を布に刷ることが多いのも特徴的である。大型の作品をはじめ、DIY文化で親しみのあるアイテムであるT

シャツ、ポスター、バナー、トートバッグなど布に刷ることで、たたんだり丸めたりして軽量なまま、さまざまな場所に持っていくことができる。ワークショップは、美術館、大学、ライブハウス、社会運動の現場など、道具の持ち運びや材料の調達がどこでも容易で他の印刷技術と比べても実施しやすい。③視覚表現の強さについては、民衆版画など歴史的にも社会運動の現場を描写し伝えるメディアとして木版画が使われてきたように、モノクロの表現によるインパクトがある。さらに手で彫るという身体的な表現がそのまま反映されることと、リアリズムの表現だからこそ社会的課題に対するメッセージを伝えやすいという特徴がある。④技術的アクセシビリティについて、日本では木版画が美術教育に取り入れられてきたように、世代を問わず技術や知識をほとんど持たなくても制作することができる。また制作するプロセスにおいて、参加者個人の日常と政治を考えるための批判的想像力を養う教育的なメディアとしても機能しうる。山田（二〇二一：一三三）が、身体に根ざした生活の経験から離れない芸術の重要性を指摘しているように、木版画は現実の生活を彫ることで社会を再認識し、そこから思考を展開させる効果があるだろう。あるいは、多様な人が集団で会話をしながら経験や知識を共有し、日常生活と社会的課題を結びつける想像力が刺激されるということもある。この時、木版画は、共同作業によって生活と政治とアートと人を結びつけるメディアとして機能している。⑤複製性については、一つの木版を社会運動の現場で使う多様なアイテムに活用することができる。A3BCではかつて社会運動の現場で、運動に反対する人たちに木版画のバナーを切られたことがあったが、刷り直して再度掲げることができた。また、作品を複製して社会運動の現場や展示のために輸送することも容易である。他にも、木版画を刷ったTシャツなどのアイテムの販売で得た資金をコレクティヴの運用に充てることもできる。このように複製性は、メッセージの流通、活動資金、交流の基盤になっているのである。

三　移動：人と木版画の多種多様な交流

前節で見てきたように、木版画コレクティヴは木版画を多様なレベルでのコミュニケーションのメディアにしており、「移動」を通じてグローバル、ナショナル、ローカルな文化を醸成している。こうした文化を織りなす複雑な相互作用の分析に、ジョン・アーリの「移動（モビリティーズ）」の研究が参考になる（二〇〇七＝二〇一五）。アーリによれば、①身体による旅（人が物理的に移動する旅）、②物理的な物のやり取り、③マルチメディアのイメージを通して行われる想像の旅、④地理的・社会的距離を超えたバーチャルな移動、⑤携帯電話やメールなどメッセージを通して行われる通信の移動の五つの「移動」がある。これらが相互依存しながらさまざまな距離の隔たりを越えて、ローカル、ナショナル、グローバルなレベルで社会科学を一変させたと指摘している（前掲書：七六）。この五つの移動は、状況に合わせて組み合わさり、新しい動的な社会的ネットワークが構成される（前掲書：七七）。しかし、本書の執筆時はスマートフォンやソーシャルメディアが世界的に普及していない時期であり、現在のメディア状況と隔たりがある。現在、インターネットにアクセスできるメディアはスマートフォン、パソコン、時計など多岐にわたり、クラウド上で情報共有されシームレスにつながっている。

したがって本稿では、上記の③〜⑤は一つにまとめ、木版画コレクティヴの文化や相互交流において、身体による旅、物理的な物のやり取り、オンラインの移動として区分しどのように混成しているか考察する。

（1）身体による旅

アジア圏の木版画コレクティヴのメンバーは、言語や文化的な親近感もあり格安航空会社で行き来して直接交流することでお互いの状況を知ることも多い。例えば、台湾の印刻部はインドネシアのタリン・パディと、香港のプリントハウは韓国の東アジアエコトピアと、A３BCはマレーシアのパンクロック・スゥラップとそれぞれ作品の共同制作やワークショップを行なってきた。各コレクティヴのメンバー個人も、海外渡航する際に、互いの拠点を訪問して親睦を深めている。このような実践自体が集合的なアイデンティティを形成する実践になっていると考えられる。これらのコレクティヴはお互いの知識、技術、経験、異なる地域にある社会的課題とアプローチを学びながら、連帯のネットワークを築いている。

（2）物理的な物のやり取り

これまで、各コレクティヴ間では、木版画の作品を人や輸送を介して交換してきた。海外渡航の際、その国を訪ねる友人に委託して渡すこともよくある。A3BCではバリのデンパサール・コレクティフが取り組んできたバリ島の再開発に対する抵抗運動に連帯を示す作品を「バリと日本でデモをしたらどうなるか」という主旨で《SOLIDARITAS》という作品を制作した。制作には香港やインドネシアのコレクティヴのメンバーが日本を訪れた際に参加して彫っており、その作品は研究者の徳永理彩に託されてDKに届けられた。この一連の流れには、身体と物の移動のほか、作品コンセプトのイメージの移動も重なっている。物のやり取りに関して、IRAの成田は次のように述べている。

> ZINEとか音楽レーベルとかIRAでは雑種的なネットワークに出会うが、物をやり取りするからコミュニケーションができるし、相手の作った物の良さで繋がり、自分も常にアップデートしたいというモチベーションになる。物を作ることの目的は、流通によってネットワークが広がるだけでなく、知識や技術を他者とシェアしたり、情報交換をしたりすることにもある。このことも、木版画を通して非常によく感じる。(8)

ここからは、制作物の表現がどのようなメッセージを持ち、どのようなイメージで伝えているかという審美性やクリエイティビティが重要であり、それが優れたアイディアや表現であれば自身の創作意欲につながるということがわかる。たしかに、DIY文化では楽しく参加できることも重要だが、表現に現れるユーモアや鋭い批判性、誰もが簡単に模倣できるがなかなか思いつかないアプローチの巧みさなどが評価され、それが模倣され広まっている。

また、技術がつめこまれた情報としての制作物の一つに、ZINEと呼ばれる個人的な目的で作られる小流通の冊子がある。ZINEはDIY文化で情報の流通を担う重要なアイテムである。二〇一九年から毎年発行されている「Inter-Asia Self-Organized Woodcut Collectives Mapping Series」と題したZINEは、キュレーターのクリスティー・ウン、アーティストの李俊峰、研究者の李丁、ジャーナリストのウィリー・チェン、そして筆者らが編集や執筆をしている。東アジア、東南アジアの木版画に関わる社会文化運動や歴史、そして現在の木版画コレクティヴとアートワールドとの関係性や、木版画コレクティヴによるインタビューなどを集めた学術誌と美術誌の中間を目指すメディアである。近年、西洋中心主義的な美術に対する反省として、非西洋圏の視点を取り入れた「グローバル・アートヒストリー」の視座が重視されてきている。本誌では、美術史から周縁化されたアジアの各地域の文化や木版画と社会運動が交差した領域の知見が見出され紹介されている。自律したメディアを作り、アジアという枠組みで木版画の運動、社会、文化の輪郭を自らの視点で描写することでもう一つの美術史を見出すことにつながるのではないだろうか。

（3）オンラインの移動

各木版画コレクティヴはインスタグラム、フェイスブックなどのソーシャルメディアを使い、制作した作品や活動を報告している。各メンバーの個人用アカウントではコレクティヴの活動のみならず個人で制作した作品を公開しており、アーティストのポートフォリオ（作品集）のようにインスタグラムをもちいている場合も多い。個人で展覧会やＺＩＮＥに参加したり、仕事を請け負うケースもある。いずれにせよ各木版画コレクティヴ間、各メンバー間で相互フォローし、シェアやリアクションを通じた活発な交流が行われている。

コロナ禍以降、木版画コレクティヴの交流もオンライン化したが、さらにＤＩＹ文化のつながりを意識したプロジェクトが行われている。一部のマスコミやトランプ元大統領など右派の政治家から新型コロナウィルスを「武漢ウィルス」「中国ウィルス」と批判する発言が取り沙汰されている中、ロックダウンした武漢や中国へのサポートと連帯の動きがあった。武漢にあるライブハウスやＤＩＹスペースがコロナで打撃を受けていると知った印刻部の元メンバーのウィリー・チェンは「Scream for the City」というイベントを開催した。会場に来た人が「武漢加油（武漢がんばれ）」という木版画を自由に刷れるようにし、オンラインで武漢のパンクバンドと中継しながら武漢の状況を聞いてカンパを呼びかけた(9)。

また、「#MeToo」など二〇〇〇年代後半からツィッターなどソーシャルメディア上でハッシュタグをつけた投稿で情報を拡散する社会運動の実践がある（伊藤、八九）。A3BCはインスタグラムに個人が制作した木版画作品をアップロードする際に、共通のハッシュタグ「#Woodbloquarantine #隔離木刻」を付けようと呼びかけた。このプロジェクトは、ロックダウンや自主隔離を余儀なくされた世界中の木版画コレクティヴの「仲間たち」とつながる方法として行われた。ハッシュタグは英語のWoodblock（木版画）とQuarantine（隔離）を掛けた用語と、漢字文化圏で通じるように木刻（木版画）と隔離を合わせた造語が考案された。はじめにA3BCのメンバーが自宅で制作した作品の写真に上記のハッシュタグをつけて投稿し、さらにPSやDPKなどから、つぎつぎと投稿された。

さらにA3BCのメンバーにベラルーシ出身者がいることがきっかけで、ベラルーシの独裁政権に反対する人たちに連帯を表明するアクションを行った。ベラルーシでは二〇二一年の大統領選で不正選挙が行われたことに反対する市民によるデモが活発化していた。そこで、ベラルーシにいる人たちがデモの現場で使えるようにポスターを木版画で制作し、ホームページやインスタグラムで「#」をつけて呼びかけた。標語である「Жывe Беларусь!（生きろ、ベラルーシ!）」などのプラカードや作品を掲げたメンバーの集合写真と、メンバーがそれぞれ制作した木版画ポスターの投稿にダウンロードリンクを貼り、誰でも高画質の電子データをダウンロードして印刷し、プラカードとして使用できるようにした。さらにA3BCのステートメントを日本語・英語・ベラルーシ語で掲載したところ多くのリアクションがあり、ベルリンでの連帯運動でこのポスターの掲示が確認されている。

そのほか、前節で取り上げたアジアの木版画コレクティヴのメンバーが多数参加するオンライン・ギャザリングの開催など、それぞれの関心や活動の仕方を共有し情報交換が行われるなどコロナ禍でも継続的なコミュニケーションをとっている(10)。

木版画は紙に版を刷る素朴な表現技法だが、それらの作品もデジタル化されオンライン上に発信されることで、リアルタイムで作品の鑑賞が可能になる。世界的なミュージアムがオンライン・アーカイブやバーチャル・

ミュージアムを公開しているように、全てのアナログの作品はデジタル化して流通させることができる。こうしたオンラインと現場、デジタルとアナログの木版画の双方の利点を活かした社会的実践がなされている。しかし一方で、ソーシャルメディアやオンラインのみの交流では同じ空間で同時のやり取りができないため、共に思考を深めあう関係に繋がらないことがある。とくに、匿名での閲覧・利用は、その手軽さがメリットであるものの、一過性の関係として交流に至らないことも多い。

ここまで、木版画コレクティヴの「移動」、言い換えるとオンラインとオフラインのコミュニケーションの相互作用について分析してきた。さまざまな移動によって構築されるトランスナショナルでオルタナティヴな関係性は次の四点の効果、意識、あるいは状況をもたらすといえる。①それぞれのローカルを結びつけグローバルに共鳴する連帯、②個人主義を乗り越える協働作業、③オンラインとオフラインで行き来する絶え間ない交流、④イメージや言説の共有によって喚起される想像の共同体である。

すなわち、木版画コレクティヴにおいて「移動」とは、「情報、人、モノ、イメージ、協働を含む双方向のコミュニケーション」なのである。木版画コレクティヴの二〇〇〇年代以降の勃興は、「移動」なくして起こりえない。そして、スマートフォンやソーシャルメディアがなければ距離を隔てた他国のローカルな政治の状況とリアルタイムでの抵抗の文化について知ることも、それに対して連帯を示すアクションを起こすこともなかったのである。

四　考察

以上見てきたように、DIY文化の流れを汲む木版画コレクティヴのネットワークは、多層的な「移動」によって形成されてきた。さらに、こうしたDIY文化の流れを汲む木版画コレクティヴのつながりはネットワーク以上に、想像上のコミュニティを形成しているように思われる。これまでコミュニティは、伝統的村落や地域社会など「小規模集団を基礎にした特定の社会組織」を指すことが一般的だった（デランティ、前掲書、五）。しかし、アジア圏にあるDIY文化における木版画コレクティヴのネットワークは、地理的、政治的、文化的な隔たりがあり、既存の形態のコミュニティとはいえない。そのため、ＤＩＹ文化で共有されたエートスや、相互の実践から学び、時に協働するという相互作用を理解するには、これらと異なるコミュニティの視座が必要となる。そこで、デランティが提示する「コミュニケーション・コミュニティ」を参照点として、ＤＩＹ文化の木版画コレクティヴを考察する。

　デランティはコミュニティを「帰属」だと考え、近代社会が抱える不確実性において帰属やアイデンティティへの欲求が復活していると指摘した（前掲書、四）。グローバル化によって移動が加速し、新自由主義よって阻害化された個人は、地域や言語に規定された古いコミュニティから、新しいコミュニティに「帰属」することで居場所を得ることができる。デランティは、「帰属」を現状の社会に対するオルタナティヴを求める可能性とし、個人が複数のコミュニティにつながることが新しい現実を生み出す推進力になると期待する。

　デランティによる「コミュニケーション・コミュニティ」は、「複合的な帰属の世界に寄与するコミュニティであり、また、その中での統合が既存の道徳性や合意よりもコミュニケーションによって達成されるコミュニティ」を意味する（前掲書、一六六）。この帰属意識が多様なコミュニケーションや実践の中で生まれるとすれば、前節で論じたＤＩＹ文化における木版画コレクティヴの多層的な「移動」は、トランスナショナルなコミュニティを形成しているといえる。なぜなら、多様な人々がグローバルとローカルの課題に対して一つの目的に集約されることなく連帯し、社会変革を目指してミクロな交流を続けているからである。さらに、筆者のような木版画コレクティヴを言説化する人びとの活動によってそれぞれのグローバルとローカルな状況が語られ、各地域で行われる東アジア、東南アジアの木版画コレクティヴの展示やトークイベントに参加するなど、自分たちの活動を振り返る過程でコミュニティへの帰属意識が高まると考えられる。とりわけ、ＺＩＮＥに関しては東アジア、東南アジアの木版画コレクティヴに郵送され共有されていることから、アンダーソンの「想像の共同体」の装置として機能していると思われる。すなわち、アジアの自主自律の木版画コレクティヴというコミュニティを想起させているのだ。

木版画コレクティヴのコミュニティ形成にソーシャルメディアが果たす役割も小さくない。トランスナショナルなコミュニティはインターネット・テクノロジーやソフトウェア、そしてデバイスといったメディア環境がもたらす近接性や距離と時間の縮減によってさらに進展している。台北の人たちが武漢に激励を送る、日本から発信したベラルーシの独裁政権反対のポスターがドイツの見知らぬ他者の手で掲げられるなど、そこから生まれる関係性には濃密さのグラデーションがある。当然前者は濃く、後者は薄いわけだが、後者の弱い関係性においても支配に抵抗する連帯意識が存在する。一方で、弱い関係性からイメージや情報がさらに拡散され、新たに開かれる相互行為の可能性もある。このように開かれた創造性をオンラインのコミュニケーションは秘めている。

次に、DIY文化のコミュニケーション・コミュニティは多層的に構成されていることを指摘したい。例えばA3BCは、高円寺、下北沢、新宿、国立にある東京のローカルなDIY文化のコミュニティと接続している。そして、アジアや欧米圏のDIY文化のグローバルなコミュニティにも帰属意識を持っている。香港や台湾も同様に活動場所がDIY文化のスペースであり、その拠点を出入りする人びとが互いの顔や名前が分かる関係の中でライフスタイルやデモなどのイベントを通して抵抗の文化の実践に取り組んでいる。このように、DIY文化のグローバルなコミュニティ、日本のDIY文化のコミュニティ、木版画コレクティヴのコミュニティ、反戦・反核の…、木版画の…、といった複雑な相互交流があり、多様な関係性が市民の文化的な抵抗の実践を活性化するのではないだろうか。

木版画コレクティヴの活動は一見抵抗の文化とかけ離れているように見えるが、みんなで社会的課題について話し合い、一つのイメージを作り上げていく過程で楽しさを見出し、身体的にその経験を共有することができる。出来上がったものを、他者にシェアして拡散し、それが他者との対話のきっかけになる。その実践でつながる連帯は、各国の政治的、社会的課題を看過せず、日常生活において平和と自由を希求し情動でつながる契機にもなっている。オンラインとオフラインで交流を続け、「コミュニケーション・コミュニティ」を作っていくことが、疎外化された個人に帰属意識をもたらし、ライフスタイルで抵抗の文化を探求するアプローチになるのではないだろうか。

五　おわりに

本稿では、DIY文化で木版画をメディアにしたコレクティヴが、情報、人、モノ、イメージの「移動」によってトランスナショナルで多層的なコミュニティが立ち上がっている状況について考察した。一節では、グローバル・アナキズムの現象で、東南アジアで盛んになったDIY文化から木版画のコレクティヴが派生した背景と、DIY文化のトランスナショナルなコミュニティを考察する上での本稿の立ち位置を確認した。二節では、東南アジアから日本、東アジアに伝播していくDIYでつながる木版画コレクティヴの経緯を明らかにした。三節では、木版画コレクティヴの交流がいかなる「移動」によってなされているか分析し、その効果、意識、状況について考察した。四節では、アジアに広がるDIY文化でつながる木版画コレクティヴのネットワークを多層的なコミュニティとして解釈し、新自由主義とグローバル化がもたらす疎外や個人化を克服する契機になると提示した。

本稿は、これまで実証的な研究が進められてこなかったアートとアナキズムの融合が特徴とされているDIY文化において、木版画コレクティヴを事例に共有されている価値観と発生から発展までの経緯を明らかにした。また、東アジアと東南アジアのコレクティヴ間のコミュニケーションを「移動」を軸にして詳細に分析し、木版画のメディア性について考察した。さらに、トランスナショナルな異議申し立てのコミュニティにおいて、オンライン、オフライン相互のコミュニケーションが重要であることを指摘した。

それぞれの国と地域に固有の政治経済的背景と結びつきながら木版画を集団制作するコレクティヴは、ローカルとグローバルな人と作品の「移動」によって、多層的な文化を形成している。この現象を、木版画をメディアに政治的課題に国家の枠を越えて自生的な関係性を持つ「社会文化運動」として見直すこともできるだろう。しかし同時に、グローバル・アートヒストリーやグローバル・アナキズムが示唆しているように、東アジアや東南アジアの抵抗の文化を解釈し考察する際に、西洋中心的な言説に偏重せず、なおかつグローバルに文化をとらえていくことに留意していきたい。

本稿では、ＤＩＹ文化における木版画コレクティヴの実践を、版画運動などの歴史的観点、ソーシャリー・エンゲイジド・アートなど市民を巻き込んだミクロな社会変革の現代美術の観点、ドイツの社会文化運動の観点からの考察を深めるには至らなかった。今後、これらの観点から捉え直すことで、ＤＩＹ文化や木版画コレクティヴについての限界や批判的な考察が可能になり、新たな抵抗の文化・芸術の理論を構築できるのではないだろうか。

注

(1)成田圭祐、筆者によるフィールドノーツのコメント、Irregular Rhythm Asylum にて、二〇二二年一月二二日。

(2)アナキズム文献センター（二〇二二）「アナキズムとは何か？④」『CIRA-JAPANA PAPER004』。

(3)ギラン・プロパギラ、筆者によるメールインタビュー、二〇二二年七月二五日。

(4)各インフォショップは、フェミニズム、アクティヴィズム、政治経済、アナキズム、菜食主義、環境問題などそれぞれの関心に沿った書籍や小流通の出版物であるＺＩＮＥ、Ｔシャツやステッカーなどの雑貨販売、図書室やカフェを併設するなど個性がある。勉強会、会議、各種イベントなど自律したソーシャルセンターとしての機能も持つ。

(5)筆者も、イベントのチケットもぎりや、広報のために韓国のＤＩＹ拠点へのポスター配布、光州ビエンナーレの敷地内で勝手にポスターを掲示することなどで運営に参加した。

(6)現在は、ＤＩＹ文化拠点のカフェ「北風社」で活動。

(7)Yi Huang、筆者によるメールインタビュー、二〇二一年六月一八日。

(8)成田圭祐、筆者によるフィールドノーツのコメント、Irregular Rhythm Asylum にて、二〇二二年一月二二日。

(9)ウィリー・チェン、筆者によるメールインタビュー、二〇二二年二月五日。

(10)二〇二二年一月九日、Ｚｏｏｍミーティング。

参考文献

浅羽通明（二〇〇四）『アナーキズム ――名著でたどる日本

思想入門』ちくま新書
伊藤昌亮（二〇一二）『デモのメディア論——社会運動社会のゆくえ』筑摩書房
狩野愛（二〇一六）「トランスローカルなＤＩＹアート・コレクティブ—木版画をメディアにしたＡ３ＢＣの事例研究」、武蔵野美術大学紀要（四七）、三一‐四二頁
田中ひかる、飛矢崎雅也、山中千春（二〇一四）『グローバル・アナーキズムの過去・現在・未来——現代日本の新しいアナーキズム』関西アナーキズム研究会
——ガブリエル・クーン「グローバル・アナーキズムとアジア」七〇‐八〇頁
黒田雷児、五十嵐理奈編（二〇一八）『闇に刻む光——アジアの木版画運動　1930s-2010s』福岡アジア美術館、アーツ前橋
——徳永理沙「ヌサンタラの版画コレクティブの方法論『共に学び、共に問い、共に働く』」一七四‐一七七頁
新日本文学会編（一九八一）『新日本文学』(三六、一一)（一九八一年一一月）新日本文学会
毛利嘉孝（二〇〇八）『はじめてのＤｉＹ——何でもお金で買えると思うなよ！』株式会社ブルース・インターアクションズ
山田康彦（二〇二一）「第6章　芸術文化の視点から見たドイツ社会文化運動　英国コミュニティ・アート運動とも対比して」、大関雅弘、藤野一夫、吉田正岳編『市民がつくる社会文化——ドイツの理念・運動・政策』水曜社
リアル・リザルディ「リアル・リザルディがアート・コレクティブの未来に見るもの：「集まること」のそのさきへ」『STUDIO VOICE』Vol.415、二〇一九年九月号、四〇‐四七頁
Gerald Delanty 2003., *Community*, Routledge.（＝山之内靖、伊藤茂訳（二〇〇七）『コミュニティ——グローバル化と社会理論の変容』NTT出版）
Helmi Y. Haska 2008, "Marginal and tattooed", *Inside Indonesia 93*, Aug-Oct 2008 https://www.insideindonesia.org/marginal-and-tattooed (10th May 11, 2022 accessed.)
George McKay 1998, *DiY Culture: Party and Protest in Nineties' Britain*, Verso Books.
Gilang Propagila 2020, "The Fluidity of Participation: Visual Notes on Denpasar Kolektif", *Inter-Asia-Self-Organized Woodcut Collectives Mapping SeriesII: Collaboration, Authorship and the Capital, 2020*, pp.26-28
James C. Scott 2012, *Two Cheers for Anarchism*, Princeton University Press（＝清水展、日下渉、中溝和弥訳（二〇一七）『実践　日々のアナキズム——世界に争う土着の秩序の作り方』岩波書店）
John Urry 2007, *Mobilities*, Polity Press.（＝吉原直樹、伊藤嘉高訳（二〇一五）『モビリティーズ——移動の社会学』作品社）

■論文

集団主義を核心とした中国型「公共圏」
——上海封鎖期間（二〇二二年三月二八日～）のWeiboの輿論表現を事例として

桑　艶

はじめに

今日、政治学、社会学、メディア研究などの分野で頻繁に言及される「公共圏」あるいは「公共性」は、ドイツの哲学者ユルゲン・ハーバーマスによって提起された「Öffentlichkeit」に由来する[1]。この概念は古代ギリシアを発端とする市民社会を独自の歴史的背景とするが（ハーバーマス一九九四）、市場経済の発展と教育の普及に伴い、遅かれ早かれ近代化の進展した国々には市民社会とともに発展する「公共性」の世論空間が形成されることになる。小論は基本的にこの理解に基づいて論じる。ゆえに「社会主義」中国も例外ではない。だが、そこに位相のずれ（異なる統制要素によるタイプの差異）があることは否めない。すなわちマスメディアの産業化と消費主義の影響による公共関心の喪失（大衆は社会公共事件に関心をもたない）に引き起こされた公共性衰退の問題が、今日の資本主義諸国の直面する社会問題であるが、周知のように中国社会では別の次元で公共性の衰退が問われている。

すなわち中国では、政治体制の特徴と固有の「伝統」の影響で、集団主義を原則とした独自の「公共信仰」が情報社会の上に形成されてきた。この集団主義は、共和制一般のように集団的な意思決定を重視するとしても、中国の伝統によって規定される、個人を排除する強い傾向がある。それゆえ、一方で、この集団主義は、ある程度消費主義によってもたらされる公共関心の喪失に抵抗することはできるが、他方では、個人の声はシステム全体からの統制にさらされており、輿論空間は政治的公共圏としての自律性を達成することが困難になる。この現象は過去には厳格な文化審査システムに典型的に現れていた。テレビメディアを例にとると、民衆の利益に焦点を当てて権力を監督する「焦点訪談」や「新聞調査」[2]などのテレビ番組はあるが、テレビメディアの運営メカニズムは「完全国有」であるため、そのトピックの取材は、商業運営の論理（視聴率を上げて、より高い利益を獲得）を条件とするだけでなく、公権力からの制限を受けなければならない。なぜなら、「メディアにとって、党のリードは厳しい制約である。政治的立場で誤りを犯した場合、低レベルでは査察、中レベルでは処分、高レベルでは解任、そして経営停止というもっとも深刻な結果が生じる」（盧二〇〇九、二頁）からである。したがって、政治的「敏感内容」に及んだコンテンツの公開は困難であるため、テレビメディアの公共性には大きな限界がある。

とはいえ、二〇一〇年頃にWeibo[3]を代表としたSNSが登場し、その当初はより自由で直接的な討論空間を国民に提供し、多くの社会事件に対する妥当な解決や法律の改善に重要な役割を果たした。この現象は、「ウェブ問政」と呼ばれていた。その過程は制度的保障に至らなかったが、一定程度の「直接民主主義」の兆候と見なすことができた。しかしその後の技術発展に伴って、公権力のSNSへの干渉が強化され、インターネット公共圏の批判性が抑制されてきた。ただし、インターネットの開放性と双方向性の技術的特徴により、インターネットを従来型メディアのように直接的な審査によって制御することは難しい。筆者はこのことを契機として、公権力に主導される「愛国」に基づく集団主義的価値観が一つの目に見えない言論統制モデルとして浮上したと仮定し、今後検証したいと考える。この統制モデルにおいては、全体の称賛「グループに属さない」個人の排除が一般的な方法で、諸個人はサイバー暴力を恐れて異質な声を表明できず、最終的には「沈黙の螺旋」となり、インターネットの公共圏は衰退の一途をたどっている。

ところで、インターネットが合理的な公共圏に当たるかどうかについて、日本の社会学者吉田純は一方ではインターネット公共圏が「コミュニケーションの流れ」を活性化させ、公共性の構築に貢献するが、他方では、私的生活圏の分散化・私事化を進行させ、また国家と市場による生活世界への支配の強化によって、公共性が漸次に解体するという（吉田二〇〇四）。類似の見解として中国の学者贾双躍がサイバースペースには「公共性」と「反公共性」が共存するとの指摘も参照できる（贾双躍二〇一二）。後者がいうインターネットの「反公共性」現象、すなわち理性の欠如、グループの二極化、アルゴリズムの制御などは中国のサイバースペースでは確かに存在する。しかし、中国の学者として、彼はこれらの要因に加えて、支配的体制の統制力を議論していない。中国は大幅に資本主義的市場を導入してはいるが、それは中国社会の支配的原理ではない。むしろ現状では公権力の統制は市場や消費主義の抑制としても働きうる。

だが統制だけではなく、中国のインターネット公共圏はかつて肯定的な特徴を示したこともある。この点は多くのWeibo の話題事件に関する実証研究によって証明できる。例えば、陳（二〇一五）は二〇一一年の温州列車事故に関する研究、および車（二〇一四）の二〇一三年の毒粉ミルク事件に関する研究があって、両方とも楽観的な結論を出した。具体的には、Weibo の個人自らの秩序形成が理性的で責任のある発言になりえていると車は考えるのに対して、陳の見解はより慎重ではあるが、Weibo は公権力に対する監視機能を果たしたと論じている。これらの個別事件の実証研究を通じて、一方で、著者も同意することだが、Weibo が一貫して公権力による言論統制下にあったわけではなく、相対的に言論自由の時期があったことも証明される。その間、多くの中国民衆はすでに一定の市民意識をもち、Weibo の輿論空間もある程度の自律性を示していた。しかし他方で、近年ではSNSに対する規制や監視が強化され、十年前に比べてWeibo の輿論環境が大きく変化してきた。この現状から見れば、メディアが完全に公権力に支配された社会では、根本的な問題が解消されなければ、技術の未熟さによる言論統制の「死角」と、急速な経済発展がもたらした一定期間の市民意識は、長続きしえない、ということがわかる。したがって、個別の事例研究のみから、いわゆるWeibo の自律的な「秩序が形成されている」という結論を直接的に導き出すことはできないであろう。中国インターネット公共圏の根本的な問題性を理解するには、より深い政治体制または文化の特徴を理解する必要がある。

実際、中国の政治体制に関する研究も少なくない。SNSの監視と言論統制問題に言及するものもあるが、この問題を国家による民衆統制に単純化する研究が多い。もちろん、その中には独創的な観点も見られる。たとえば、ノルウェーの社会学者スティン・リンゲンはその著書『パーフェクトな独裁』の中で、中国の統制モデルを「統制専制（Controlocracy)」と定義している。すなわち中国の統制モデルは一種の内面的「自己監視」モードであり、このモデルの下では、外部からの暴力や法的手段を必要とせず、民衆が自分の言動や思想を自発的にコントロールし、検閲できるとする（Ringen2016）。確かに、リンゲンの中国理解は、現状により肉薄するものだといえるが、しかし、彼はこの「統制専制」モデルが中国社会で成立する深い背景的原因を分析していない。なぜ高度経済成長期を経験して、高等教育も受けて、一定の市民意識をもつ数多くの中国人が、このような統制を受け入れ、さらにはそれに自発的に協力するのであろうか。これこそ、小論が探求しようとする問題である。前述のように、著者は、この現象は今日の「愛国」に基づく集団主義的価値観によるイデオロギー的な同調圧力によって引き起こされると考える。このような価値観の確立は、もちろん公権力の意図的な誘導という原因もあるが、同時に、中国の文化や伝統とも深く、緊密に関連しているのである。この点を小論は、中国インターネット公共圏の問題性と結びつけて独自に考察する。

以下の二つの角度から小論はこの問題のより正確な理解をめざし、一定の結論を導きたい。すなわち第一に、これまで、この問題領域でほとんど言及されることがなかったが、伝統思想の観点から中国の集団主義の起源をたどり、そこにはたらく同調圧力をハーバーマスによって提起された市民公共圏と対比する。第二に、二〇二二年の上海封鎖期間のWeibo の輿論表現[4]を事例として、この集団性の影響下にあるインターネット公共圏の公共性現象を分析し、その意義と問題点を明らかにする。

とはいえここで、後者の角度について、補足しておきたい。SNSに関する内容分析は、分析ツールによる量的研究が一般的であるが、上海封鎖期間の輿論表現に関する研究は、中国の輿論環境における「政治的敏感内容（政府、政党などの批判）」に関連し、「敏感」の言論は抑制（削除）されやすいため、実際の状況を反映できるデータの収集することは困難で、量的研究の適用が難しい。したがって、小論はむしろ具体的な事例を重視して、それを時間的、地域的な特殊性のなかでとらえる質的研究に定位し（フリック二〇一一）、Weibo輿論空間の少数のケース、すなわち上海封鎖期間の代表的な（批判性または集団主義思想を反映できる）コメントを選択して考察する。ただし、個別のサンプルの選択でさえも、そのコメントが「主流」であるかどうか（賛意の多少）の基準による特定は困難である。コメントの「敏感」度が高ければ高いほど、Weiboの輿論空間に長時間に滞在することが難しくなる（多くの賛意をえられないうちに削除される）。したがって、第二の角度の研究は、Weiboのコメントが反映する傾向に焦点を当てるが、そういう傾向が「主流」であるかどうかを評価しない。この点は小論の制約であるが、可能な限りでWeiboの輿論表現を伝統の集団主義思想との関連性を強調しながら、現在の中国社会の問題とリンクさせたい。

一、伝統思想における集団主義

（1）集団主義の起源

中国学界の共通認識では、個人の権利を強調する欧米の価値観とは異なり、中国の「伝統」はつねに集団（家族・宗族）を強調する義務本位の価値観である。集団主義思想は現代社会の産物ではなく、「天」と「人」に関する古くからの思想に由来する。その中では、儒家思想が最も大きな影響力をもつといえる。儒家が主張する理想的な社会状態は、「天下為公」「天下大同」（『礼記・礼運』）である。その意味は、天下（世界）が「公」に属するが、ここでの「公」は皇帝ではなく、「民」を指すのである。また、「天下」自体にも民衆の意味があり、たとえば、孟子は「不仁而得国者、有之矣、不仁而得天下者、未之有也（仁無しに国を手に入れる人がいるが、仁無しに天下を手に入れる人がいない）」（『孟子・尽心章句下・第十三节』）とする。ここでいう「天下」は、単なる地理的環境を指すわけではなく、民心、民意の意味も含んでいる。そして、中国伝統思想における「天」はキリスト教の「ゴッド」と類似し、至高の権威ある存在である。

それゆえ、天下は「民」に代表されるのであれ、「民」に属するのであれ、民は「公」としての権威性を保持する。こうして、伝統思想もまた「民」を本位とするのだが、しかし、この「民」は現代の民主社会の「市民」の意味ではなく、集団概念としての「民」である。この概念には、すべての人間が含まれているが、どの個人にも属していない。集団を維持するためのツールとしてのみ使用できるが、個人の権利追求の根拠にはならないのであり、むしろ集団の秩序維持のために、誰もが集団の「法則」を遵守し、自分の役割を果たすことを義務付けられることになる。ここでの「法則」に該当するのは、古代では儒家の倫理道徳（仁義礼智信など）である。

実際、儒家思想、とくに法思想は古代社会の秩序を確立し、何千年にもわたって支配的思想の地位にあった。封建時代では、儒家思想は確かに法に相当する権威をもっているが、それは近代ヨーロッパの政治思想とはまったく異なる。なぜなら、「家族主義の倫理に基づいて、宗法倫常（倫理道徳）を法律の精神または魂と見なす」（耘一九九〇、一一一頁）といわれるように、儒家思想は人間性を討論せず、倫理関係性のみを議論の対象とするからである。現代社会では、儒家思想に基づく封建的礼儀制度は廃止されたが、政府とメディアによる意図的な宣伝を通じて、家族と倫理観念の重視および家族関係から派生した集団と国家の重視、つまり「家国一体」ひいては「家国党民一体」という観念がいわば社会の「公共信仰」となっており、「私人の主体性の諸経験」を原理とする近代の市民的公共圏とは位相を異にするのである。

（2）中国型「公共圏」と市民的公共圏の相違点
――個人の排除[5]

集団主義によってもたらされた中国社会と欧米の市民社会との顕著な相違点は、「個人」に対する態度である。これは中国型「公共圏」と市民的公共圏の最大の相違でもある。ハーバーマスによれば、『発展した』市民的公共性を成り立たせる社会的前提条件は、傾向的に自由化された市場であり、これは社会的再生産の圏における交渉を、できうるかぎり私人相互の間の問題とし、このようにに初めて市民社会の私有化を完成する」（ハーバーマス一九九四、一〇五頁）。ハーバーマスの観点では、市場経済の発展に伴う私性の形成は必然的である。それは絶対主義の下でも、社会の再生産過程を、「次第に自律的に、すなわち市場の固有法則に従って発達させようとする」（同前）。しかし、このような指摘は中国の現状には単純に当てはまらない。一九七八年の改革開放以降、中国の市場経済は急速に発展し始めた。この政策による中国資本への支援は、ヨーロッパ一七・一八世紀の重商政策と類比できるが、しかし、「社会主義の道を守り抜く」という強い信念により、「改革開放」政策は「共同富裕」という集団性の高いスローガンに結びつけられていた。その結果、中国の市場経済は急速に発展してきたが、観念的には「集団」の支配から完全に解放されておらず、商品所有者としての私人の自律性も社会の支配的原理となってはいない。

この経緯によって、中国社会は個人、あるいは私性の排除という傾向を帯びる。しかし、この排除は[6]一七・一八世紀のヨーロッパ諸国の「代表具現的公共圏」が体現した、公共権力が封建領主に独占され、民衆が公共圏から排除されていた状況とは異なる。中国には、民衆であれ公権力であれ、私性と利己心を完全に捨て、自分の社会的役割に合った「公共」の人になるべし、という理解が支配的である。それは法というより、むしろ道徳に類似する。この種の道徳は確かに儒家の倫理――「礼」[7]に遡ることができる。今日の価値観はこの「礼」の内容とは異なるが、その精神に対する支配原理は類似している。儒家の観点では、「人間は倫理的な存在である……。人間であることを証明するには、『礼』を証拠としないといけない。『礼』から外れると、人間としての資格も失う」（劉一九九六、八四頁）といわれる。儒家の倫理道徳に支配された封建社会では、家族のような「私的領域」でさえ、「三綱五常」という儒家倫理を遵守する必要があり、真正の私的領域とはいえない。父は「父の道」を行い、息子は「息子の道」を行い（馮二〇〇五）、皇帝であっても、「君の道」に従うべきで、それに反するなら「皇帝一家はもはや公家ではなく、単なる『一姓一家の私』として、公の立場から追放されることになる。」（溝口一九九六、六五頁）ことになる。家族内のルールと社会的ルールとは何ら変わりがなく、君主権も父権の延長に過ぎず、公と私は一体であるとさえいえる。今日では、過去の封建的倫理観念は制度的に廃止されたが、集団性の重視と私人性の排除を特徴とした公共観念は保留される。具体的には、社会的責任感の強調、反利己心、献身精神の称賛……、H・アーレントの有名な「椅子は空いたままだが席はもうけてある」（アーレント一九九四、三頁）という言葉に喩えれば、中国の公共圏には全員に椅子がもうけてあるが、誰もが単に個人の名前で出席することはできず、「人民」の一員という集団の名前を使わなければならない。でなければ、出席する権利が失われるのである。というのは、集団主義の影響により、中国では一般に「個人」と「集団」が対立しているからである。「公共」（あるいは「公」）は「集団」に代表されるのに対して、「個人」は「公共」から排除される関係にある。それゆえ、「公共」を代表できる集団役割、つまり「国家」や「人民」、「党」などだけが、「公共」の権利を行使する正当性をもっている。すなわち個人は「人民」の名義で公共圏に参与できるとしても、集団（政府・共産党）と対立できないし、対立すれば、「人民」としての立場を失う。なぜなら、「人民」は恒常的に「政府・共産党」とは一体と解されるからである。「人民」は一種の社会的役割であり、実質的には「個人」で構成されているとしても、社会的役割はつねに個人の権利の上位にある。それゆえ、「人民」という高貴な社会的役割を与えられた中国民衆は高い地位にあるように見えるが、この役割の制約性によって、民衆は政府に何の個人的権利も要求できないという、不合理な社会雰囲気が醸成されるのである。

前述のように、中国の伝統思想は「民」本位とする。支配者は儒家の倫理道徳で平民を統制したり教化したりするが、「天下為公」という思想は、集団（民衆）の利益を保護し、「徳不配位[8]（徳は自分の社会的地位にふさわしくない）」の統治者への抵抗の合理性をも提供する。実際、中国近代史における数度の革命はこれを綱領としたが、しかし、自由・平等をスローガンとした革命においてさえ、個人の排除は自明視された。「民」の利益は主張されるが、この「民」は個人をもとにした欧米民主主義の主体ではなく、集団内の均一性を意味する。例えば、日本の中国研究者溝口雄三は、清朝末期の改革派康有為が『大同書』で提唱した自由と平等を次のように指摘する。「康有為の自由平等は私の自由、個の平等ではなく、ただひたすらに無私無分別したがって無個である」（溝口一九九五、三二頁）。さらに、資本主義革命（辛亥革命）のリーダーとされる孫文でさえ、伝統を継承し、三民主義として「民族」、「民権」、「民生」という集団主義的政治綱領を提出していた。それゆえ、マルクス主義が中国の指導思想になったのは自然ともいえる。溝口が述べるように、「ただ天下的公の展開という思想状況が、民生主義や社会主義的志向を容易にした、中国では社会主義は思想的に伝統と容易に結合した、あるいは中国の天下的公の伝統はその天下全体性のゆえにもともと社会主義的であった」（溝口一九九五、三八頁）ことは十分に可能なのである。だが、このことはまた、今日の中国の「社会主義核心価値観」(9)が「自由」や「民主」、「平等」などを強調しても、中国国民が大きな違和感をもたなかった理由でもある。それゆえ、中国政府が宣伝する「自由」、「民主」、「平等」は個人次元の概念ではなく、一般にいわれる「中国の特色ある」（集団主義的）価値観に制約されることがつねに留意されねばならないのである。

二、上海封鎖期間(10)の Weibo の輿論表現

このような集団的「公共」や「民」の観念が支配的であることを念頭におきながら、以下では、中国のインターネット公共圏の議論の特徴を検証するために、上海封鎖期間の Weibo の輿論表現の事例をとりあげ、Weibo 輿論空間における公共性の存在と公権力によって新たに構築された集団主義モデルによって抑圧される現状を解明してみたい。この事例に注目する理由はまず第一に、この封鎖が公共性の現状と密接に関係した特別な時点と典型的な地域を代表するからである。前者の特別な時点というのは、コロナ・パンデミック発生から二年後ということである。中国のサイバースペースに対して集団主義の影響はつねに存在していたが、社会的矛盾の拡大した事例においては、輿論空間は通例よりも強い批判性が表明されるため、これに対する集団主義的統制モデルが顕現しやすい。新型コロナウイルスの影響により、多くの中国民衆が経済的損失を被り、生活水準の低下や、深刻な社会不安を抱えている。この時点に発生した人権（民権）侵害事件は、長期に蓄積された不満の爆発となる可能性がある。特に上海封鎖（二〇二二年三月）の時点では、多く民衆がすでに新型コロナウイルスに対してある程度の理解をもっているのであり、武漢の事例のようなコロ

ナ拡散の初期と比べて、過度で不合理な封鎖政策にたいして、国民の疑念と不満は可視的である。第二に、地理的条件がある。中国の他地方と比べて、上海は相対的にオープンで進歩的な大都市であり、情報の普及率や伝播速度が高度化されている。地元政府による悪性事件の隠匿は容易ではなく、輿論の注目と議論が喚起されやすい。以上の二点を踏まえ、小論は上海封鎖期間の輿論表現を事例としてとりあげる。

（1）公共性の存在

①社会的自律性

新型コロナウィルスの影響と上海封鎖の現状により、Weibo 輿論空間が受ける統制は徐々に強化されてきたが、Weibo の公共的機能がすべて失われたわけではない。この期間において、Weibo は相互扶助のプラットフォームを構築し、封鎖期間中に問題を抱えた住民はこの機能を通じて支援を求め、地元の公益団体や政府機関は彼らの問題の解決に向けて動いている。例えば、「抗疫求助」という話題のホームページの閲覧数はすでに六・八億回に達しており、ネット公衆からの関心度が高いことがわかる。Weibo のようなＳＮＳが完全に抑圧され、自由が完全に失われたわけではなく、むしろユーザーたちは高い公共意識をもっている。すなわち「政治的敏感要素」に及ばないとすれば、Weibo にはまだある程度の自律性がある。この点で Weibo には公共圏としての一定の合理性が反映されている。

②批判性

ハーバーマスによれば、「市民的公共性は、差し当たり、公衆として集合した私人たちの生活圏として捉えられる。これらの私人たちは、当局によって規制されてきた公共性を、間もなく公権力そのものに対抗して自己のものとして主張する」（ハーバーマス一九九四、四六頁）。この点で中国では、インターネット公共圏においても、「私的利益」は強調されてはいないが、民本位の集団的モデルにより、「民衆」の権益が侵害された場合、民衆は公権力を問責したり、対応を要求したりする権利を有する。現実もまた、このことを証明している。二〇二二年のコロナ・パンデミックのもとでの都市封鎖政策による多くの人権（民権）侵害事件に対して、民衆は政府に不満を抱き、批判の声をあげている。ここでは批判性を反映できるコメントの事例を紹介する。


民衆が本当にあきらめるなら、その時はみんなの心を一つにまとめようとしても、もうできない、手遅れだ。生活していけるんだったら、まだ話せるが、もし生きていくことすら問題になったら、もうなんの話にもならん。

22年4月16日4時49分、3852いいね

コロナが教えてくれたことは、自分だけが頼りで、政府はあまり頼りにならない。

22年4月8日13時2分、1090いいね

個人的な妄想だが……昔の（中華）民国の時代（1912－1949）の混乱って、こんなものだろう?

22年4月23日1時9分、2111いいね

（著者訳。なおWeiboユーザーのプライバシーを保護するために、アカウント名を省略した。以下の書き込み文は同様）

これらのコメントは、公権力への批判性と対抗性を示している。しかし、政府が過ちを犯したとしても、「家・国・党・民一体」とされる集団主義的価値観の影響下で、個人は「全体」（政府）に対する批判に依然として「敏感」である。したがって、このような声はより理性的に響くが、ただし、公権力が集団の権威を完全に占有しようとすれば、そこでの「私」性を徹底的に排除することになる。もちろん、それは不可能である。例えば、国家・政府・党（共産党）は集団の象徴と見なされているが、「政府の官僚」は「個人」と見なされる。同様に、権力の中心と思われる中央政府（特定の政府機関ではない）は「公」を代表することができるが、「上海政府」や「西安政府」などの具体的な政府機関は相対的に「私」性の側に位置づけられる。なぜなら、「人民」と「個人」との関係の類比で、集団的権威の象徴として抽象化された概念である中央政府に対比して、実際に社会管理に参与する政府関係者や政府機関は、「個人」または「個人」で構成された組織と見なされる。そこに逸脱の可能性があり、誤りを犯した官僚は集団全体と対立する「個人」として、自己の社会的役割を十分に果たしえなかったと評

定され、集団から排除される。その結果、彼らは公権力の権威を失い、批判の対象となるのである。この現象の根本的な原因は、相変わらず中国の集団主義的モデルによる個人と私性の排除にある。すなわち集団の名誉と利益は個人の権益より上位にあることは、国民に対しても政府官僚に対しても共通の社会的原則である。それゆえ、集団的概念としての「政府」は常に正義の位置に置かれるが、具体的な政府機関または官僚は恒常的に輿論による監督と問責の対象である。Weiboで見られるより大胆で過激な批判は、以下の書き込み文のように、官僚や特定の政府部門に向けられることが多い。

ちょっと疑問だけど、いつもの党（共産党）のやり方から判断すると、今回のコロナが落ち着いたら、一段落する時期は必ず清算が行われるので、この人達は絶対処分されると思う。なんで今になって、まだ勝手放題で悪いことをしていられるの?もしかして、本当になんの証拠も一切残されてないとかでも思っているのか?
22年4月24日21時4分、270いいね

上海の人たちは大人しすぎる、こんなことは一回、二回目とかじゃなく、もう何回目だ?コロナなんてもう知らん、市政府ドアの前でみんな集まって抗議しよう。こんな悪い時期にこんなことをする人なんて、みんな捕まえて、銃殺刑にしてやってもひどくないだろう?
22年4月24日20時52分、25いいね

一方で、以上のような明瞭な批判の調子があるのに対して、他方では、以下のように、「批判」とはいえるが、集団主義的価値観の影響によって、市民的公共圏からする政府との対立というより、集団の角度からの「自己批判」が多い。この類型の「批判」は、中国の輿論環境における一番安全かつ合理的なコメントといえる。

早く党の「事実から真実を求め、時代の歩調を合わせる」の精神を出してくれ
22年4月16日3時34分、975いいね

何の政策でも人間本位でないと、どれだけ綺麗な言葉遣いを使っても、あくまで口だけの話で、無意味だ。例え中

国のGDPが世界一になって、軍事力も世界一になっても、どうする?中国が世界一を奪う意味はなんだ?「世界一」っていうタイトルを欲しいだけなわけ?それとも人民たちのためだ?口だけの話は意味ない。例え何年もかけて、オミクロン株を全滅させても、どうする?ここ数年、人民たちの生活水準は明らかに後退りになっている。

22年4月16日4時6分、1025いいね

Weibo上のコメントはさまざまであるが、上記の例から、中国のインターネット公共圏が無批判の空間でないことはわかる。ただし、この批判は、欧米公共圏のような、私人の集合による公権力との直接的対立ではなく、批判の合理性を高めるために仲介項として機能する集団を必要としている。この仲介項が、「民」の立場である。しかしながら、前述のように、いわゆる「民」は集団的概念であり、公権力が今日の「愛国主義」を利用して構築した「家・国・民・党・政府」一体の構造の下では、「民」が「党・政府」と真に対立することは不可能に等しい。なぜなら、「個人」が全体を批判すると、集団（国家）に悪意を抱く「分裂勢力」と見なされるからである。「民」あるいは「民衆」とは、「無私」の立場から、「人民・国家・社会・党」の全体の利益のために、合理的な提案や批判を提出する主体を意味する。したがって、官僚主義や政治の私物化を猛烈に批判するが、しかし公権力と政府の名誉は維持する、この矛盾した現象が輿論環境のなかに形成されるのである。

（2）公共性が抑制される現状

①権力による直接抑制

確かに「炎上」する社会事件に対して、政府はしばしば積極的に介入する態度をとる。しかしながら、批判的輿論自体は、集団の利益を代表する「人民政府」のイメージと衝突する。それゆえ、Weiboの管理者は、常に強い「怒り」を表す投稿内容を「敏感内容」と見なし、コンテンツのブロック、コメント欄の表示の抑制、アカウントの禁止等を行ない、「敏感内容」の拡散を統制する。これらの統制は政府の直接介入であるのか、またはWeibo自体の「政治的敏感度」の判定基準によるものであるのか、知ることはできない。しかし、こうした言論自由の統制が、Weiboの公共性への直接的な打撃であること

は否定できない。しかしながら、今日の集団モデルの下では、政党の正統性は「人民の利益を代表する」「一切は人民のために」（政府がよく使うスローガン）の原則に依拠するので、権力による輿論の直接抑制は大きな矛盾をはらむ。そのため、この方法による言論統制の効果は安定せず世論からの反発を拡大する可能性もあり、公権力にとって有効な方法とはいいがたい。

②集団主義的モデルからの抑制

ＳＮＳプラットフォームからの直接的で強制的な抑制と比べて、公権力によって構築された集団主義モデルからの統制は可視的ではないが、その影響はより深刻であり、感情的に反発しにくい雰囲気が作られる。集団主義思想は既述の中国の伝統に遡るが、しかし、今日では、過去の伝統思想は新しい様相――「愛国」という名の下に、「家・国・党・民」の一体性によって理由づけられる――すなわち新しい集団モデルは現代中国社会に現れ、インターネットの普及と情報技術の発展に伴って、あらゆる隙間に浸透する絶対的正義となり、人々の言動を統制している。この集団的モデルでは民衆に政府に反対する権利が付与されるが、私人としての市民が形式主義（愛国、愛党の立場を表す）の束縛から逃れて真の言論自由を獲得することは困難である。長期にわたる政府筋のメディアの影響で、政党（共産党）は人民の利益を代表すると見なされているため、愛国と愛党は実質的に同等である。それゆえ、人民が官僚の汚職をどれほど批判しても、メディアのイメージでは「帝国主義と封建社会の二重の抑圧から人民を救い出し」「人民とともに新中国を成立させ、人民の幸せな生活を実現した」「永遠に人民の立場に立つ」共産党を批判することはできない。つまり、このモデルで集団の象徴とされる中国政府（政党）に与えられた正統性の堅固さは、儒家思想の支配下にある伝統社会における家父長的権力に類比できるものである。このようなイデオロギーの民衆に対する影響力は、宗教と異なりはするが、一種の宗教的で反駁できない道徳となって、強い精神的な支配力となっている。そのため、民衆は批判の声の表出にさいしては、自分には利己心がなく、集団に対して「悪い意図」をもたないことを証明しなければならない。特に国家、政党、公共政策については、「讃美」と比べて、「批判」はより大きな圧力を被る。以下に示されるのは、上海の封鎖期間中にしばしば現れる典型的な「愛国」言論である。もちろん、これらの発言は、民衆の側からの反発を受けないわけではない。だが、集団主義的に統制されるインターネット公共圏では、「愛国・愛党」は美徳とされ、その賛美は民衆的反発を受ける可能性はあっても、その発信者への現実のリスクはないに等しいことを意味する。

我々はいつも「ゼロ・コロナ」政策を信じています。特にある市とある区域の状況と比べてみたら、いうまでもなく、「ゼロ・コロナ」に従う理由は十分にわかるでしょう！
22年4月16日3時28分、１２４２いいね

党と国家は頼りになり、後ろ盾でもあります。私たちもみんなの心を一つにして、お互いに支え合いながら、力を合わせて、目の前の苦境をのり越えましょう！
22年4月16日 3時28分、３６３いいね

大船のスピードが落とされただけ、漏水ではあるまい。我々も焦る必要はない！
22年4月16日3時45分、１８７いいね

これに対して、批判と反対の声、特にシステム全体への批判は、この特別な時期に、多くの賛成の声が寄せられても、批判者が直面する異議は非常に厳しいものである。以下が示すのは、その一つの事例である。もちろん、それは主流の声とはいえない。とはいえ、集団主義の原則に基づいた「公共道徳」の前に、特に「外国崇拝」は「無知蒙昧」よりもはるかに深刻な非難対象となり、ほとんどの投稿者がこのような道徳的非難を引き受けることを望んでいない。

上海は絶対「色の革命」の揺り籠になるな！もしソビエト連邦のように国が崩壊してしまったら、結局苦しむのは人民たちだけ。現在外部の敵対勢力の圧迫があり、国の安定した発展を維持することは何より、最も重要である。私たちは、米国がイラク、リビア等の諸国に強制的に与えた、そのような自由民主を望んでいない。私たちはただ平和の生活を望んでいるだけ。決して欧米列強たちのような羊の皮を着た狼たちを信用してはいけない。

22年4月23日4時54分、533いいね

このような言説が、今日の新しい集団主義による同調圧力によってWeiboの公共性が抑制される現状の象徴である。この種の統制は法的強制力をもたないが、中国のインターネット公共圏では「法よりは理（道徳）」が重視されることから「マインドコントロール」効果となり、批判的な輿論空間の形成を阻害している。この「マインドコントロール」の構造を深く解明し、どのようにその統制効果を緩和、あるいは克服できるかは中国型「公共性」の研究課題となる。

結び

以上を三点に要約して結びとしよう。小論は第一に、一七・一八世紀のヨーロッパの市民的公共圏と対比して、中国型「公共圏」の集団主義的特徴を分析した。そして思想史的観点から、この集団主義の有力な起源を、「民」を本位とする儒家の「天下為公」思想として摘出した。すなわち、それは、強い「反私」性、反個人性を表明し、一方で集団としての民衆に強権と闘争する革命性を与えると同時に、他方で儒家の倫理道徳を通じて民衆の個性を束縛する、暗黙裡の統制手段として機能する伝統的封建性をも残している。この伝統は封建的礼儀制度としては廃止されたが、家族と倫理観念の重視および家族関係から派生する集団と国家の重視の視点は保留され、公権力の意図的な利用を通じて、「家国党民一体」という新しい集団主義的価値観に転化し、現代中国社会の「公共信仰」となったと解せる。

第二に、上記の集団性が今日の中国の「公共圏」に与える影響を研究するために、小論は、中国の代表的SNSであるWeiboを研究対象として、新型コロナウィルスによる上海封鎖の期間のWeiboの輿論表現に対する分析を通して、Weiboの公共性表現とそれが抑制される現状、その原因を分析した。それは消費主義が欧米の市民的公共性を侵食する過程とは異なり、今日の中国の情報社会では、集団主義は一種の新しい言論統制モデル、すなわち愛国主義を核心とした同調圧力を実体とし、民衆の目に見えない精神的束縛となって、公権力と対抗できる私人からなる集合体の形成を困難ならしめ、現状に

おける公共性を衰退に導いたのである。

第三に、以上の分析からもわかるように、実際、今日の集団主義モデルによる民衆への統制は、儒家の封建礼儀制度による個人の抑圧原理に類比できる。しかし、儒家思想自体は支配者の利益を擁護するだけではなく、孟子の「民貴君軽」や「易姓革命」思想などに見られるように、却って民衆に革命の合理性を賦与した。これは儒家思想が内包する矛盾であるが、伝統社会に自己修正のメカニズムを与えている。今日の集団主義もこの原理を内包する可能性があり、筆者はアプリオリにそれを全否定しようとは思わない。今日においても、公権力の正統性は依然として「民」から由来するものであり、「民」として公権力に対抗する合理性と力をもっている。しかも、小論で詳しく議論する余地はないが、集団主義的思想は、一定程度の市場主義、消費主義による公共性の侵食への抵抗を可能ならしめ、社会の高い公共関心度を維持し、民衆の社会的、公共事務への参与意欲を高める機能を合わせもつ。したがって、もし中国民衆がこのモデルの現状の問題点に気付いて、自発的に「マインドコントロール」を打ち破り、このモデルが内包する「人民」の力を正しく活用できれば、必ずしも現状を変えられないとはいえない。ゆえに中国型「公共圏」には解放的潜在力がないとするのは早計である。もちろん、中国型「公共圏」を活用する前提として、「家国党民一体」という現状の「愛国主義」を反省する必要がある。そのさい筆者は正当な「個人」の権利排除をどう打破できるのか、社会的寛容を高め、「公共」の名による私的領域への介入や言論自由の剥奪をどう抑制できるのかなど、多くの政治やメディアの問題解決を中国独自の文化的背景と結合して解明し、それを蓄積していく必要性を強く感じているところである。

注

(1) ただし、「公的領域 (public realm)」と「私的領域 (private realm)」に対する最初の区分は、政治哲学者ハンナ・アーレント (Hannah Arendt.1906-1975) が『人間の条件』によって、古代ギリシアのポリスにおいて、市民たちが平等に政治や哲学について語り合ったことを「公的領域」と呼んだことに始まる (アーレント一九九四)。

(2)「焦点訪談」と「新聞調査」は中国の中央テレビ局によっ

て開設される新聞評論と社会調査の番組である。

（3）中国では「新浪微博」と呼ばれ、二〇〇九年八月に中国の新浪会社によって成立したSNSプラットフォームであり、中国バージョンの「Twitter」と見なされている。二〇二一年末までに月間活躍人数は五億七三〇〇万人に達した（第一財経二〇二二）。

（4）Weiboの機能はTwitterと似ているが、中国政府は海外のウェブサイトに制限を設けているためTwitterは分析対象として有効ではない（中国大陸のユーザーがTwitterを使用する場合は、VPNに接続する不便がある）。むしろWeiboが中国大陸では社会公共事件の議論の主要なSNSとして使用されている。したがって、小論はWeiboの輿論表現を討論対象とする。

（5）「個人」または「個人主義」は、一九〇三年に出版された厳復の『群己権界論』（ミルの『自由論』）を通じて中国に導入された（楊念群二〇一九）。異なる時代において人々は個人主義について異なる見解をもっていたが（例えば、文化大革命のような極端な集団主義的な雰囲気の中で、個人主義は完全に否定されたのに対して、改革開放後の経済発展期には、社会の発展と西洋文化の影響で個性の解放をもたらし、個人主義がある程度認められた）、総じていえば、集団主義思想を主流とする中国社会の文脈において、個人は集団の反対側と見なされ、排除される傾向が強い。

（6）中国語において、「公」は「集団」に代表されるのに対して、「個人」は一般に「私」性をもつと思われる。「私」性を排除する傾向は、集団と個人の対立による結果である。

（7）儒家の倫理道徳原則であり、古代社会の身分制度を発達させた。礼は「上」と「下」の区別、「尊」と「卑」の秩序を強調する（大衆日報二〇二〇）。

（8）出典は『朱子治家格言』、原文は「徳不配位，必有災殃。（徳が社会的地位にふさわしくないと、災難がやってくる）」。

（9）二〇一二年一一月、中国政府は「社会主義核心価値観」を二四字（富強、民主、文明、和諧、自由、平等、公正、法治、愛国、敬業、誠信、友善）で定義した（人民網二〇一二）。

（10）新型コロナウィルスの影響で、上海の「新型コロナウィルス予防と管理オフィス」は三月二七日夜に、上海が三月二八日から「区域封鎖」を実施するというメッセージを公報した。（北京青年報二〇二二）その後、感染者数の持続増加に伴って、上海政府は、四月一日から上海で「全域静態管理」、つまり全市の封鎖を実施するという決定を発表した（聯合早報二〇二二）。

参考文献

〔英語文献〕

Stein Ringen (2016) The Perfect Dictatorship: China in the 21st Century, HongKong University Press.

〔日本語文献〕
アーレント、ハンナ（志水速雄訳）『人間の条件』筑摩書房、一九九四年
――（引田隆也・斎藤純一訳）『過去と未来の間』みすず書房、一九九四年
車愛順「中国社会におけるインターネット公共圏――マイクロブログ・ウェイボーを中心に」、『社会システム研究』一七号、二〇一四年
陳雅賽「七・二三温州列車脱線事故における中国ネット世論の形成」、『マス・コミュニケーション研究』八六号、二〇一五年
ハーバーマス、ユルゲン（細谷貞雄・山田正行訳）『公共性の構造転換』未来社、一九九四年
フリック、ウヴェ（小田博志ほか訳）『質的研究入門――「人間の科学」のための方法論』春秋社、二〇一一年
溝口雄三『中国の公と私』研文出版、一九九五年
――『公私』三省堂、一九九六年
吉田純「サイバースペースと公共性――情報公共圏の展望」伊藤守・林利隆・正村俊之編『情報秩序の構築』早稲田大学出版部、二〇〇四年

〔中国語文献〕
古代文献：
『礼記』（戦国）胡平生・张萌訳注、中華書局、二〇一七年
『孟子』（戦国）方勇訳注、中華書局、二〇一七年
『朱子治家格言』（清）衛紹生訳注、中州古籍出版社、二〇一〇年
現代文献：
馮友蘭、赵复三訳《中国哲学简史》（『中国哲学簡史』）天津社会科学院出版社、二〇〇五年
贾双躍〝公共性与反公共性的共同在场―网络空间的治理困境及其超越〟（「公共性と反公共性の共同存在――サイバースペースの管理難題とその超越」）中国知網、二〇二一年
盧迎安〝当代中国电视媒介的公共性研究（一九七八－二〇〇八）―以央视和凤凰卫视为例〟（「現代中国のテレビメディアの公共性研究（一九七八－二〇〇八）－中央テレビと鳳凰テレビを例として」）中国知網、二〇〇九年
劉沢華《天人合一与王权主义》（『天人合一と王権主義』）中国知網、一九九六年
楊念群《五四前后〝个人主义〟兴衰史》（『五四運動前後の「個人主義」の興亡史』）『近代史研究』二〇一九年第二期、社会科学文献出版社、二〇一九年
耘耕《儒家伦理法批判》（『儒家倫理法の批判』）中国知網、一九九〇年
新聞報道：
丁鼎〝礼是什么〟（「『礼』は何か」）大衆日報、二〇二〇年
(https://dzrb.dzng.com/articleContent/3788_802203.html 二〇二二年九月二八日最終アクセス)
李鉄柱〝上海分区分批封控 实施核酸筛查〟（「上海は区域的に封鎖し、ＰＣＲ検査を実施する」）北京青年報、二〇二二年

(http://news.ynet.com/2022/03/28/3444886t70.html 二〇二二年九月二八日最終アクセス)

人民網〝积极培育和践行社会主义核心价值观〟（「社会主義核心価値観を積極的に育て、実践する」）二〇一二年 (http://theory.people.com.cn/n/2012/1214/c352852-19903180.html 二〇二二年九月二八日最終アクセス)

一財資讯〝微博二〇二一年全年营收二二・六亿美元、同比增长三四％〟（「Weibo の二〇二一年の年間売上高は二二・六億米ドルに達し、前年比で三四％増加した」）二〇二二年 (https://www.yicai.com/news/101335287.html 二〇二二年九月二八日最終アクセス)

于沢遠〝上海〝全域静态管理〟 浦西全面封控 四月二日起离沪者须持阴性检测证明〟（「上海は『全域静態管理』を実施し、浦西は全面的に封鎖され、四月二日から上海を離れる者はＰＣＲ検索結果を持つ必要がある」）聯合早報、二〇二二年 (https://www.zaobao.com.sg/news/china/story20220401-1258144 二〇二二年九月二八日最終アクセス)

■論文

支援資源は地域でどう調達されているか

――地方都市における〈居場所づくり〉実践のアイデンティティ・ワークを事例に

滝口克典

一　問題の所在

近年、人びとのさまざまな生きづらさへの対処を地域の諸主体による共助に求めていこうとする政策の方向性が明らかになってきている。民主党政権下での「新しい公共」、そしてその後の自公政権下での「地域共生社会」がそうである。こうした動向は、〈市民社会〉[1]もまたそこに共振するかたちで進められているといってよい（仁平二〇〇五）。

しかし、人びとへのケアや支援を担いうる主体はどこにでも存在するわけではない。それらを欠く地域では、必要な資源をどうやって調達し共助を成立させていくかが課題となる。本稿ではそうした支援主体創出の問題を扱う。その場合、大都市圏に比して人口や資源に乏しい「課題先進地」としての地方とそこでの実践に着目するのが有効であろう。

実際のところ、地方ではこの問題に対しどんなとりくみがなされてきたのだろうか[2]。本稿では、地方都市における〈居場所づくり〉の事例をもとに、支援資源がどう創出されているのか、そこにある課題を現場がどう乗り越えているか等について検討し、それらをもとに、〈居場所づくり〉というかたちで行われる資源創出の意味について考察する。

まずは次節にて、本稿の議論の前提となる社会運動論及び当事者論の枠組について概観したのち、とりあげる事例の概要とその分析方法を記す（第三節）。次に、事例の分析を行い（第四節）、その分析結果をもとに資源創出をめぐる人びとの方法を明らかにする（第五節）。最後に、上記を踏まえ、地方における〈居場所づくり〉の意味を考察する（第六節）。

二　資源創出の文脈――専門家支配と当事者主権のあいだで

支援資源の創出は、社会の真空状態のなか、負荷なき主体によって価値中立的になされるものではない。ある支援資源を準備し供給しようというとき、それを誰が、どのようなかたちで行うのが正当／正統か、が問われるべき問題となる。このことを考えるとき、ヒントを与えてくれるのが社会運動論の知見である。

社会運動論の一潮流である資源動員論では、社会運動の成立条件をその運動がどのような資源によって支えられているかという観点から分析する（大畑・成・道場・樋口二〇〇四）。だが、資源の豊富さが社会運動の条件だとして、さまざまな資源をひとつの運動にまとめあげる機序がそこになければ、そもそも運動は起動しないし成果を出すこともない。

この統合の機序に着目するのが社会運動の文化的フレーミング研究である（野宮二〇〇二、西城戸二〇〇八など）。文化的フレーミングとは、人びとに社会問題の存在を適切に伝えてその感情や意識をゆさぶり、運動へと巻き込んでいく動的過程をさす。それには、運動を正当化する、参加者に共有された状況の定義――世界や運動のイメージ――が必要となる。

社会運動のもつこうした媒介・統合の機能は、人びとのさまざまな生きづらさに諸種の支援資源を供給していこうとする市民活動にも該当する。この場合、媒介・統合の対象には、その問題の当事者でニーズを抱えている「支援される側の人びと」も含まれるし、彼（女）らに適切な資源や援助を提供しうる「支援する側の人びと」も含まれる。

こうした文化的フレーミングの過程においては、必要な資源（ヒト・モノ・カネ）を調達するための前提として、その支援の正当性（なぜ支援が必要か）や正統性（なぜその支援でなくてはならないか）について定義を行い、それを外部に対して簡潔に説明し、共鳴や支持を調達する「アイデンティティ・ワーク」が求められる（ロウスキ二〇〇三）[3]。

市民活動にとってはとりわけ後者の正統性をめぐるワークが重要である。草の根のボランティア・NPOの場合、その支援行為の正統性を保証・担保してくれる制度的基盤を欠いている。このため、何らかの説得力ある支援者アイデンティティを確立し、それに共鳴する利用者や支持者を確保していくことが、活動当初における重要な課題となる。

諸種の困難を抱える人びとへのケアや支援にあたってそれをどのように供給するかは、かつては当該の疾患や障害をよく知る専門家が判断し決定することが妥当と考えられ、彼（女）らに一切が委ねられてきた。だが、疾患や障害についての知は、それを生きる人びとの経験についての知と必ずしもイコールではない（クラインマン一九八八＝一九九六）。

かくして一九六〇年代以来、主に障害当事者の人びとにより、専門家支配への異議申し立てが「私たちのことは私たちに決めさせよ」というスローガンのもとで行われてきた。専門家支配に対する「当事者主権」である（中西・上野二〇〇三）。以来、支援やケアは「ニーズをもつ者」＝当事者の意思のもとで供給されるべきという規範が力を増していった。

当事者の声に最終審級を見出すこの規範は、一見すると民主主義という観点からは正当なものだが、よくよく考えてみるとさまざまな困難をはらんでいる。第一にそれは、あらゆる価値判断や意志決定の主体を当事者に引き受けさせることでもあり、「決定の負荷」をその責任も含め当人たちに丸投げすることを意味する（國分・熊谷二〇二〇）。

第二に――本稿ではこちらがより重要だが――地方における支援資源の乏しさという条件を加味すると、「当事者主権」の規範はその地域での資源調達の努力に重い枷をはめるものとなる。支援資源の供給主体がせっかく現れたとしても、それが当事者によるものでなかったなら、彼（女）らには正統性が認められず、支援の成立が困難となるからである。

であれば必要なのは、専門家でも当事者でもない人びとが、なお一定の規範を保ちつつ支援にたずさわれるようなありかたを模索することであろう。そうした支援が可能となるには、「当事者主権」の規範が緩められ、そこに別様の規範が入り込める余地をつくりだすような、支援とは何かをめぐる状況定義の実践が行われなければならない。

実際、資源不足に悩む地方の支援主体は、そうした状況定義の言説実践によって必要な資源の調達と供給を図っている。本稿では、地方における市民活動の事例をとりあげてその実態を詳細に検討し、そこで得られたデータから支援資源創出の条件についての知見を引き出そうと試みる。次節では、実践事例の概要とその分析方法について述べる。

三　対象と方法——「フリースペースSORA」の言説分析

とりあげる事例は、東北地方に位置する地方都市・山形市（県庁所在地、人口約二五万人）にて今から約二〇年前に「不登校」支援の活動を行っていた市民団体「フリースペースＳＯＲＡ」（以下「ＳＯＲＡ」と略記）である。二〇〇一年一月より試験的に、同年四月からは本格的にフリースペースを開設し、二〇〇四年春まで続いた「不登校の子どもの居場所づくり」である。

ＳＯＲＡは、山形市東部の一戸建て借家を拠点にとりくまれた、ボランティア・グループによる支援活動で、通所型フリースクールとしては山形県内で初めての事例である。筆者はこのフリースペースの創設と運営に関わり、二〇〇一年四月の創設までは事務局長、創設からの丸二年のあいだは代表ならびにその専従スタッフをつとめた。

この事例の選択には二つの理由がある。第一に、地方における支援資源の不足という問題にいち早くとりくんだのが当該事例だった点である。当時、支援資源の空白ゆえに地域のなかに居られる場のなかった子どもたちに、フリースペースという資源を自前で準備し供給したのがＳＯＲＡであった。ゆえに、その経験からはさまざまな知見が期待できる。

第二に、ＳＯＲＡとは、本学会でも議論されてきた若者支援ＮＰＯ「ぷらっとほーむ」（二〇〇三〜一九年、以下「ぷらほ」と略記）の前身の活動である（滝口二〇一三、南出二〇一四）。ぷらほへの注目は、多様な生きづらさを抱える人びとを包摂していくその〈居場所づくり〉実践のユニークさゆえであったが、その萌芽をSORAの試行錯誤のうちに見出すことができる。

詳しくは改めて論じるが、SORAで発芽し、ぷらほであらゆる方向へと枝葉をのばし成育していった多彩な支援資源のネットワークには、地方都市・山形市という地域の場所性が色濃く反映されている。よって、この事例への着目からは、人口や資源に富む都市部のそれとは異なるであろう市民活動組織の発達のありようへの示唆を得ることができる。

（一）事例の概要

もともとSORAの発端は「不登校親の会山形県ネットワーク」[4]（以下「親の会ネット」と略記）という市民団体にある。親の会ネットは、九〇年代を通じて県内各地で生まれていた不登校の親の会やその応援団体がヨコの連携を求めて一九九九年に創設した連絡会で、各地の親の会の世話人が理事となって運営されていたゆるやかなネットワーク組織である。

当初は相互交流や情報交換が活動の中心だったが、二〇〇〇年には「親の会＝孤立する親たちの居場所がてきたので、次は子どもたちの居場所をつくろう」としてフリースクール開設運動に着手していくようになる。とりくみは、民間財団の助成を受けて山形市東部に事務所をかまえ、非常勤の事務局職員を抱えるところから本格化していく。

そこに合流していったのが、のちにSORAやぷらほで〈居場所づくり〉実践の中核を担っていくことになるA（二〇代女性・専門学校教員）とB（三〇代男性・県立高校講師、筆者）であった。Bが参加した経緯は後述するが、Aに関しては彼女自身が「不登校」の経験者で、その当時関わった人びとが親の会ネットの関係者であったことが参加のきっかけである。

運動はしかしある困難に直面する。フリースクール開設を目前に、運営方針や利用料をめぐる親の会ネット理事会と現地事務局（準備会）[5]の路線対立が極まり、前者は運動そのものから離脱してしまう。かくして二〇〇一年四月からはこの準備会（SORA運営委員会）が独立の市民団体「フリースペースSORA」として同名スペースを運営していくことになった。

AとBはというと、前者は運営委員の一人として、後者はSORAの代表ならびに専従スタッフの一人としてフリースペースの運営に関わっていくこととなった。スペースは、平日一〇～一六時に開放され、一〇名ほどのスタッフがシフト体制で[6]子どもたちを迎え入れ、おしゃべりしたりいっしょに何かにとりくんだりと非定型の活動を実施していった。

SORAには、初年度は四～六人、次年度もまた同名ほどの子どもたちが通ってきた[7]。スペースでの諸活動やスタッフ体制、子どもたちとの関わり、個別の支援等については、スタッフが定期的にミーティングを行って話し合いながら進めていった。以上が、これから検討していくことになるSORAの設立ならびに活動の概要である。

（二）分析の方法と対象

本稿では、事例の記述と検討に際し、市民活動実践としてのSORAが活動の過程で編み、その軌跡として遺したさまざまな言説を分析・検討していくという歴史学的方法を採用する。とりわけ、当時のSORAが産出したさまざまなアイデンティティ・ナラティヴを主なテクストとして読解し、そこで何が起きていたのかを再構成しつつ、その解釈を行う。

資料としてはおもに二点を用いる。第一が、SORAが開設以来発行してきた会報誌『SORA模様』（月刊、創刊～三三号、A五判、各八頁、無料配布、以下『模様』と略記[8]）である。第二が、同時期に地域で発行されていた市民活動・地域福祉をテーマとする情報誌やよその〈居場所づくり〉活動の会報等にBが寄稿したSORAにまつわる記事である。

自身がかつて関与した活動を自身で分析・解釈することには、主観や恣意が入り込むリスクも確かにある。だが、本稿では、ある市民活動がその実践のなかで遺した言説の意味を当時の歴史的かつ政治的な文脈に照らしつつ検討するというように、対象と方法とを限定することで、他者による追跡的な検証可能性を担保しつつ、あえてそれを行いたい。

四　支援の正統性をめぐる言説実践

本節では、ＳＯＲＡがとりくんできたアイデンティティ・ワークの実際を、当時産出されたさまざまなテクストをもとに再構成する。概要を先に記すと、それは、親の会ネットという正統性付与資源を失ったＳＯＲＡが、その不在を埋めるべくさまざまな状況定義を模索していき、自分たち独自の自己定義を獲得していくまでの試行錯誤の軌跡である。

（一）〈居場所づくり〉のはじまり

二〇〇〇年一二月、県立高校講師であったBは、「フリースクール開設へ／不登校親の会県ネットが交流会」という地元紙記事[9]を読み、運動に参入した。同じようにとりくみを知った人びとが山形市の事務所に集い、翌一月、開設に向けての運動が始まっていった。だが、そのなかでBは、ある独特な居心地の悪さに遭遇したと語っている。当時を回想した記述には、次のようにある。

…活動を始めた当初から、代表である自分に対し投げかけられ続けてきたある問いがある。それはこういうものだ。「なぜ（不登校経験があるわけでもない）あなたが、そのような活動にたずさわっているのか」と。そこでは暗にこう言われているのだと思う。「経験もない（＝不登校を理解できない）あなたに何ができるのか」と。（B「ぼくはいったいなぜ、フリースペース活動に関わっているのか？」『フリースクール西の平通信』三九号、四頁）

Bが直面したのは、「不登校」支援の担い手は「不登校」経験者かその親であるべきという規範であった[10]。それを支えていたのが当時もりあがりつつあった当事者運動とその主張である[11]。この点で、ＳＯＲＡ開設運動が成立したのは親の会ネットがそこに正統性を供給してくれていたためだったが、上述の通り彼（女）らは三月末で運動から撤退していた。

当事者団体である親の会ネットとの断絶とはつまり、それまで保たれてきた運動の正統性が失われてしまったことを意味する[12]。この喪失をどう補完していくか。まさにそのことが、〈居場所づくり〉の出発点に埋め込まれた問いとして、以後のＳＯＲＡの——さらにはその後継たるぷらほの――思考と行動とを大きく条件づけていくことになる。

（二）非当事者による正統性確保のための諸戦略

親の会ネットという後ろ盾を失ったいま、専門家の知見とも当事者の語りとも異なるどんな説得力を活動にもたせることができるか。この問いへの正面からの回答となる居場所論が『模様』誌面に登場するのは二〇〇二年六月以降。つまり、活動開始から一四ヶ月の間は、〈居場所〉とは何かをめぐる公式の自己定義そのものがSORAには存在しなかった。

しかしこの間、支援者アイデンティティを確立する努力そのものがなかったわけではない。『模様』には、二つのとりくみの痕跡がみられる。第一にそれは、スペースに集う子どもと親、つまり当事者の声を示すことでの正統性確保への努力であり、第二に、スタッフの研修過程を示すことで専門性への近接を訴え、正統性を確保しようというものである。

前者に関しては、「保護者の方から」「おうちの方より」等として、次のような記事が不定期で掲載されている。

「お母さん、SORAは家と一緒だよ!!」／「みんなやさしくていい人だ。」「誰も嫌なこと言ったりしない。」／「明日もSORAに行く！」／SORAに行くようになってからのRは風船をどんどんふくらましているかのように生き生きとしています。それを見ていて母も今ようやくRが必要なところに行き着いた気がして、ほっとしています。（「おうちの方より／ふくらんだよ　風船が」『模様』六号）

子どもたちの声に関しても、フリースペースでの生活や活動に関する子どもたち自身の手書き記事が掲載されている。例えばそこには、次のような言葉が見られる。

…SORAに来るようになって一年が過ぎようとしています。その中で得たものはたくさんありますが、一番感じた事は、人とかかわり合う大切さです。ここに来る人達は、個性豊かな人ばかりです。私は、そんな中でお話したり、遊んだり、勉強したりする事が大好きです。こんな風にみんなでいっぱい作った思い出を忘れることはないでしょう。（「SORAいろかわら版　第八号」『模様』一二号）

また、後者のスタッフ研修過程の可視化に関しては、「SORAの勉強会は何をしているの?」(13)、「フリースクールスタッフ養成研修講座『フリースクールの創り方』参加報告」(14)、「不登校・ひきこもりについて考える会報告」(15)など、スタッフの人びとが実施・参加した研修の内容が掲載され、スタッフの専門性への近さをアピールする形になっている。

これらはともに、不在の正統性を、より正統性に近接した他者の存在や言説で埋め合わせ、調達しようというものである。しかしながらSORAの試みはそれにとどまらない。別の新たな語りもまた模索されている。きっかけになったのは、『模様』とは別のメディア上での発言機会であった。〈居場所づくり〉への関与を正統化するため、当時のBはこう語る。

…生徒指導部だった私は、頭髪指導や服装指導や遅刻指導など、とにかく学校側が一方的に決定した型に生徒達を無理やり押し込め…(略)…を繰り返していました。生徒達の意見など聴こうものなら自分が他の教師から「指導」を受けてしまうので、必死になって自分を殺しました。…(略)…自分が現場で感じた違和を何処かで誰かに繋げていかなければ。(B「ぼくらがSORAを創る理由」『月刊ほいづん』一六号、八‐九頁)

ここでの語りは、確かに自分は「生徒」として「不登校」=学校からの抑圧を経験したことはないが、しかしながら「教師」として学校からの抑圧を経験していた「不登校教師予備軍」だった——だから「不登校」当事者に近い——というものである。これを「教師としての不登校」ナラティヴと呼んでおこう。

かくして、新たに模索され始めているのは、それまでのような正統性ある他者の存在や言説をいかに自分らの活動の側に確保するか——正統性の外部調達——ではなく、自分たち自身の来歴のうちにいかに活動に利用可能な正統性を発見し構築していくか——正統性の内部調達——なのである。同じ方法論の枠内で、次のような語りも見られる。

…フリースペース(=役割期待から解放され自由に過ごすことができる居場所)は、なにも子どもたちだけに限らず、大人たちにとっても必要なのだということ。そこには貴重な「癒し」があると思われるためです。…（略）…学校では認めてもらえなかった自分をフリースペースではありのまま受容してくれた、という体験。これは不登校の子どもたちのフリースペース体験と全く同質のものです。（B「『癒し』としてのフリースペース」『季刊i-MA』五号、二八頁）

こちらは、「不登校」という被害体験にではなく、そこからの回復・成長の過程に照準する語りである。すなわち、確かに自分は「不登校」という苦悩の経験者ではないが、その子どもたちが居場所で経験する回復・成長と同じ過程の経験者である――だから「不登校」当事者に近い――という語りであり、こちらは「居場所の癒し」ナラティヴと呼んでおく。

このように、活動当初のSORAには、自分たちが何者であり、どのような支援を行う存在であるのかについての確定的で安定的な回答は未だ存在しておらず、不安のなか手探りで〈居場所づくり〉実践が重ねられていった。アイデンティティ・ナラティヴの揺らぎや不安定性が、この時期のSORAのアイデンティティ・ワークの特徴であったといえる。

（三）定義行為のはじまり

SORAのフレーミングは、初年度の長い模索の時期を経て、翌年の春ごろより新たな段階を迎える。変化のきっかけは、それまで団体の運営委員として専らSORAの財政や広報などに関与していたAがフリースペースの現場にボランティア・スタッフとして直接かかわるようになったことである。Aが〈居場所づくり〉の現場にもたらしたものは二つある。

一点目は、それまでAが運営委員として主に関与してきた財政というテーマにまつわる観点である。そして二点目は、Aが稀有なネットワーカーであることに起因するもので、彼女につながるさまざま文脈の人びとがフリースペースを訪れ、両者の交流が活発化していった点である。以下、これらがSORAの言説実践と自己定義にどんなふうに作用していったかを見ていこう。

① 脱「当事者主権」の〈居場所づくり〉へ

『模様』の誌面には、二〇〇二年六月号から、発信されるメッセージの内容に従来にはない幾つかの特徴が現れる。この時期より、当事者すなわち「不登校」の親／子どもたちの語りが徐々に減少していき、それに代わって、それまで稀であった、活動を財政的に支援する「サポーター」「スポンサー」に関する紹介記事が定期的に掲載されるようになる。

七月号からは、代表ならびに専従スタッフであるBによる居場所論「フリースペースSORAとは何か」（一五〜二二号に掲載、各一六〇〇字程度）の連載が始まる。こうした誌面構成の変化に現われた当時のSORAのフレーミングとはいかなるものだったか。まずは前者の財政支援者に関する記事から見ていこう。当時、Bは次のことを地域福祉情報誌へ寄稿している。

もともとSORAは…（略）…親たち（つまりは当事者）が、自分たち自身で直接不登校・ひきこもりの子たちを支えていこうとして創設したものです。開設後のフリースペースの運営も、基本的には当事者である親たちが自分たち自身で支えていくべきという発想でやってきました。／ところが、こうした当事者主義の発想では、通ってきている子どもたちの保護者のみが居場所を維持するための財政負担を過度に背負ってしまうことになります。…（略）…そうしたことを考えていた矢先、SORAの理念や活動を理解下さる一般の方々数名より、居場所づくりの活動を今後も地域社会の中に維持し続けていってほしい、そのためにも定期的に財政援助をさせてほしい、との大変ありがたい言葉をいただきました。（B・A「不登校・彼らの居場所づくりの現場から〜フリースペースの悩みは財源確保〜」『月刊ほいづん』二八号、九頁）

ここにあるのは、脱「当事者主権」とでもいうべき語り口である。SORAはこれまで、表立っては当事者性や専門性の調達による正統性確保にとりくみつつ、その一方で、外部権威に依らない正統性への回路を模索してきた。そこで探られていたのは、既存の「当事者主権」に対するオルタナティヴな当事者主義――「居場所の癒し」の当事者――であった。

だが、ここではさらにそれを突き抜け、「当事者とは何の代表／代理／近接関係もないがそれを支援する人たち」という非当事者主義の語りが生成している。ここにあるのは、財政支援してくれる市民がいる、つまりこの活動には社会的な意義がある、という正統性確保戦略である。これを「財政支援者＝市民の支持」ナラティヴと呼んでおこう。

② 〈居場所〉の社会化へ

ＳＯＲＡが辿り着いたのは、「居場所の癒し」ナラティヴによって「不登校」支援の正統性を確保するというスタンスであった。そこでは、当事者性の座が「不登校・ひきこもり」経験者から「居場所」利用者へと移しかえられ、さらには「不登校でもひきこもりでもない…者」こそがそのナラティヴの語り手として正統である、とさえ言上げされていた。

ここに至ってようやく、ＳＯＲＡは「居場所とは何か」という自己をめぐる語りを開始する。この語りには「居場所の癒し」ナラティヴが大きく作用し、不登校の子どももスタッフも同じように「居場所に癒される」のだとされる。この「癒し」、すなわち〈居場所〉の効果とは何だろうか。『模様』の連載ではこの「居場所の効用」が中心テーマとなる。

その議論の構成に関しては、ある共通の構造が存在する。Ｂの居場所論は、〈居場所〉の有するさまざまな機能のうちの一部を名指すところから始まるが、そうした作業は、当時の社会学的な言論の文脈から何らかの関連する論点を拾ってきて、それと〈居場所〉の機能とを重ねあわせる、という形式において遂行され、ひたすらその形式が反復されていた。

例えばそこでは、「フリースペースの社会的意義」が、資本制社会における「速さ／遅さ」との関連で語り直されている。

…高度に資本主義化された社会に生きるぼくたちは、「生産的であれ！」とか「効率的であれ！」といった規範を無意識の内に身体化されるプロセスの内部にある。…(略)…「速さ」を拒絶した人たちにとって、敷居の低い場であろうとするなら、当然そこは、できうる限り「遅さ」が許される場、別の言い方をするなら、自らの速度を自分で決めてよい場であらねばなるまい。速度の自己決定権。…(略)…フリースペースは単に不登校やひきこもりの子どもたちのためだけに必要な場なのではなく、「速度社会」に生きる者全てにとって何らかのかたちで必要なものなのではないだろうか。（Ｂ「フ

リースペースと〝速さ／遅さ〟について」『模様』一六号）

別の箇所では、「心理主義社会」や「学校化社会」に対する抵抗拠点として〈居場所〉が位置づけられている。どの論点も二〇〇〇年代はじめの言論空間で流行していたものである。

このように、Bはその居場所論において、フリースペースにおいて自分たちが実践する価値を、速度資本主義批判や心理主義化批判などの社会学的な言論の文脈を動員することで正当化しつつ、「居場所の意義・効用」を構築しようと試みている。私たちはここに、「居場所の社会化」とでも呼ぶべき語り口の生成を確認することができる。

つまりそれは、これまで「不登校・ひきこもり」とセットで語られがちだった〈居場所〉を、「不登校・ひきこもり」とは一見関連のなさそうな社会（学）的文脈とセットにして語ることで、従来の〈居場所〉言説と「不登校・ひきこもり」言説の密接なつながり――その端的な表れが「不登校の子どもの居場所」なる表現――を緩めるということを意味した。

このような語り口が、連載のなかで各回テーマに即して反復強化されていき、やがてそれはSORAが依ってたつ「不登校」支援というミッションとの間に齟齬をきたすことになる。これまでSORAの諸活動にまとまりを与えてきた外枠としての「不登校の子どもたちの居場所」ナラティヴを内破していくことになる契機が、ここで顔をのぞかせているのである。

（四）フリースペースSORAの終焉

二〇〇二年六月以降、SORAが「居場所の社会化」という語り口を採用していく背景には、フリースペースが徐々に帯びていったある特性が関係している。それこそが複数性であった。上述の通り、フリースペースの支援実践に天性のネットワーカーであるAが直接関わるようになったことで、その場を多種多様な人びとが訪れ、しばし滞在するようになっていた[16]。

そうなると、フリースペースはどこからどう見ても「不登校の子ども」だけの〈居場所〉とはいえなくなる。こうした状況を矛盾なく表現できる語りや表現が求められるなか、先に述べたような〈居場所〉と「不登校・ひきこもり」のカテゴリー連結を解除し、こうした多様性をそのまま受容・承認できる〈居場所づくり〉の言説が構築されていくのである。

さて、こうしたさまざまなフレーミングの試行錯誤の果てに、SORAは〈居場所〉の自己定義――「子どもたちの居場所づくり」という名の居場所――を完成させる。それは以下のようなものだ。

> …「子どもたちの居場所づくり」という場が、スタッフにとっても一つの「居場所」になっているということなのだと思う。「居場所」の要件とは、①自分のありのままを受容してくれる場であること、②自己関与の余地が保障された場であるということ、この二点につきると思う。とりわけ後者の契機が重要である。「居場所づくり」という目的のために、素人の若者たちが試行錯誤しながら自分たちで創っていける場であるということ。そう考えるとこれは、フリースペースで子どもたちが経験するプロセスとまるで同じだ。（B「「子どもたちの居場所づくり」という名の居場所。」『模様』二二号）

ここには、SORAの考える〈居場所〉の要件が抽象化されたかたちで示されている。

こうなると、もはやそれが「不登校・ひきこもり」の問題とのみ結びつかねばならない論理的な必然性はなくなる。当然ながら、そうした〈居場所〉理解のありかたがSORAのミッションと齟齬をきたすものであることは、AやBには理解されていた。当時、彼（女）らが抱えていたフリースペース運営上の苦悩を、『模様』にてBはこう綴っている。

> …居場所づくりの活動に関わろうと思ったのは、きわめて個人的な動機、すなわち僕自身が当時何らかの居場所を欲していたためで…（略）…当時の僕のような、「不登校」「ひきこもり」などのわかりやすいレッテルを有してはいないけれども居場所を欲している、といった子どもや若者たちが、実はたくさん存在しているのだと思う。残念ながらSORAは不登校支援が目的であるため、しばしば届くそうした人たちの求めに応じられない場面も多かった。僕自身が居場所に救われた一人であったから、このことは余計にきつく感じられた。
>
> （B「SORAを離れるにあたって」『模様』一二四号）

「わかりやすいレッテルを有してはいないけれども居場所を欲している」という表現で念頭にあるのは、「不登校・ひきこもり」のような徴を帯びてはいないが寂しさや生きづらさから〈居場所〉を求めてSORAに辿り着いた人びと、あるいは先に述べたような、Aとの交流に〈居場所〉を見出しスペースに滞在していくさまざまな文脈の人びとである。

「不登校の子どもの居場所」というSORAのマスター・ナラティヴに忠実であろうとすれば、彼（女）らがフリースペースを訪れ、滞在していくのは「目的外利用」にあたる。二つのナラティヴの矛盾に苦しんだAとBは、この矛盾を抱え込まずに活動できる新たな環境を模索していくようになり、最終的にはSORAの外部でそれを現実化する道を選ぶ。

二〇〇三年三月、AとBはSORAを離れ、四月より、山形市西部の住宅地にて新たな〈居場所づくり〉に着手し、「居場所を求める子ども・若者たちが、本音の自分でいられ、しかも自分で試行錯誤しながら多様な生きかたを選び、歩んでいけるような社会環境を、子ども・若者の側から、子ども・若者の視点で創りあげていく[17]」場としてのフリースペースを開く。

同じ頃、SORAもまた運営体制や活動目的を一新させ、「フリースクールSORA」へと名称を変更[18]。SORAが山形市内で唯一の民間通所型の〈居場所〉だった時代は文字通り終わりを告げ、同年四月以降、山形市における〈居場所づくり〉は新たな段階に入っていく。以上が、支援者アイデンティティの構築過程に照準したSORAのミクロヒストリーである。

五　〈居場所づくり〉実践におけるアイデンティティ・ワークの軌跡が意味しているもの

ここまで、市民活動としてのSORAがそのアイデンティティ・ワークを通じてどのように自己イメージを模索し、資源調達の道すじをつくってきたかを検討してきた。見えてきたのは、〈居場所づくり〉にとりくむ草の根の制度外活動にとって、その支援者アイデンティティの核として選択可能なナラティヴには、大きく二つの系統があるということである。

第一にそれは、専門家であることを権威源泉とするナラティヴであり、そこでは、専門知をもとに「不登校・ひきこもり」に知悉した制度的専門職の言説が、その支援の正統性の根拠となる。ある支援組織がこの専門家ナラティヴを選択するとき、その支援文化は、教師やソーシャルワーカー、カウンセラー、精神科医などのそれと連続したものとなる。

一方で、第二の系統としてあげられるのは、当事者であることを権威源泉とするナラティヴである。そこでは、「不登校・ひきこもり」をめぐって体験知を有する当事者の言説が、その支援の正統性の根拠となる。ある支援組織がこの当事者ナラティヴを選択するとき、その支援文化は、セルフヘルプ・グループや当事者会などのそれと連続したものとなる。

しかしSORAは、そうした既存のナラティヴのどちらをも組織のドミナント・ストーリーからは退け、それらを「つなぎ」に用いつつ、それとは別の新しい物語の可能性を探っていった。既存のナラティヴを活用して支援経験を蓄積し、そうやって蓄積された事実性を基盤に独自の支援イメージを構築していく。SORAが選んだのはこの第三の道であった。

では、SORAに蓄積された事実性とは何か。上述の通りSORAは、Aがフリースペースの現場に降り立って以降、顕著に雑多な場になっていった。こうした雑多さやにぎやかさこそが二年目のSORAの日常風景であり、それはそのまま、のちのぷらほの喧騒にもつながっていくものである。これらを「事実としての雑多さ」と呼ぼう。

では、なぜSORAのフリースペースではかような「事実としての雑多さ」が現前しえたのだろうか。「不登校の子どもの居場所」と銘打たれた空間であるにも関わらず、それ以外の人びとがそこを頻繁に訪れ、自らの〈居場所〉として滞在するようになっていたのは、おそらくは彼（女）らにとって、他に参加可能な〈居場所〉が地域になかったためであろう。

このため、自分たちを受け入れてくれそうな場として「居場所づくり」を謳うSORAが見出されたのだと考えられる。こうした読み替えは地方の活動現場ではよく見られるもので、マルチ・イシュー化と呼ばれる。人口の少ない地方においては、シングル・イシューでは人が集まらないため、場を成立させるためにマルチ・イシュー化が選択されやすいのである。

だとすれば、ＳＯＲＡの二年間の試行錯誤――そしてそれを継いだぷらほ――とは、その場所の特性が当該の〈居場所〉に想定外に生起せしめた地方的なノイズを無視せず、むしろそれをポジティヴな素材として活用しつつ、独自の資源集積をデザインしていったとりくみと理解できる(19)。地方で資源をつくりだす際に重要だったのは、そうした方法であった。

六　結論

地方における支援資源の不足。この問題に対し、当地の〈市民社会〉がどのようなやりかたで対処しようとしてきたかを、ＳＯＲＡの言説実践、とりわけそのアイデンティティ・ワークに即しつつ明らかにしてきた。最後に、検討を通じて得られた知見を改めて整理するとともに、そうした文脈のなかでの〈居場所づくり〉の意味についてまとめる。

ＳＯＲＡの場合、活動の文化的フレーミング――人びとのニーズならびに支援資源をめぐる状況の定義――はどう行われたか。そこでは当初、「不登校」というニーズが言上げされフレーミングがなされたが、ニーズをもつはずの人びとがさほど集まらず、ほどなく別のフレームが模索されていった。そのなかで、次第に新たなニーズが見出され構成されていく。

その新たなニーズ、そしてそれに充てられる資源が何だったかは、つくりだされたものから逆算してはじめて特定可能である。試行錯誤を経て生成したものとは、ＳＯＲＡの非当事者主義による「居場所の癒し」物語という言説資源であり、のちにぷらほがそれを最大限活用してつくりだすことになるネットワーク状の巨大な資源集積であった（滝口二〇二一b）。

そう考えると、ＳＯＲＡという〈居場所〉は、当初の「不登校の子ども」に「居場所を与える」というフレームを再編し、「〈居場所〉のない人びと」に「〈居場所〉ならびにそれをつくる方法と道具を媒介する」というものへとつくりかえたことになる。それはある意味、その土地の要請を受けとめ、当初のフレームを土地の言語に翻訳したことを意味する。

ＳＯＲＡの場合、「不登校の子どもの居場所づくり」

というコンセプトの起源はもちろん、フリースクール運動の草分けである「東京シューレ」の言説実践にある。書籍や記事、講演などを経て、それが東京から地方へと拡散され、各地の〈居場所づくり〉を促したのは事実である。だが、それがそのまま地方各地でも有効なわけではない。

ここまで来ると、〈居場所〉というものが地方で果たしている役割が見えてくる。それは、ニーズ‐資源を定義する硬質な規範言語を、その土地の文脈にあわせて噛み砕き、その場所に合致したものへと翻訳し、二つの世界を媒介するものだ。川上からの規範言語を川下のローカルな場にそのまま流すのではなく、両者のあいだに溜めをつくっているのである。

であるなら、地方の資源不足とは、自分らの足元にあるはずの潜在的資源を見出す〈まなざし〉やそれを名指す〈ことば〉の不足または不在の問題と読み替えることができよう。その場に固有の価値を捉える〈まなざし〉や〈ことば〉は、その場からしか産まれえない。〈居場所づくり〉はそれに、さまざまな他者とともに共同でとりくむプロジェクトである。

参考文献

大月ヒロ子・中台澄之・田中浩也・山崎亮・伏見唯（二〇一三）『クリエイティブリユース：廃材と循環するモノ・コト・ヒト』millegraph。

大畑裕嗣・成元哲・道場親信・樋口直人編（二〇〇四）『社会運動の社会学』有斐閣。

クラインマン・A（一九八八＝一九九六）『病の語り：慢性の病いをめぐる臨床人類学』江口重幸・上野豪志・五木田紳訳、誠信書房。

國分功一郎・熊谷晋一郎（二〇二〇）『〈責任〉の生成：中動態と当事者研究』新曜社。

斉藤道雄（二〇〇二）『悩む力：べてるの家の人びと』みすず書房。

貞包英之（二〇一五）『地方都市を考える：「消費社会」の先端から』花伝社。

滝口克典（二〇二一b）「〈居場所〉を増やす：地方都市における市民社会実践からの一考察」『東北芸術工科大学紀要』第二八号、一‐一四頁。

――（二〇二一a）『〈地方〉の思考：多文化ヤマガタ探訪記2018‐2020』よりみち文庫。

――（二〇一八）『若者たちはヤマガタで何を企てているか？：ポスト3．11の小さな革命者たちの記録』書肆犀。

――（二〇一七）「ひきこもり家族会は何を行っているのか」

古賀正義・石川良子編『ひきこもりと家族の社会学』世界思想社、一四三-一六六頁。

――――（二〇一三）「就労支援のオルタナティヴに向けて：若者支援NPOの市民教育実践より」『社会文化研究』一六号、一六一-一八一頁。

中西正司・上野千鶴子（二〇〇三）『当事者主権』岩波書店。

西城戸誠（二〇〇八）『抗いの条件：社会運動の文化的アプローチ』人文書院。

仁平典宏（二〇〇五）「ボランティア活動とネオリベラリズムの共振関係を再考する」『社会学評論』五六（2）、四八五-四九九頁。

野宮大志郎（二〇〇二）『社会運動と文化』ミネルヴァ書房。

南出吉祥（二〇一四）「『居場所づくり』実践の多様な展開とその特質」『社会文化研究』一七号、六九-九〇頁。

ロウスキ、ドニリーン・R（二〇〇三）「ナラティブと自己の構築：ポストモダン時代のアイデンティティ・ワーク」草柳千早訳『文化と社会』四号、一〇二-一二〇頁。

注

（1）市民性に自覚的であるような活動的市民active citizenによって構成される連帯の空間をさす。彼（女）らの共助の実践がボランティア・市民活動であり、それらが組織化されたものがNPO、NGOである。

（2）もしその場所に必要な支援資源がなかったなら、彼（女）はそうした資源が豊富に存在する別の場所――具体的には大都市圏――に移動するか、あるいはそこで自らそれをつくりだすしかない。しかし、深刻化する貧困のゆえに、二〇〇〇年代以降は地方の人びとの間で移動の困難が顕在化しており、前者を選ぶことの敷居は高くなっている（貞包二〇一五）。実際に近年は後者のとりくみが活発化しているふしもある。例えば、山形県内の動向については滝口（二〇一八、二〇二一a）を参照。これらは地元紙の山形新聞に二〇一三～二〇二〇年のあいだ毎月連載されてきた各地の活動者ルポ八〇名分をまとめたもので、彼（女）らのライフストーリーに緩やかに共通する語りとして「なかったのでつくった」というものが確認できる。

（3）ロウスキ（二〇〇三）によれば、「アイデンティティ・ワーク」とは「アイデンティティについてのナラティヴを構築すること、自己や他者を特定のアイデンティティ集団の成員としてカテゴリー化すること、そしてアイデンティティ集団の成員のための政治的変革と文化的変革を唱道すること」を指す。

（4）当時の親の会ネットのパンフレット（二〇〇〇年度発行）には、「ネットワークに参加している山形県内の親の会」として、四市二町で活動する六つの会――「学校に行かない子の親の会in酒田」（酒田市）、「不登校問題を考える会」

（鶴岡市）、「たんぽぽの会」（山形市）、「親の会　ろばた」（白鷹町）、「ふくじゅ草の会」（高畠町）、「サークルあすなろ」（米沢市）――が、また「サポーター」として「ＫＩＳＳ　不登校の子と親を支援する会」の名前が挙がっている。後者は、不登校情報通信誌『聞きたい聞いてほしいホントのこと』の発行を行っていた米沢市の当事者団体。二〇〇一年八月に開催された「夏のつどい」の時点では、ＳＯＲＡのほか、「山辺町子どもを語る会」（山辺町）が新たに参加している。なお、ＳＯＲＡの立ち上げ以降、親の会ネットの活動は「不登校」から「ひきこもり」へと徐々に軸足を移していくようになる。各地の親の会等のその後については（滝口二〇一七）を参照。

（５）親の会ネット事務局職員一人と実行委員六人からなる。事務局職員は「不登校」経験のある大学院研究生Ｃ（二〇代・女性）、実行委員は、ＡとＢのほかは、地元紙記者Ｄ（五〇代・男性）、大学の心理学教員Ｅ（五〇代・女性）、専業の家庭教師Ｆ（三〇代・女性）、「ＫＩＳＳ」メンバーＧ（一〇代・男性）であった。

（６）フリースペースには、専従スタッフ二人――ＢとＦ――のほかボランティア・スタッフ八人ほどの計一〇人程度が関わっていた。スタッフは〈居場所〉の活動に関しては全員無給。開設日は、専従スタッフの一人もしくは両方、シフト制によるボランティア・スタッフ数人の計二～三人ほどで子どもたちを迎え入れていた。

（７）ＳＯＲＡの利用料は月額二万五千円で、当然この人数では利用料収入のみで活動のさまざまなコストを賄うことは不可能である。必然的に、ボランティア・ベースで活動がつくられていくこととなった。

（８）『模様』は会員向けの媒体で、団体の編集権のもとにある唯一のメディアであった。紙面構成としては、全八頁のうち、利用者やスタッフのイラスト（創刊～二五号までの累計二〇〇頁のうち13％）、当月カレンダーならびに活動予定、イベント案内と募集（17％）、スタッフによるフリースペースの活動報告（15％）がほぼ固定であるほかは、その月によって異なるさまざまな内容が掲載されている。具体的には、フリースペースの子どもたちの声（15％）、保護者やＯＢ・ＯＧの声（５％）、ボランティア・スタッフの声（５％）、スタッフ研修の報告（６％）、運営サイドからの連絡や報告（５％）、財政支援や事業助成の報告（７％）、スタッフによる支援論（６％）、親の会からの寄稿（１％）、資源の紹介（５％）である。

（９）山形新聞二〇〇〇年一二月三日の記事。記者Ｄの取材活動によるもので、彼は後にＳＯＲＡの運営委員に名を連ねることになる。ここからは、このフリースクール運動が地元メディアをも巻き込んだ動きだったことがわかる。

（10）この規範について史料をもとに示すことは困難であるため、Ｂ（筆者）の経験の語りとして以下に示す。教員でありつつ活動に関わり始めたとき、親の会の界隈からよく言われたのが「学校臭がする」ということばだった。SORAの代表として発言すると「不登校がわかっていない」と批判されることも頻繁にあった（確かにその通りだった面も多分にある）。しかしその文章の実際の執筆者はBではなく「不登校」経験を有するCだったこともあって、Bの認識や表現が問題だったというよりはその属性が問題だったのであろうという理解にいたった。以後、Bは「不登校」については沈黙することになる。

(11)当事者研究の「聖地」となっていく北海道浦河町「べてるの家」についての最初のドキュメント、斉藤道雄『悩む力：べてるの家の人びと』の初版刊行が二〇〇二年四月、当事者主義をより広範な文脈に位置づけしオーソライズした新書、中西正司・上野千鶴子『当事者主権』の初版刊行が二〇〇三年一〇月。SORAの活動史はちょうどそうした動向と同時代、各地で当事者主義が活性化しつつあった時期にあたる。実際、親の会ネット界隈でも、中西・上野（二〇〇三）が話題になっていた。

(12)SORA運営委員であった「不登校」経験者のAが当事者の象徴的存在として前面にその姿を晒し、運動／活動を進めていくという方向性も論理的にはありえた。が、そうしたふるまいをA自身が望まず、それとは異なる正統性調達の方途が探られていった。このように、あらゆる当事者が「当事者主権」を求めるわけではない。

(13)E「SORAの勉強会は何をしているの？」『模様』三号。

(14)B「フリースクールスタッフ養成研修講座『フリースクールの創り方』参加報告」『模様』一一号。

(15)E「不登校・ひきこもりについて考える会報告」『模様』一二号。

(16)例えば、Aは当時、勤務先の専門学校やSORAの活動のほか、手話ボランティア、映画自主上映、地元サッカークラブの応援など、さまざまな活動サークルに関わっており、そのそれぞれでたくさんの交友関係を保持していた。そうした人びとが日替わりで、彼女に会いにスペースにやってきていた。

(17)A・B「子ども・若者の居場所づくりNPO【ぷらっとほーむ】からのごあいさつ」『ぷらほ通信』〇〇一号。

(18)F「SORAが生まれ変わりました」『模様』二六号。SORAは二〇〇四年七月に活動を停止し、解散した。

(19)こうした方法は、芸術実践の文脈では「クリエイティブリユース」と呼ばれる（大月・中台・田中・山崎・伏見二〇一三）。誰もが不要物とし顧みないものだからこそ低コストで調達でき、躊躇なく自由な実験に供することができる。SORAやぷらほの実践とはクリエイティブリユースの市民活動版といえる。

■論文

現代社会を回復プログラム「12ステップ」によって生き抜く人びとの意味世界の変容プロセス
――「ひきこもり・生きづらさ」の問題経験に対して「12ステップ」を活用し始めた人びとへのインタビュー調査を通じて

利根川　健

一　はじめに

本稿の目的は、SHG（Self-help Group：自助グループ）の実践原理として近年社会学的な関心を集めている「12ステッププログラム」を一定程度内面化した実践者たちを対象とし、①このプログラムがいかなる状況において参照されているのか、②具体的にどのようなことが実践されているのか、③それがなにゆえ有意味なものとして理解されているのか、これら一連の社会文化的プロセスを経験的に解明することにある。

二　問題の所在

（1）SHG研究の基本構図と展開状況

SHGとは、「共通の問題や悩みを抱えた当事者同士が集まり、互いに支え合いながら、その問題の克服を目指す集団」である（福重、二〇〇四、三〇四頁）。SHG研究において焦点化された問題関心とは、SHGが果たす「従来型の専門的治療ないし援助では果たしきれない役割」がなんであるか、いいかえれば、「専門的治療・援助に一般的には備わっていないけれどもセルフヘルプ・グループには備わっている側面、すなわちセルフヘルプ・グループの固有性」がなんであるのかという問いであった（伊藤、二〇〇九、七頁）。つまりＳＨＧは、「公的な治療実践」を補完するものとして、さらにいえば、「公的な治療実践に対して、オルタナティブとなるような治療方法」（Melucci, 1996, p.86＝二〇〇八、一一七頁）の一つになりうるものとして、その社会文化的な潜在力が社会的・歴史的に注目され対象化されてきたのだと総括できる。

このような同時代的・歴史的背景のもと近年の社会学的研究では、依存症系統のＳＨＧ（AA：Alcoholics Anonymous, NA：Narcotics Anonymous など）において採用される回復プログラム「12ステップ」が注目され、そのような実践原理に基礎づけられた個人・集団の特異性が解明されている。中村（二〇一六）は、Bateson が行ったアルコール依存のＳＨＧ（＝ＡＡ）に対するシステム理論的な分析を敷衍することにより、「金銭や社会的地位、名声を求めた競い合いや、上下関係のある人間関係」といった現代社会への適応において求められる「分裂生成的な、次第にエスカレートしていくような行動」がＳＨＧにおいては抑制されており、「ＡＡやＮＡといった組織（＝ＳＨＧ）は、我々が生きる現代の資本主義システムにおける組織とは明確に異なる形態の組織」であることを明らかにしている（中村、二〇一六、五一〇－二頁）。このようにＳＨＧは、『「ひとつの変数の最大化」の抑制をはかる」ことを通じて、「金銭の追求、競争や張り合い、支配と服従といった分裂生成を生み出す現代社会の『生きづらさ』からの解放を目指す共同体」（中村、二〇一六、五一－三頁）として近年その社会文化的な潜在力が評価されはじめている。

（２）本稿が引き受ける課題

しかしながら、既存のＳＨＧ研究は、ＳＨＧが有する社会文化的な潜在力に焦点を合わせるという研究視角に立脚するあまり、ＳＨＧを「地域社会、包摂社会から切り離された『自己充足的な集団』」として対象化するフレームを前提としており、ＳＨＧメンバーが「集団外部の日常生活の文脈に組み込まれた個人として生きていること」を等閑視している（浮ケ谷、二〇〇七、二三頁）。ＳＨＧの実践原理を内面化した人びとは、ＳＨＧの原理に内属して生きる主体であると同時に、現存する（資本主義）社会の原理にも内属して生きる主体でもある。とすれば、ＳＨＧの実践原理を身に纏いながら「外部社会」を生き抜く個人は、どのような現実を生きているのか。このような基本的な問いに、先行研究は十分な説明を与えていない[1]。

そこで本稿では、ＳＨＧの実践原理が「外部社会への接続」に際していかにして参照され、実践され、実践する当事者たちになにゆえ有意味なものとして理解されているのか、これらの問いを経験的に明らかにしていきたい。

三　リサーチ・クエスチョンの設定

（1）対象設定

本稿では、12ステップを一定程度内面化した当事者に対し、「12ステップの原理および実践のあり方をどのように理解しているのか、実践を通じて感受・認識される可能性や困難性とはいかなるものであるのか」に関する半構造化インタビュー調査を実施した。今回のインタビュイーは、ひきこもりアノニマス（ＨＡ：Hikikomori Anonymous）と呼ばれる「ひきこもり・生きづらさ」の問題に12ステッププログラムを活用しているＳＨＧのメンバー二名である。インタビュイーの基本情報は左図の通りである。

インタビュイーの基本情報

	Aさん	Bさん
年齢・性別	20代前半・男性	20代半ば・男性
「スポンサーシップ」の実施期間	2020年12月から2021年9月	2020年12月から2021年7月
「スポンサーシップ」を依頼した経緯	HAに来る前に当事者研究会に参加。そこでの経験から、純粋な「ひきこもり」状態からはだいぶマシになったが、その後の自分の生き方の問題がなかなかうまくいかないという自覚があり、その打開策のひとつとしてスポンサーシップを依頼した。	「依存症」に対する治療の一環として、AAやNA、依存症治療のための中間施設への見学を当時していたが、Aさんがスポンサーシップのお願いをしているのを横目に見て、「渡りに船」といった感じでスポンサーシップを依頼した。
インタビューデータの概要	2021年10月19日（オンライン） 総記録時間　2：06：40	2021年10月17日（オンライン） 総記録時間　1：51：40

二人は、二〇二〇年一二月より「スポンサーシップ」と呼ばれるＳＨＧの先達＝先行く仲間から12ステップの実践を教えてもらうという制度を利用し12ステップに取り組んだ方たちである。

対象選定の理由・妥当性としては、二人は12ステップを実践し終えてまもない状況にあったため、①12ステップに対する率直な理解・評価が期待できたこと、②12ステップを自分の実生活に適応していく困難も含めた現在進行形での実践理解が見込まれたこと、③「社会復帰（外部社会への接続）」の途上において12ステップがいかに参照・実践・理解されるのかを検討するうえで好条件であったこと、等の理由が挙げられる。

ここで、本稿に関連する範囲内で、二人のインタビューが所属するＨＡと呼ばれるＳＨＧについての必要最小限の整理を行いたい。ＨＡの内部資料を以下に引用する[2]。

> ひきこもりアノニマス（ＨＡ）は、12ステッププログラムによって、問題の解決と成長を達成し、維持することを目的として作られました。ＨＡの12ステップは、アルコール依存症からの回復プログラムであるＡＡの12ステップを翻案し、ＨＡのメンバーが、ひきこもりからよくなるための共通の道具として採用しているものです。

ＨＡは、先に述べた先行研究が取り扱ってきたようなＡＡ・ＮＡと同様の系譜に属するＳＨＧであり、二〇一〇年に設立された比較的新規のＳＨＧである。ＨＡは、ＡＡ・ＮＡが長年の実践によって蓄積してきた各種の実践原理を部分流用しており、そのひとつである12ステップは「ひきこもりからよくなるための共通の道具として採用」されている。

ここで言及されている「ひきこもりからよくなる」という言葉の解釈については、ＨＡの内部においても多種多様の解釈があるため一意的な表現することは困難である[3]。しかしながら、ＨＡの12ステップの書籍のなかには以下のような記述が見受けられる。

> ひきこもりから抜け出るということは、どうしても、一度は逃避したはずの荒々しい世間のただ中へ、大なり小なり帰っていかなければならないことを意味するが、Ｈ

> Aメンバーは、この12ステップの実践によって、『世にあって、世に属さない』生き方、凄まじい生存競争や世間の悪意に飲み込まれることなく、別の生きる目的や方向性という秩序のもとに生きていくこと、このような生き方を実現しているということである。（HA、二〇一六、一五三頁、傍線部は筆者補足）

本稿との関連でこの引用の重要な点は、12ステップの実践が有する位置づけである。ここでは、12ステップの実践が「一度は逃避したはずの世間のただ中へ、大なり小なり帰って」行く際に「凄まじい生存競争や世間の悪意に飲み込まれること」を抑止すると同時に「別の生きる目的や方向性という秩序」を与えるようなものとして位置づけられている。「ひきこもりからよくなる」ことがいかように定義されるかは差し当たり脇に置くとしても、少なくとも12ステップが、「外部社会」を生き抜く実践者たちの意味世界の解体／再構築のプロセスに関わっていることがこの引用文からは示唆される。

（2）「12ステッププログラム」の概要

本節では「12ステッププログラム」について整理して論じる。12ステップは、自分の抱える問題状況に対する心構え・基本姿勢（ステップ1・2・3）[4]、問題状況に対する解決方法（ステップ4〜9）[5]、そしてステップを活用し続ける新しい生き方（ステップ10・11・12）[6]を提唱する一連の行動の指針をとりまとめたものである。先行研究がすでに述べた通り、「『12ステップ』は、理想や目標を明文化した社是や家訓などとは異なっている。むしろ、行動のルールといった方が適切である」（葛西、一九九八、八三頁）。図表のインタビュイー基本情報にも示されているが、12ステップは自身が抱える問題状況をなんらかの意味で改善する（＝回復する）ための方法のひとつとして実践者たちには意識されている。

次章において実践の具体的内実は明らかにするが、12ステッププログラムの具体的・可視的な実践として把握可能なのは「棚卸し」と「埋め合わせ」と呼ばれるステップ4から9までの取り組みである。棚卸しとは、「棚卸し表」と呼ばれるワークシートを使いながら、「あらゆる重要な行動、道徳的、倫理的な出来事、それに対する自分の感情、そのような行動を取る要因となった性格的な特徴をすべて書き上げ」「もう一人の人（＝12ステップを一通り実践したスポンサー）に対して正直に話す」という取り組みである。このような棚卸しの実践を通じて、実践者は自身の「過去の傷」とその傷が産み出す負の感情（恨み・恐れ・罪悪感・後悔など）が生まれるパターンを分析していく。そして、棚卸しのプロセスにより明らかにされた「過去の傷」に対するこれまでの関わり方の限界を認めながら（ステップ1）、12ステップを一通り実践したスポンサーの提案に基づき新たな関わり方を模索していく（ステップ2・3）。このようなプロセスを経て、「過去の傷に囚われず（コントロールされず）に生きていく／過去の傷を自分の人生の財産として生きていくという『回復という責任』を果たすこと」を12ステップは提案することになる。そして、12ステップの実践を通じて明らかにされた「回復という責任」を日々意識して生きていくことが、傷つけてきた自分自身や周りの人たちに対しての贖罪行為——「埋め合わせ」——として位置づけられ、埋め合わせ行動の継続を通じて「回復」へと導かれるとされる[7]。

（3）本稿のリサーチ・クエスチョン

以上、本稿の議論の前提となる知識について論じた。これらの整理を踏まえ続く四章・五章では、ＳＨＧの実践原理＝回復プログラム「12ステップ」と位置づけたうえで、①このプログラムがいかなる状況において参照されているのか、②具体的にどのようなことが実践されているのか、③それがなにゆえ——とりわけ「社会復帰（外部社会への接続）」のプロセスにおいて——有意味なものとして理解されているのか、これら一連の社会文化的プロセスを経験的に解明していくこととする。リサーチ・クエスチョン①②については四章一節において、リサーチ・クエスチョン③については四章二節から五章にかけてそれぞれ検討していく。

四　〈心身のままならなさ〉への自己の関わり方

（1）12ステップが参照される状況と実践の内実

実践者たちにとって12ステップが参照される状況とはいかなるものであるのか。AさんBさんの語りを対位させながらこの問いを検討していく。まず、Aさんの語りを引用する。

具体的なことっていったら、やっぱりその困難とか、なんかちょっとモヤモヤし出すみたいな、なんかこううまくいかなさみたいなものが出てきた瞬間に、もうだいぶ反射的になってますけどちょっと意識的に、祈りの文言唱えるっていう。覚えてそれを〔唱える〕って感じかな。〔…〕どっちかっていうとしんどい寄りのときが〔祈りを唱えることが〕多いですよね、やっぱり。あと迷うときとか。まぁ本当に矮小な話でいうと、これ買った方がいいかとかね。自分の金を使った方がいいのかとか、この仕事受けた方がいいのかとか、まぁどっちでもいいみたいな話のとき、よく使ってますね。判断基準のひとつっていう。

Aさんの語りからは、心身の状態が下降気味のときや日常生活での判断に迷ったときなどに12ステップ、とりわけ「祈りを唱える」という実践（ステップ7・11）が意識化されていることが読み取れる。Aさんとのインタビューにおける対話のなかでは、12ステップを意識するときは「マイナス寄りなときっていう一括りにしてもいい」という表現も見受けられた。つまりAさんは、自身の状況がなんらかの意味でマイナス寄りな――心身の状態や意志決定などに困難性が感受される――状況において12ステップを実践している。具体的には、祈りを行うことを通じ「スイッチが切り替わってくれるので、一気に。で、〔自分が傷ついている状態に対して〕正直になれるっていう、欺かないでいられる」といった心理的な変化が生じ、そのうえで必要があれば「実際にノートとかに書いて『スポットチェック（簡易的な棚卸し）』みたいなことしたりとかできるようになる。で、埋め合わせすることがあるのならする。まぁこれに関してはしなくていいけど、次に関してはこうした方がいいな、ってことがあれば実際にするみたいな感じに使ってます」と、自身の12ステップの実践プロセス（祈りによる心理的な変化→棚卸しと埋め合わせ）を言語化している。

他方でBさんは、次のように語っている。

具体的には、〔棚卸し作業を通じて明らかになった〕古い生き方のパターンが出ちゃったときとか、それとは関係なく、単にしんどいとか不調なときとか、精神的にきついときとかに、「あぁこれはステップのやりどきだ」「これはステップ10（＝日々の棚卸し）をやる必要がある」みたいな感じで、そういう、出来事・アクシデントに対応する感じで、ステップを集中的にやるっていう感じになってるかな、と思います。

Bさんの語りからも、Aさんの場合と同様に心身の状態が下降気味のときに12ステップが参照されており、とりわけ「棚卸し」の実践（ステップ4・10）が意識化されていることが読み取れる。また、Bさんの語りからは、なんらかのアクシデントに対応するときや棚卸し作業を通じて明らかになった「古い生き方」（本文にて後述）のパターンが発動した際にも12ステップが参照されていることが分かる。

このように、AさんBさんそれぞれ共通して、「身体感覚」のレベルで感受される、自己の意識ではコントロールができないような心身の状態の落ち込みや迷い・アクシデントの状況下において12ステップを意識していることが読み取れる。つまり「自らの意のままにならない身体性あるいは身体の制御不可能性」（天田、二〇〇六、一二三頁）――本稿はこれを〈心身のままならなさ〉として概念化する[8]――に直面した状況を契機として12ステップが参照されている。そして、その状況に応答するためのひとつの方法として「祈り」や「棚卸し」などが、実践者の体験的な理解（ステップ4〜9）に応じ使用されている。

（2）12ステップの有意性――〈心身のままならなさ〉に内属した意志決定

では、このような〈心身のままならなさ〉に直面した／しうる状況において、なにゆえ12ステップの実践が有意味なものと理解されるのだろうか。Bさんは、12ステップが棚卸し作業を通じて明らかになった「古い生き方」から距離をとり「新しい生き方」の実現を目指すものと位置づけたうえで、次のように語っている。

かつての古い自分は、優秀な結果を求めて、優秀な結果が得られれば自分にはとても価値があり、値打ちがある、報酬に値するみたいな、そういうモデルで生きていたなというふうに、振り返ると思います。〔…〕長い目で見てうまくいかなくなっただろうな、っていうのは間違いなくて。なんかたまたま、古い生き方、かつてのノリで、「社会復帰するんだ」って言って「夢を実現するんだ」って焦って、社会復帰してたまたま自分の状況に自分のぴったりくるようなところに恵まれて社会復帰ができたとしても、長い目で見たときに、生きづらかっただろうなというふうに思います。〔…〕今の新しい生き方の、ステップでやってからは、なんていうかですね、結構、等身大なイメージが今の自分にはある。〔…〕応答的っていうか、自分から何か目指してというよりかは、何か自分が受け取ったのでそれに対して返事して何かする、レスポンスするっていうそういうイメージ。なんか、大きく変わったことですねそこも今。

Bさんの「古い生き方」は、「優秀な結果(価値がある)／優秀でない結果（価値がない）」といった二分法に基づき価値の肯定・否定を産出する「価値論的コード」（中村、二〇〇四）へと自己を疎外する生き方であると解釈できる。Bさんは別の語りで、『在りのまま』と『在るべき』っていうものが自分にあって、そこのギャップがあって、そこを埋めなくちゃいけない埋めようっていう強迫観念があって、それによって、自分で自分を追い詰めてしまう・苦しめてしまうっていうそういう生きづらさのパターン」に悩まされていたと語っている。このような現象は、価値論的コードへの自己疎外の問題を語ったものだと解釈できる。中村が述べている通り、「価値論的コードに準拠している間は、『「価値がある／ない」に関わらず私には（存在論的に）価値がある』という存在論的肯定が排除され続けてしまう」ため、「存在論的肯定を得られないことの埋め合わせを価値論的に追及することと自体が存在論的否定を招く、という矛盾」が生じる（中村、二〇〇四、三七二頁）。このように、価値論的コードへと自己が疎外されるがゆえに自己の存在論的肯定の可能性が排除され続ける／脅かされ続ける生き方こそBさんがいう「古い生き方」の実質であると考えることができる。そのような生き方であるためBさんは、長い目でみて「生きづらい」生き方であるのだと理解したのだろう。

さらにBさんの語りからは、そのような「古い生き方」

が自己を取り巻く社会状況の問題には必ずしも還元しきれないような自己の内部（＝心身の）問題としても理解されていることが読み取れる。Bさんは、自己を取り巻く社会状況の問題が改善してもなお残存するところの自己の内部（＝心身の）問題に対し、12ステップの実践を通じて「等身大の自分にできる応答責任を果たしていけばよい」という感覚・予期を喚起することにより乗り越えようとしているのだと考えられる。そのような生き方は、価値論的コードへと自己を疎外する「古い生き方」とは異なる「等身大」で「応答的な」――無理のない・地に足のついた――生き方として、Bさんには観念されている。

このように、12ステップの実践には「価値論的コードからの離脱」（中村、二〇〇四、三七四頁）の契機が含み込まれているのだと解釈できる。そのように考えれば、続くAさんの語りはまさに「価値論的コードからの離脱」によってはじめて可能となるような新しい／別様なる体験の地平を率直に語ったものだと理解できよう。Aさんは次のように語っている。

まぁやっぱり、自分が不完全である、神さまは無限だけど自分は有限・不完全だっていう。ある種の絶対に超えられない壁みたいなものがあるっていうこと。だから、自分にはできないと認めたことでできることがあるみたいな、そこの「逆説」が〔12ステップには〕いっぱい出てくるなって思ったんですね。具体的に言うと今日とか、『掃除したいんだけど掃除したくない』っていう、ことをちゃんと認めて受け容れて、自分が疲れてるっていうことを受け容れたうえで、でもまぁ責任を果たすために何が必要かって言ったら、掃除することだって思ったら、そのためにはできる（笑）。なんかすごい、一周回って最初の地点に戻るだけなんだけど、結果はうまくいっている。なんか面白いよなって思うんですよね（笑）。〔…〕何かこう有限性・惨めさ、限界をちゃんと受け容れたら、案外、その限界は別の形をとって解決されるみたいな。だからなんかこう、自分の考えの外に良い結果が待ってるみたいな、それが一番安心かなっていう、だからそこまで恐れなくていいよって。それが可能性かな、僕にとって。

Aさんの語りからは、12ステップのなかに「できないと認めたことでできることがある」という逆説的な地平、すなわち問題解決的な思考（問題の特定→解決策の選択→実践）には還元しきれないような実践感覚が読み取れる。Aさんは、このような12ステップの逆説に自身を委ねながら生きていくことが12ステップの可能性であるとし、「自分の考えの外」に解決や良い結果があるという予期を、12ステップを通じて喚起し「安心」感を得ている。

このように、Aさんは自分自身の「できないこと」「不完全さ」「限界」を認めればこそ、逆説的にそれが解決されるという感覚・予期を12ステップを通じて喚起している。つまり、〈心身のままならなさ〉をいったんはそれとして認め、そのうえでいま現在の自分が果たせる責任を果たすといったかたちで、意志決定する主体としての自己を再定義・調整しているのである（この再定義・調整プロセスは、次章においても具体的に論じる）。

まとめれば、AさんとBさんの語りからは「今現在の自分が果たせる責任を果たす」「等身大の自分にできる応答責任を果たしていけばよい」といったように、自己の〈心身のままならなさ〉への直面を契機としながらそれに内属した地平において自己の意志決定を再定義・調整するプロセスが生きられていること、そのようなプロセスが12ステップの実践を契機としながら生じていることが読み取れる。

では、このような12ステップを通じた「内面的な変容」のプロセスは、「社会復帰（外部社会への接続）」のプロセスにおいてはどのように理解されているのか。次章で検討する。

五　〈心身のままならなさ〉を引き受ける／に応答する生の様式

（1）外面的な変容の位置づけ

AさんとBさんは、「12ステップを実践することによって、自分の社会的状況（経済状況や心理状況を含む）はどのように変化したと考えていますか？」という筆者の「社会的状況の変化」に関する質問に対し、ともに「就労」に関わるカテゴリーを念頭に置きながら回答をしている。一方でBさんは、「ステップを実践、着手した頃は、無職で無給で、ミーティング以外には社会との接点は無しかな（笑）。その状態から、だんだんと社会との接点を増やしていって、結局、〔HAに〕繋がって1年近くたった今、まず経済的にはそうですね・・・フルタイムじゃないけれども、一法人で契約社員として雇用していただいて、仕事を続けているということと、心理状況としては、昨年秋以降、そうしたあの大きなスリップ〔＝ひきこもり状態への回帰〕もなく、何かこう、精神的に打撃を受けるようなことがあっても、新しい、いわゆる霊的道具ってやつで、何とかしのいでくれている。大きな苦難もなく、大きな挫折もなくここまでこれている、感じですかね。」と語り、他方でAさんは、「曲がりなりにも働きだした〔…〕『働きだした』はあれですね、当時〔純粋ひきこもりから離脱してから〕もできてたけど、『継続させる』ていうのがやっぱり変わった。〔…〕それはなかったですね今まで。」と語っている。

AさんBさんの語りからは、二つのことが共通性として読み取れる。第一に、「社会的状況の変化」という筆者の包括的な問いに対し、両者ともに「就労」のカテゴリーを対応させて回答を行っている。つまり、「外部社会への接続＝就労」というかたちで自己の社会的状況の変化をフレーミングしていることが読み取れる。第二に、「外部社会への接続＝就労」という状況が「継続できている」という意味付与に関連づけて語られている。このように、AさんBさんにとって「社会的状況の変化」というものは、「外部社会への接続＝就労」という状況が「継続できている」ものとして理解されていた。

（2）外面的な変容を継続（構造的に産出）する内面的な変容

では、この「継続」という感覚・感触は具体的にどのようなものなのだろうか。以下では、この感覚・感触について詳細に語ってくれたAさんの語りを紐解き検討していく。Aさんの語りからは、「継続できている」という感覚・感触の背後に、自己の内部（＝心身の）問題の乗り越えのプロセスの存在が暗示される。

なんか、今まで、まぁバイトしたりとかはあったんですけど、今までも短期で。〔…〕やっぱり自分の能力の無さってどうしても見えてきて。で、まぁ学校時代もそうだったんですけど、やっぱそれをどうしても解決しなきゃっていうか、自分の力で何とかしなきゃって思ってやるんだけど、結局なにもできずにやらなくなっちゃって。で、自己れんびんに陥って自分独りで落っこちるみたいなパターンだったんですけど、でもまぁしょうがないよね、力ないからみたいな。〔…〕

――継続できなかったっていうのは、あれなのかな、バイト先・職場との相性とかってのもあったのかな？

どうしても、飲食店とかやってましたけど（笑）、まぁしんどかったってのもあったんですけど、職場が。まぁぼろが出るのがすごい嫌で。「こんなこともできないの？」みたいなふうに言われるのをすごい恐れていた。なので、やっぱりそういうこと言われてどんどん傷ついていって、心理的にダメだって「辞めます」みたいな感じになっていった。

――ある意味、「完璧に働かないとダメ」っていう、結構なプレッシャーになっちゃうね。

ですね。まぁそんな感じですかね。

前章において私たちは、〈心身のままならなさ〉への自己の関わり方について、AさんとBさんの語りに基づきながら論じている。その議論を敷衍すれば、上記のAさんの語りは〈心身のままならなさ〉への社会の――当人に内面化されたものも含めた――関わり方というかたちでパラフレーズすることができるだろう。Aさんの語りからは、【自分の問題（＝能力のなさ）が社会関係のなかで浮き出てくることへの不安→浮き出てきたことで社会に傷つけられることへの恐れ→自分の問題を自力で解決することができない→不安と恐れに苛まれ続ける】といった出口のない悪循環が確認でき、その不全感と閉塞感が語られている。このような意味世界の文脈においては、〈心身のままならなさ〉が社会にとっても社会に内在して生きる自己にとっても、外部社会への安定的な接続を脅かすような「異物（存在してはならないもの）」としてしか感受・認識されていかないだろう。このような出口のない悪循環が反復・強化され続けた結果、「自己憐憫に陥って自分独りで落っこちるみたいなパターン」にAさんは陥ったのだと理解できる。

したがって、この悪循環からの離脱の試みは、〈心身のままならなさ〉を抑圧・除去（＝異物化）するものとしてではなく、むしろそれを受容・応答すべきものとして実践者たちに位置づけなおされる必要性が出てくる。

たとえばAさんは、業務のなかで自分の能力の限界がみえてきたとしても、それをかつてのように自力で解決するのではなく「残念だけど」自分の無能力を一旦は認め、そのうえで「無理に自分の限界を超えないように（しながら）、でも責任は果たす」という生き方を、12ステップの実践を通じ実現している。(9) 他方でBさんの場合も、「大きなスリップ（＝ひきこもり状態への回帰）」に至るリスクが自分から完全に抑圧・除去することはできないし「精神的に打撃」を受けるような現実があることを認めつつも、そのうえで「霊的道具ってやつ（＝12ステップ）で、何とかしのいで」やっていくという感覚・感触のもとで生が形作られていることが読み取れる。

議論をまとめると、AさんBさんたちに「外部社会への接続＝就労」という状況が「継続できている」という感受・認識が可能になっているのは、一方で〈心身のままならなさ〉を否定性において捉えると同時に自己に内在する問題としてフレーミングする／される社会的状況に置かれる現実を受け容れていること、しかし他方で、その受容を踏まえつつ自己の〈心身のままならなさ〉に内属した地平において自己の意志決定を再定義・調整するプロセスが生きられていること、この二点が12ステップを通じ達成されていると考えられる。つまり12ステップは、〈心身のままならなさ〉を抑圧・除去するのではなく、むしろ、それを引き受ける／に応答する生の様式を実践者たちにもたらしているのだと解釈できる。

（3）「内面的な変容」に潜在する社会文化的プロセス――仲間の「語りと身体」

以上の整理により、12ステップの実践を通じた「外面的な変容↑内面的な変容」の構図をある程度まで明らかにすることができた。最後に本節では、12ステップを通じ達成される「内面的な変容」プロセスそれ自体がいかなる社会文化的な文脈において有意性をもっているのかを明らかにする。

たとえばAさんBさんはともに、12ステップを通じた「回復」の具体的な在り様を自分自身の体験の理解によってのみならず、SHGの先達＝先行く仲間の「語りと身体」を参照しながら語ってもいた。AさんBさんの語りをそれぞれ順番に引用しよう。

なんか正直だったのがよかったなぁと思って、みんなが。まぁ○○さんと××さんしかいませんけど（笑）、当時（スポンサーシップ）やってたの。なんか二人とも、言い方悪いですけど不完全なままで、未完成なまま。なんだけど、でもなんか僕目線で見るとすごい回復してるなって、生きてるなって、なんか口先だけじゃないものが多分あったんですよね。〔…〕実際に〔12ステップを〕やりながら、でも不完全な自分をちゃんと見せてるっていうところの多分、すごい『これだ』『これじゃないか』みたいな感覚でいたっていう。〔…〕『あ、やっぱ（回復するって）こんな感じなんだな』って。

年長の仲間の話を聞いていて、12ステップとHAのグループの存在があって、すごく助けられたと。これまでの人生で、何かもう、こう、山あり谷ありで、自分の思い通りにいこう／いかせようとしてうまくいかなくてみたいなことについて本当に大変だったけども、今はステップの生き方を踏んでみて〔…〕まぁとにかく自分自身のとても苦しい過去とか、今置かれてる状況のある種の惨めさとか、そういったものをおおらかに受け止めて、その上で希望を語っているというか、そういう姿を見て、そういう分かち合い〔＝語り〕を聞いて〔…〕ここに、このミーティングの場に通い続けて新しい生き方っていうのを踏んでいけば、過去と和解できるのかなっていう希望は得られましたね。

このようにAさんBさんは、スポンサーシップやミーティング[10]で出会ったSHGの先達＝先行く仲間たちの「語りと身体」に媒介されながら、「不完全さ」や「惨めさ」といった〈心身のままならなさ〉を抱えながらも果たされる生身の回復のプロセスを参照していた。そして、そのような生身の回復を果たしている仲間に対する期待と希望も、ここでは同時に語られている。ここで言及される仲間の「語りと身体」、およびそれを媒介として参照される〈心身のままならなさ〉を抱えながらも果たされる生身の回復は、本稿がこれまでの議論で明らかにしたAさんBさんの「内面的な変容」――〈心身のままならなさ〉への関わり方の変容――のプロセス（四章二節・五章二節）と明らかに類似している。したがって、仲間の「語りと身体」に媒介されるという社会文化的なプロセスが、AさんBさんの「内面的な変容」のなかには潜在しているのだと解釈することができ、そのプロセスへの信憑が「12ステップ」の参照・実践・理解という一連の社会文化的プロセスの継起を可能にしているのだと考えられる。

六　考察

(1) リサーチ・クエスチョンへの回答

本稿では、SHGの実践原理＝回復プログラム「12ステップ」と位置づけたうえで、①このプログラムがいかなる状況において参照されているのか、②具体的にどのようなことが実践されているのか、③それがなにゆえ――とりわけ「社会復帰（外部社会への接続）」のプロセスにおいて――有意味なものとして理解されているのか、これら一連の社会文化的プロセスを経験的に解明するという作業を行ってきた。これら一連のリサーチ・クエスチョンに回答すれば次のようになる。①12ステップは、心身の状態が下降気味のときに参照され、それに関連・接続しうるような諸リスクにさらされたときにも参照され使用されていた。②12ステップの実践の仕方は、実践者の体験的な理解（ステップ4～9までの経験）に応じて使用されており、「棚卸し」や「祈り」といったものが具体的な方法となっていた。そして、③12ステップが有意味なものとして実践者に理解される理由は、価値論的コードへの自己疎外の状況や〈心身のままならなさ〉を否定し自己に帰責するような社会的状況にあってなお、〈心身のままならなさ〉を引き受ける／に応答する生の様式としての有効性をもっているからであり、その有効性への信憑が、SHGにおいて達成される潜在的な意味構成のプロセス――仲間の「語りと身体」を媒介とした現実的な回復プロセスの参照――によっても支えられているのである。以上が、本稿が提示したリサーチ・クエスチョンへの回答である。

本稿の知見を中村（二〇一六）の知見と突き合わせれば、『ひとつの変数の最大化』の抑制をはかる」（中村、二〇一六、五一三頁）というSHG的な実践は、「外部社会」との関わりにも拡張され使用されており、それがとりわけ「外部社会」との関わりにおける不調和・不具合などが顕在化する局面において生起している、ということが本稿によって明らかにされたことであった。そして、「外部社会への接続」において生起するSHG的な実践の含意とは、価値論的コードへの自己疎外の状況や〈心身のままならなさ〉を否定し自己に帰責するような社会的状況を、無条件に追認する／逆に批判的に捉え返すというよりかは、12ステップ的な逆説的価値のコードを対抗的に立ち上げることで、ある一定の方向に縮減された価値への疎外を緩和する（ひとつの変数の最大化を抑制する）生の様式の構築にあるのだと結論づけられる。このような意味合いにおいて、12ステップは「『世にあって、世に属さない』生き方」――心身・社会生活の不調和やそれに至るリスクを受け入れながらも、変容／応答可能性に開かれた状態を維持・継続していくことの希望――を、実践者たちにもたらしていたのである。

（2）残された課題――SHG的な関係性の理論的な位置価

しかし、本稿の知見からは十分に論じられていない点として、SHG的な関係性の理論的位置づけと評価の問題が挙げられる。最後にこの課題について整理して論じ、稿を終える。

すでに先行研究においても、「不登校」「ひきこもり」問題からの「解決」「回復」を考えるうえで、「タテの命令関係でもヨコの競争関係でもない『斜めの関係』」としての性格をもった社会関係の存在の重要性や（熊田、二〇二二、一六六－一八四頁）、当事者に葛藤や苦悩をもたらす「支配的な対象関係（＝個人の精神内界に形成された内なる他者）」に代わる「共存的な対象関係を発見・構築」を保障するような場の重要性が指摘されてきた（原、二〇一二）。本稿のこれまでの議論に重ねて言い直せば、「不登校」や「ひきこもり」の当事者たちに内面化された「支配的な対象関係」[11]――現代社会への適応において求められる「ひとつの変数の最大化」を強制するような関係性形成――からの距離を確保すると同時に、「共存的な対象関係」への組み替えを準備しうるような別様なる社会関係／外的な対象／場の存在が重要視されてきたのだと要約することができる。

本稿の議論からは、SHGにおいても「支配的な対象関係」から「共存的な対象関係」への組み替えプロセスが生じていることが示唆された[12]。しかし、先行研究のような「支援者 対 当事者」の関係性を前提とした「対象関係」組み替えプロセスや「斜めの関係」形成プロセスと、本稿のような「当事者 対 当事者」の関係性において生ずるそれとの間には、なんらかの質的差異が存在していることが予想される。その点につき、本稿においては十分に論ずることはできなかった。いいかえれば、従来の「対象関係」論や「斜めの関係」論が前提としてきたような「支援する／される」「治療する／される」「救う／救われる」といった制度的に非対称な関係性が前提にしえないような「相互援助・相互支援[13]」関係に固有に現象する「対象関係」の組み替えプロセスや「斜めの関係」形成プロセスの経験的な解明、およびその理論的な可能性／困難性の把握である。この課題については、稿を改めて論じることとしたい。

【注】

（1）ただし、中村（二〇一六）もまた本稿と同様に「ダルクやNAの原理を内面化した個人がいかに社会復帰していくのか、そこにはどのような困難があるのか、現代社会で就労しつつ夜や休日にはNAやAAに通うメンバーは現代社会の原理とAAの原理を個人の内部でどのように整合化させているのかという問い」の解明がSHG研究に残された課題であるとしている（中村、二〇一六、五一三頁）。

（2）ひきこもりアノニマス（HA）ホームページ「ステップワークとは」 http://hikikomorianonymous.org/stepwork/（二〇二二年八月七日最終アクセス）。

（3）HAのホームページにも「何がひきこもりで何が回復なのかは皆それぞれ多様です」という記述がみられ、筆者の実感はフィールドの人びとにも共有されていることが分かる。HAホームページ「HAとは?」http://hikikomorianonymous.org/hatowa/（二〇二二年八月七日最終アクセス）。

（4）1．私たちは、ひきこもりに対して無力であり、思い通りに生きていけなくなっていたことを認めた。 2．自分を超えた大きな力が、私たちを健康な心に戻してくれると信じるようになった。 3．私たちの意志と生き方を、自分なりに理解した神の配慮にゆだねる決心をした。

（5）4．恐れずに、徹底して、自分自身の棚卸しを行い、それを表に作った。 5．神に対し、自分に対し、そしてもう一人の人に対して、自分の過ちの本質をありのままに認めた。 6．こうした性格上の欠点全部を、神に取り除いてもらう準備がすべて整った。 7．私たちの短所を取り除いてくださいと、謙虚に神に求めた。　8．私たちが傷つけたすべての人の表を作り、その人たち全員に進んで埋め合わせをしようとする気持ちになった。　9．その人たちやほかの人を傷つけない限り、機会あるたびに、その人たちに直接埋め合わせをした。

（6）10．自分自身の棚卸しを続け、間違った時は直ちにそれを認めた。　11．祈りと黙想を通して、自分なりに理解した神との意識的な触れ合いを深め、神の意志を知ることと、それを実践する力だけを求めた。　12．これらのステップを経た結果、私たちは霊的に目覚め、このメッセージをひきこもりでいま苦しんでいる人たちに伝え、そして私たちのすべてのことにこの原理を実行しようと努力した。

（7）本パラグラフは、HAホームページ「棚卸しとは?」の内容を引用しながら作成したものである。http://hikikomorianonymous.org/inventory/（二〇二二年八月七日最終アクセス）。

（8）紙片の都合につき詳細は割愛するが、本稿の〈心身のままならなさ〉という概念規定については、Melucci（1996, pp.71-82＝二〇〇八、九七－一一二頁）の現象学的なアプローチを参照した。また、「病い」「障害」の基底／契機としてある〈心身のままならなさ〉を理論的に論じたものとしては、小泉（二〇〇六）や立岩（二〇一八）などがあるので参照されたい。さらに経験的には、HA（二〇一六）における「ひきこもりは、その本質が、『身体的・精神的・霊的』という三つの面で病んでいる。ひきこもりは、ただ個人の意志の問題で怠けているわけでは決してない。恐らく私たちの多くは、身体的または精神的に、生きづらくなる要因を持って育ってきたのだろう。」（HA、二〇一六、六ページ、傍線部は筆者補足）の記述を踏まえ、〈心身のままならなさ〉という用語の設定を行った。

（9）具体的なAさんの語りとしては、「でもまぁしょうがないよね、力ないからみたいな。って、〔職場の人に〕正直に言って、『すいません、この時間はもうちょっと僕無理です』みたいな話とか、まぁ、なんだろ、〔…〕『すいません、この○○はできないです』みたいなね、そういうこととか、『○○教えられる？』って言われたら『ちょっと○○は…』みたいなことは、ちゃんと言えるようになった気がします。」などがある。

（10）SHGにおいては、「12ステップ」の実践と並んで「ミーティング（分かち合い）」という特殊な語り合いの実践が行われており、12ステップと分かち合いは「回復」における車の両輪のような位置づけとなっている。AさんBさんは両者ともに、「ミーティング（分かち合い）」への参加と並行して「スポンサーシップ（12ステップを先行く仲間から教えてもらう制度）」を利用していた。

（11）斜めの関係論における「タテの命令関係」と「ヨコの競争関係」は、対象関係論における「支配的な対象関係」の具体的形態のひとつであると考えられるため、ここでは対象関係論として一括し立論を行っている。

(12) たとえばAさんBさんが12ステップを通じ辿った「内面的な変容」（＝〈心身のままならなさ〉への関わり方の変容）のプロセスは、「支配的な対象関係」から距離をとり「共存的な対象関係」への組み替えを模索していくプロセスの一環としても解釈可能である。そしてその組み替えプロセスのなかには、SHGの先達＝先行く仲間たちの「語りと身体」の参照も内包されているのだ。

(13) HAのホームページにも「HAは、ひきこもりからよくなりたいという人たちのための自助（相互援助・相互支援）グループです。HAには、ひきこもりで苦しんだという共通の体験をした人たちが集まっています。HAのメンバーには、ひきこもりからよくなりたいという願いがあれば誰でもなることができ、その願いを、メンバーは最大限尊重し合っています。」という記述がみられる。HAホームページ「HAとは?」http://hikikomorianonymous.org/hatowa/（二〇二二年八月七日最終アクセス）。

【参考文献】（ABC順）

・天田城介（二〇〇六）「二重の宿命による《生の根源的肯定》の（不）可能性」『保健医療社会学論集』一七（二）、一二 - 二七頁。

・福重清（二〇〇四）「セルフヘルプ・グループの物語論的効果再考――『回復』することの曖昧さをめぐって」『現代社会理論研究』一四、三〇四 - 一七頁。

・原未来（二〇一二）「対象関係組み替え過程としての『ひきこもり』と〈回復〉――当事者の語りと支援実践から」『生活指導研究』二九、一七五 - 九三頁。

・ひきこもりアノニマスインターグループ（HA）（二〇一六）『ひきこもりアノニマスの12ステップ』。

・伊藤智樹（二〇〇九）『セルフヘルプ・グループの自己物語論――アルコホリズムと死別体験を例に』ハーベスト社。

・葛西賢太（一九九八）「Alcoholics Anonymousにおける自己のゆるやかな凝集――多中心的自己と霊性」『上越教育大学研究紀要』一七（二）、八三一 - 四三頁。

・熊田一雄（二〇一二）『格差社会の宗教文化――「民衆」宗教の可能性を再考する』風媒社。

・小泉義之（二〇〇六）『病いの哲学』筑摩書房。

・Melucci, Alberto (1996) *The Playing Self*, Cambridge University Press.（＝（二〇〇八）新原道信・長谷川啓介・鈴木鉄忠訳『プレイング・セルフ』ハーベスト社）

・中村英代（二〇〇四）「摂食障害と近代的自己――価値論的コードからの離脱としての『回復』」『アディクションと家族』二〇（四）、三六七 - 七六頁。

・――――（二〇一六）「『ひとつの変数の最大化』を抑制する共同体としてのダルク――薬物依存からの回復支援施設の社

会学的考察」『社会学評論』六六（四）、四九八 - 五一五頁。
・立岩真也（二〇一八）『不如意の身体――病障害とある社会』青土社。
・浮ヶ谷幸代（二〇〇七）「序章　病いと〈つながり〉の場――民族誌的研究の方向性」浮ヶ谷幸代・井口高志編『病いと〈つながり〉の場の民族誌』明石書店、一三 - 四五頁。

■論文

シニア演劇参加者の参加動機に関する一考察
——東海地方で活動するシニア劇団を事例として

中山佳子

一　はじめに

現在、六五歳以上人口の割合が総人口の二九・一％（総務省統計局、二〇二二）を占める日本では、生きがいの獲得につながるとして高齢者の社会参加が注目され（東京大学高齢社会総合研究機構二〇一四、梅谷他二〇一七、岡本二〇一二、蘇他二〇〇四）、その支援の重要性が高まっている（東京大学高齢社会総合研究機構二〇一四、岡本二〇一二、高間・杉原二〇〇二、梅谷他二〇一七）。高齢者の社会参加活動について内閣府が公表する「平成29年版高齢社会白書（全体版）」を参照すると、その種類は、健康・スポーツ、趣味、地域行事、生活環境改善など様々である。

これらの社会参加活動には、近年国内で広がりをみせるシニア演劇の活動がある。ＮＰＯ法人シニア演劇ネットワークは、二〇一一年からシニア演劇全国大会を主催し、二〇二一年時点で計六回開催している（五島二〇二〇ａ）。また、埼玉県と公益財団法人埼玉県芸術文化振興財団は、二〇一八年に「高齢者による舞台芸術の国際フェスティバル」（公益財団法人埼玉県芸術文化振興財団二〇一八）として「世界ゴールド祭２０１８」を開催した。このようにシニア演劇は、一定の人気を集める中高年の文化活動だと言える。それでは、数ある社会参加活動の中で、なぜシニアは演劇活動を始めるのだろうか。本研究は、高齢者の社会参加活動のなかでも中高年が役者として活動するシニア演劇に着目し、その参加動機を究明する。

先行研究には、社会的課題の解決を助ける芸術活動の一つとしてシニア演劇を論じるものがある。太下（二〇一六）は、超高齢社会の社会的課題に対する文化政策として「Creative aging のための文化政策」を提言している。Creative aging は、「人生の後年での創造的活動への関与」（Bradfield 2020 九三頁）と定義されたり、「生活の基礎的ケイパビリティを可能な限り保全するとともに、多面的な活動を通じて積極的に充実した人生を送り、自己の存在意義を確認していく過程」（本田二〇二〇、三五頁）と説明されたりと様々だが、いずれも人生の後年での創造的活動への関与に意義を見出す年齢観を説いている。太下（二〇一六）は、社会的孤立や認知症などの社会的課題に対する芸術活動の可能性を指摘したうえで、「高齢者の関与方法（主体か客体か）」（一一五頁）と「活動の場（高齢者施設の内部か、外部での活動か）」（一一五頁）の二軸から成る Creative ageing の取り組みの分類基準を示している。同分類でシニア演劇は、高齢者施設の外部で高齢者が主体となって行う、第三象限のゴールド・アートに区別されている。五島（二〇二〇b）もまた、老年期を充実させると同時に「高齢化に関わる社会的課題にも寄与できる」（一三〇頁）文化施設として演劇活動に着目し、地域の拠点となる文化施設及びアーティストとの繋がりのある芸術団体を支援し、「地域の情報交流と異ジャンルの連携を促進する」（一四〇頁）役割が、Creative aging の拡充に必要だと論じている。このように先行研究では、高齢者の社会参加活動としてのシニア演劇の意義と効果が検討されている。

他方で、園部（二〇一五a）は、高齢者と演劇に関する新聞記事を分析し、高齢者による演劇活動の展開を観劇と上演の観点から明らかにしている。また、自身がファシリテーターを務める劇団の事例から、演劇の一形式であるインプロヴィゼーション（以下、「インプロ」とする）が、高齢者の「できる」、「できない」観の捉え直しを促す学習形態として成立する可能性を論じている（園部二〇一五b、二〇一七）。さらに園部（二〇二一）は、同劇団の活動を事例として、インプロ実践を通した劇団員の老いの捉え方の変化を論じている。また、五島（二〇二〇a）は、シニア演劇の団体数や特色から俳優や演出家などの演劇専門家が主導する劇団の現状と展望を示している。

以上のように、シニア演劇に関する研究は着実に進められている。しかし、シニアがシニア演劇活動に参加する動機は、未だ十分に検討されていない。高齢者の社会参加への支援を課題とする日本において、課題解決の一助となり得るシニア演劇への参加動機を捉えることは、今後高齢者の社会参加を促進する支援策を講じるにあたり意義がある。そこで本研究では、高齢者の社会参加活動としてシニア演劇の活動を取り上げ、シニアが、シニアを対象とした演劇活動に参加する動機を明らかにする。

二　理論的枠組

本節では、本研究の理論的枠組を提示する。次節で再述するが、本研究は分析方法に構成主義的グラウンデッド・セオリー・アプローチ（以下、「ＧＴＡ」とする）を採用する。ＧＴＡは、社会調査を通して得たデータに基づく説明や理論生成を目的とする。ＧＴＡを用いて発見される理論、すなわちグラウンデッド・セオリーは、「アプリオリな前提から論理的な演繹（logical deduction）」（グレイザー＆ストラウス、一九九六、三頁）を通して生成される理論とは異なる。グレイザーとストラウス（一九九六）によるオリジナルなＧＴＡでの理論的枠組は、研究仮説を検討するデータ分析の過程で形成されるため、既存の概念を基盤にしない。しかし構成主義的ＧＴＡでは、研究者のものの見方を示しながら「概念的論理と方向性を詳述する」（シャーマズ二〇二〇、三四二頁）ことで、「研究者自身の解釈とその含意」（シャーマズ二〇二〇、二六三頁）に対して再帰的であることが重視される。したがって、構成主義的ＧＴＡでは、理論的枠組の提示は肯定的に捉えられている。以上のことから本研究では、動機の考察において、自己決定理論（Self-Determination Theory：Ryan & Deci 2000, 2002）と、Ginn & Arber（1995）が説明した年齢における三つの意味を理論的枠組として提示する。

（1）自己決定理論

自己決定理論（Ryan & Deci 2000, 2002）では、行

動の自己決定の度合い、すなわち自律性の程度から動機づけを三つに区分する。それらは、非動機づけ、外発的動機づけ、内発的動機づけである。非動機づけは、動機づけられていない状態である。外発的動機づけは、自律性の程度を基準に、外的調整、取り入れ的調整、同一化的調整、統合的調整という四つの調整段階に分けられる。なお、外的調整及び取り入れ的調整には、行動に対する賞罰などの外発的動機づけが認められ、同一化的調整及び統合的調整には、行動に対する個的な価値づけなどの内発的動機づけが認められることから、この調整段階は、大きく二分される。最後に、自律性が最も高く、自らの興味や楽しさから行動が生じる動機づけが、内発的動機づけである。本理論は、有能さへの欲求、自律性への欲求、関係性への欲求を人間の基本的心理的欲求としている。有能さへの欲求とは、社会環境との相互作用において自らの行動における自信と効果を感じたいとする欲求である。自律性への欲求とは、自らの行動を自らの意志で遂行したいとする欲求である。また、関係性への欲求とは、他者と関係を結び、他者を思いやったり、他者から思いやられたりするなかで所属感を持ちたいとする欲求である。自律的な動機づけにはこれらの欲求の充足が不可欠なのだ。

高齢者研究との関連において自己決定理論は、要支援・要介護高齢者の自律性を促進する要因究明を目的とした研究で援用されてきたが、近年、自立高齢者を対象とした研究にも援用されている（堀口・大川二〇一六）。高齢者の社会参加が、生きがい獲得の観点から注目される点に鑑みても、自律性の程度から動機づけを区分する自己決定理論の使用は、高齢者の演劇活動への参加動機づけを究明しようと試みる本研究に有効だと考える。

（2）年齢における三つの意味

Ginn & Arber（1995）は、フェミニスト研究がジェンダーをセックスから区別し、ジェンダーの社会的意味づけに焦点を与えたように、年齢の社会的意味づけを検討するために、年齢に付与される意味を暦年齢、社会的年齢そして身体的年齢に区別した。まず、暦年齢とは、暦通りの年齢のことである。退職や選挙権など年齢に基づく規則があるように、暦年齢は、個人の社会的立場に影響を与える。次に社会的年齢とは、社会的に構築される年齢を指す。社会的年齢は、年齢に対する社会からの規範意識や年齢に関して個人が受ける他者からの評価などの影響を受ける。またライフコースの変遷との関連を持つ社会的年齢は、その点でジェンダー化されている。なぜなら、労働力率のジェンダー差にみられるように、ライフコース自体がすでにジェンダー化されているからだ。そして身体的年齢とは、暦年齢と関連するが、身体の機能的能力や漸進的な衰退に根付いた年齢を意味する。以上の年齢における三つの意味は、六五歳以上などの暦年齢による定義だけではシニアが説明し得ない存在であることを示唆する。シニアは、暦年齢はもちろん、年齢に対する社会的意味づけ、健康状態など、様々な状況が絡み合うあいだから現れるのだ。以上の理論的枠組をもとに、本研究では、シニアがシニアを対象とした演劇活動に参加する動機を考察する。

三　方法

(1) 研究参加者

研究参加者は、東海地方で活動するシニア劇団「柳塾」(仮名)の参加者九名(五〇代二名、六〇代六名、七〇代一名)である。研究参加者の一覧は、仮名を用いて表1で示した。

表1　研究参加者一覧

仮名	時間
泉	52分
本宮	50分
志知	38分
葉山	33分
守谷	48分
當	1時間
藤山	1時間10分
矢島	38分
天草	1時間9分

(2) データの採取と倫理的配慮

分析データは、それぞれ二〇一九年度と二〇二〇年度の活動の際に半構造化インタビューを実施し採取した。インタビュー時間は表1に示した。インタビューでは、研究参加者の語りの文脈を優先し、話を遮らないように注意した。なお、本研究の主な分析データは、インタビュー調査で収集したものだが、適宜二〇一九年度と二〇二〇年度に実施した参与観察の際のフィールドノートからの情報を補った。

インタビューでは、書面と口頭で調査研究の概要と個人情報の取り扱いに関する説明を行い、研究参加の同意を書面で得た。また、個人情報保護の観点から、研究参加者及び研究参加者の語りに現れる他の成員の氏名は仮名で示した。なお本研究は、名古屋大学大学院人文学研究科運営委員会による倫理審査を受け、承認を得た（承認番号ＮＵＨＭ－19－００２）。

（3）データの分析方法

フィールドで収集したデータと録音・記録したインタビューデータは、逐語化し、構成主義的ＧＴＡを採用してカテゴリーの生成を行った。ＧＴＡは、データに根ざした理論生成を目的とする研究手法である。グレイザーとストラウス（一九九六）がＧＴＡを提唱して以来、複数の異なる立場を取るＧＴＡが併存しているが、構成主義的ＧＴＡは、解釈主義的伝統にあり、研究過程や結果への研究者の影響を認識する姿勢をとる（シャーマズ二〇二〇）。本研究が構成主義的ＧＴＡを採用する理由は、この、データと研究者の関係性に対する認識にある。

筆者は、シニア演劇の劇団の活動にスタッフとして参加することで参与観察を行い、研究参加者と活動を共にする過程で関係性を築いている。インタビュー調査中に、研究参加者が、活動での経験を筆者と共有していることを前提とした語りを行うことがある点からは、筆者が研究参加者の活動状況に埋め込まれていると考えられる。つまり筆者の存在は、データ収集段階及び、分析段階に影響があると言える。シャーマズ（二〇二〇）は、ＧＴＡの使用や理論化を「研究者が特定の場所や時間において他者と協力して営む社会的行為（social actions）」（二五七頁）とし、データに対する研究者の影響を認識し、それに再帰的である必要性を指摘している。筆者は、この構成主義的ＧＴＡにおけるデータと研究者の関係性についての認識を共有する。以上のことから本研究は、構成主義的ＧＴＡを採用した。

表2　分析過程一部

焦点化コード	初期コード	語り
変身したい	ト書きを読むだけでは変身できない	ト書きとかはもうすぐ自分だからかわかんないですけど。
	役の人になりきる	例えば前。うんそう、だからその役の人だから、私じゃないから全然平気っていうそこに魅力を感じるのかな。
	役の「人生」を生きることを望む	その人の人生を歩んでみたいっていう。１時間ちょっとでもね。

なお、シニアの演劇活動参加動機に着目する本研究は、インタビューデータのうち、「シニア演劇への参加動機」に関する語りにのみ注目し、分析した。分析手順は、ま

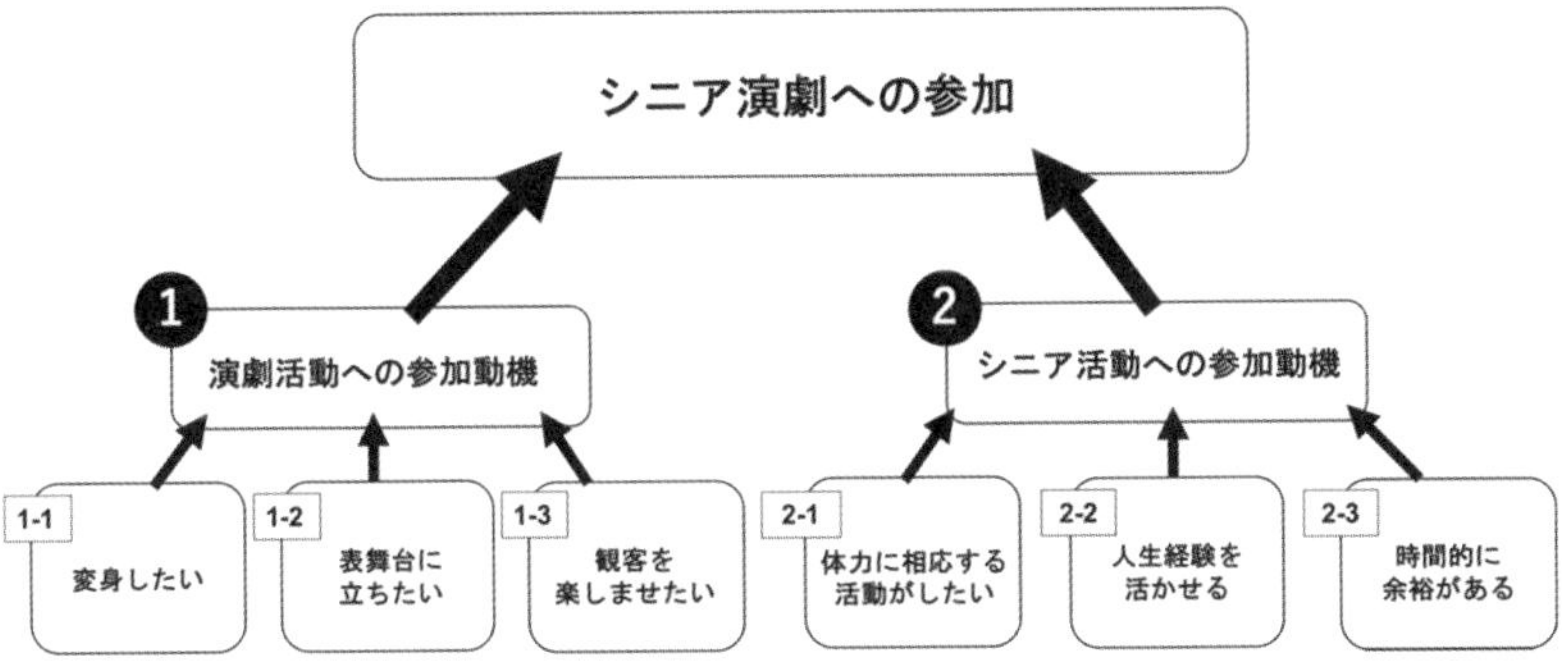

図1結果図

ずインタビューの逐語化を行い、その後初期コードを付与した。次にこれらのコードから意味の近いコードをまとめ、焦点化コードを作成、命名した。二人目以降のコード化は先に行ったコードとの比較検討を通して実施し、焦点化コードから関連するコードをまとめたものをサブカテゴリーとして作成・命名した。そこからさらに、サブカテゴリー同士を比較検討し、関連するサブカテゴリーをまとめ、カテゴリーを作成・命名した（表2参照。なお引用した語りは天草のものである）。

四　結果

データを分析した結果、シニアが演劇活動に参加する動機に関して、二つのカテゴリーと六つのサブカテゴリーが生成された（表3）。以下、それぞれのカテゴリーについて記述する。なお本文中では、カテゴリーを◇で示し、サブカテゴリーを《》で示す。カテゴリー、サブカテゴリーの関係性は、結果図（図1）で示した。

（1）演劇活動への参加動機（図1-①）

本カテゴリーは、シニアが演劇活動に参加する動機についてのカテゴリーであり、《変身したい》、《表舞台に立ちたい》《観客を楽しませたい》というサブカテゴリーから構成される。

①変身したい（図1-①-1）

本サブカテゴリーは、日常の自分自身から別の何か・

表3　シニアの演劇活動参加動機に関するカテゴリー、サブカテゴリー及び発言例

カテゴリー		サブカテゴリー		発言例
1	演劇活動への参加動機	a	変身したい	違うキャラを設定しているようなやつをちょっとやってみたいともすごく思うね。（…）それが芝居の面白さじゃない？やっぱり。（…）こう全然、何かある架空の人物を演じてそれが面白い。（當）／その人の人生を歩んでみたいっていう。1時間ちょっとでもね。（天草）
		b	表舞台に立ちたい	大学時代に少し舞台に立つというのもあったんですが、あれは蜜の味みたいな、ファーっとライトをあびるのは気持ちいいなという（志知）／中高のね演劇部でやってたのは結局何かっていうと、自分が表に出てみたかった（矢島）
		c	観客を楽しませたい	前に出てってみんなにがーっと喋ってみんなを笑わせたりとかさあ、そういうのが好きだったの。（當）／お客さんを喜ばせる、プラス自分も楽しめることってなんだろうな（志知）
2	シニア活動への参加動機	a	体力に相応する活動がしたい	私は、走ったり歩いたりはできないもんと思ったけど（藤山）／別の劇団にもちょっと行きだしてたんですが、とてもついていけんなと。（…）まずハードさ。拘束時間がめちゃくちゃ長いのと…（志知）
		b	人生経験を活かせる	なんかやっぱこうシニアの演劇って、みんなが今までやってきたことの、何かこうなんかこう良さがちゃんと出てるので（矢島）／シニアの演劇について、その今まで生きてきた（…）経験というか、そういうものが、舞台に立った時に（…）活かせるというか、いきるというか、（…）お芝居を、なんというかな、演劇というものを作っていかれる方だったら、いいなあ、っていうのは（守山）
		c	時間的に余裕がある	きちっと辞めてからしか入れなかったからね（…）仕事しとる間は、そんなこれないというか。（本宮）／子供の受験のときに自分が遊んでちゃいけない気がして、一旦止めるの。（…）で今度娘が大学、だから下の子が、大学に入ったのと同時に復活して。（天草）

誰かへと変身することに対して、演じる楽しさや、演じることへの期待を見出す語りから生成された。例えば、演じることを通した「化けること」への憧れを志知さんは次のように語っている。

高校時代、まあちょっと化けることに多少興味がありましたので演劇にちょっと顔をだしたんですね。（…）多分誰もがあると思うんですが、自分以外のものになりたいとか、そういう願望はあるかなという。（志知）

志知さんは、高校時代に「化けること」への興味から演劇部への入部を試みている。当時入部には至らなかったが、そのとき抱いていた「自分以外のものになりたい」という願望は、現在も失われていない。志知さんにとって演劇活動は、自分以外のものへの変身を可能にする活動として認識されているのである。

また、演じることを通した変身は、他者への変身に限らず、自分自身の変身への期待を通しても語られる。

自分と違う、今、何かを見つけたいというか。その堂々とし

た何かを見つけたい。（…）とにかくもう、一つの言葉ではだから、自分の中のなにかを見つけたいって言うか、可能性どこまでってていうのをちょっとやりたい。（葉山）

葉山さんは、演劇活動を通して日常の自分とは異なる何かを希求する思いを語っている。以上のように、「自分以外のものになりたい」（志知）、「自分と違う、今、何かを見つけたい」（葉山）という言葉を用いて演じる行為が語られることからは、変身を、演じることの一つの楽しさとする参加者の認識が分かるのである。

②表舞台に立ちたい（図1-①-2）

本サブカテゴリーは、表舞台に立つことへの憧れや楽しさを表す参加者の語りから生成された。これらの語りには、過去に表舞台に立った経験の影響が確認できるものがある。例えば、学生時代に演劇部で活動していた経験を持つ矢島さんは、「中高のね演劇部でやってたのは結局何かっていうと、自分が表に出てみたかった」と、表舞台への憧れを語っている。また、演劇以外の舞台での活動経験に関して、當さんは「前に出てってみんなにがーっと喋ってみんなを笑わせたりとかさあ、そういうのが好きだったの」と、表舞台に立つことの喜びを語っている。これらの語りは、過去の経験についての語りだが、これらがシニア演劇の参加についての語りを通して言及される点からは、シニア演劇活動への参加においても、表舞台に立つことへの憧れや、それに伴う喜びの獲得が期待されていることが分かる。

③観客を楽しませたい（図1-①-3）

本サブカテゴリーは、舞台から観客を楽しませることに演劇の楽しさを認める語りから構成された。當さんは、パフォーマンスの楽しさについて「本当にパフォーマンスって言うか自分の思いは、みたいなのを、人を楽しませながら伝える」と語った。また、舞台では観客の存在が大事だとインタビューを通して語った當さんは、いかなるパフォーマンスにおいても、「人を楽しませながら伝える」ことに楽しさを見出すとしている。ここからは、演じることを通して観客を楽しませることを楽しむ姿が明らかになると同時に、演じる行為においては、観客の存在が求めていることが示唆されるのである。

同様に、観客からの反応について語るのは志知さんである。志知さんは、今後の活動で追求するであろうこととして、「お客さんを喜ばせる、プラス自分も楽しめることってなんだろうな」と語っている。観客と自分自身の喜びや楽しさを追求する志知さんの姿勢からは、公演への責任と喜びが読み取れる。また、ここでも観客の存在が意識されていることからは、観客を喜ばせることが演劇活動を通して得られる楽しさに繋がっていることが分かる。

（2）シニア活動への参加動機（図1-②）

本カテゴリーは、年齢に基づく体力の変化や、年齢に付与される社会的意味及び役割の変化が、演劇活動の場所としてシニア演劇を選択する動機に影響する点に関するものであり、《体力に相応する活動がしたい》、《人生経験を活かせる》、《時間的に余裕がある》というサブカテゴリーから構成される。

①体力に相応する活動がしたい（図1-②-1）

本サブカテゴリーは、演劇活動参加時に年齢に基づく身体的変化を考慮する語りから生成された。例えば、「夜十時までは、とても私の体力的に無理だから」（泉）という語りは、柳塾への参加理由が暦年齢ではなく、体力に依拠することを示している。「高齢になるとちょっと夜はもう、夜になると頭が死んでしまうちゅうのもあります」（志知）という語りは、体力の低下により練習可能な時間が制限されていることを表している。また、「私は、走ったり歩いたりはできないもんと思ったけど」（藤山）という語りからは、演劇活動への参加検討時に、活動に必要な体力を有するか否かを自身に問うていたことが分かる。つまり参加者は、加齢による体力の衰えを考慮し、体力が問題にならない活動として、シニア演劇活動への参加を決定していたのである。

しかし、稽古時間と体力との関連から参加先の劇団を決定した点には、暦年齢及び社会的年齢からの間接的な影響も指摘できる。なぜなら活動時間は、暦年齢を基準としたライフスタイルを反映して設定されていると考えられるからだ。稽古を夜十時まで行う劇団は、仕事終わりの社会人や授業終わりの大学生を参加者として想定していると考えられる。他方で、シニアを対象とする柳塾の活動は、日中に行われる。このような暦年齢による活動の区分は、同時に、ライフスタイルに対する年齢規範が反映されている点で社会年齢による区分であるとも考えられる。このように、体力による参加決定には、暦年齢及び社会的年齢との連関も見られるのである。

②人生経験を活かせる（図1－②－2）

本サブカテゴリーは、演劇活動参加時に年齢を気にする語りや、年齢に伴う経験を演劇活動に活かせるとする語りから生成された。例えば、守山さんは、柳塾への参加以前に、初心者向けの劇団への参加を検討した経験を振り返り、「ただなんか若い方に向けてる感じだったので、うーん、結構あたし歳だから入れるかなと思ったりして」と語っている。この語りからは、活動の対象が「若い方」である可能性を懸念し、「あたし結構歳だから」と若年層向けの集まりから自ら遠ざかろうとする姿が見受けられる。ここで年齢は、自らが特定の活動に参加可能か否かの一つの指標となっている。

他方で年齢は、それに付与される社会的意味からシニア演劇への参加を促すこともある。シニアに対して付与される社会的意味は、人生経験を重ねているということだ。例えば矢島さんは、「みんなが今までやってきたとの、（…）なんかこう良さがちゃんと出てるので、（…）何でもなんかいままで経験したことが、何か活かせるっていうんですかね」と人生経験が活かせることをシニア演劇の魅力として語っている。また、藤山さんの語りは、自身の経験が、シニアの演技の「味」として捉えられていることへの理解を示唆している。

［演出家の］熊本さん（仮名）が優しくって、何か言うと「いいよ、いいよ。藤山さんそれ味だから」とか、「いいじゃない味が出て」と。味ってなんだろうなあ。私の中では、ま、甘やかしだなあとか半分は思い。まあこれから変えるったて難しいんだろうっていうそういう演出家の方の思いもあるのかなって思いながら。（藤山、［］内筆者補足）

シニアの演技を「味」と捉えるか、「味」として肯定されることを「甘やかし」と捉えるかで、シニアの演技への意味付けは大きく異なるが、いずれもシニアに対して人生経験を重ねた存在とする社会的意味づけが行われている。この点において、シニアを年齢を重ねた存在とする社会的意味づけがシニアに活動への参加を促していることが分かるのだ。

③時間的に余裕がある（図1-②-3）

本サブカテゴリーは、一定の年齢に到達することによる社会的役割の変化から生じる時間的余裕が、演劇活動参加への条件とされる語りから生成された。例えば、志知さんは、定年を迎えたことによる就労状況の変化と演劇活動への参加について次のように語っている。

まずフルタイムで働いてたときは、それどころじゃないと思う。だからやりたくても出来る状態じゃなかったというのがあり。まあ少し時間に余裕ができたんで、まあちょっとここらでまた、やりたかったことをやってみよう。（志知）

志知さんの語りは、フルタイムでの勤労を必要とする社会的役割を担っている間は、演劇活動への参加が困難であることを示している。さらに言えば、定年を迎え、フルタイム労働者としての社会的役割を喪失したことで、時間に余裕が生まれ、演劇活動への参加が可能になったのだ。

他方で、母親役割の軽減も演劇活動参加を促す経験として語られる。例えば、泉さんは、自身の年齢と子供との関係、そして演劇活動への参加について次のように語っている。

ちょうどねえ、五五になって、五五の頃に、あの子供たちが、全部社会人になったのよ、学校卒業して。子供に対して責任なくなったし、なんか、それこそ芝居やりたいなって思った時期で（泉）

泉さんは、時間的余裕について直接言及していない。また、母親役割が直接的に演劇活動を妨げていたとは言えない。しかし、子供が社会人になり、子供に対する責任がなくなったことが演劇活動への参加を検討する契機となっていることからは、自らの時間の過ごし方が自由になり、自らの望む活動が始められる時期が訪れたこと、つまり、母親役割の軽減が時間の余裕を確保させていることが分かる。この点から、演劇活動参加への条件となっているのと言えるのである。

五　考察

本節では、第二節で提示した理論的枠組をもとに、先行研究を参照しながら、シニア演劇への参加動機を考察する。

（1）演劇活動への参加動機（図1-①）

《変身したい》、《表舞台に立ちたい》、《観客を楽しませたい》というサブカテゴリーで構成される本カテゴリーは、他者の前で演じる状況がシニア演劇への参加を促すことを明らかにする。

《変身したい》には、二種類の変身が含まれる。一つは、自己とは全く異なる他者になる変身である。例えば、「多分誰もがあると思うんですが、自分以外のものになりたいとか、そういう願望」（志知）という語りでは、変身が、自分以外のものになること、すなわち演じる行為を通して他者になることとされている。もう一つは、日常的自己とは異なる自己になる変身である。前節で引用した葉山さんの語りには、「自分の知らない自分を演じたいのかもしれない」や、それは「現実逃避かもしれない」という語りが続く。ここでは、変身を通して日常的自己とは異なる自己になることへの期待が寄せられている。つまり日常的自己からの離別を促す変身が語られているのである。このように、《変身したい》には、二つの変身が捉えられる。

他方で、両者は共に、演劇活動への参加を通した特定の役割からの解放に期待を寄せている。ここで表れる期待こそが、自己決定理論の基本的心理欲求における自律性の欲求の充足につながると考えられる。つまり参加者は、自らの期待に応える活動として演劇活動を選択し、自発的に参加を決定しているのであり、その自発的決定を行う態度は、まさに自律性の欲求の充足につながると考えられるのだ。

関連して、《表舞台に立ちたい》、《観客を楽しませたい》は、変身への期待を〈演劇活動への参加動機〉とする条件だと考えられる。《変身したい》という期待の成就には、変身行為を呈示する他者が必要だ。「まあ勝手にあれこれ工夫して笑わせるということは出来るだろうから」（志知）という語りは、演じる行為（語りのなかでは、笑わせる行為）の対象として観客が意識されていることが分かる。つまり観客に見られる状況、すなわち表舞台に立つことが、変身行為を完成させるのだ。またこの点は、変身への期待が演劇活動という日常とは異なる状況に依存していることを説明する。「これは芝居だから、これはこれで」（本宮）と、演じる状況を日常生活と完全に切り離す語りは、演劇活動の場を日常とは異なる状況とする意識の表れだと言える。また、参加者の語りには、演じる行為と日常生活の連関を認める語りもあるが、そこで語られる連続性は、日常と芝居の文脈が明確な区別のもとで表されている。

さらに、自身の行為に対して観客の笑いに代表される肯定的な反応を得ることが変身の醍醐味とされる点からは、自己決定理論における有能さへの欲求との連関を指摘できる。すなわち、演劇活動に挑戦し、演技を通して観客に肯定的に評価されることで、自らの能力を感じたいとする欲求がここに認められるのだ。

以上のことから、《変身したい》は、《表舞台に立ちたい》そして《観客を楽しませたい》という条件とともに、演劇活動に参加し、演劇活動という他者の前で行為する状況で成立する〈演劇活動への参加動機〉だと言えるのである。

（2）シニア活動への参加動機（図1-②）

本カテゴリーは、《体力に相応する活動がしたい》、《人生経験を活かせる》、《時間的に余裕がある》という三つのサブカテゴリーから構成される。各サブカテゴリーは、いずれも年齢に関連するが、それぞれ年齢への意味付けが異なる。

《体力に相応する活動がしたい》は、体力がシニア演劇の活動を選ぶ動機となっていることを示す。Ginn & Arber（1995）を踏まえると、研究参加者が身体的年齢を基準としてシニア演劇への参加を決定したことが分かる。活動参加検討時について「走ったり歩いたりはできないもんと思ったけど」（藤山）とする語りからは、体力を懸念要素としていることが分かり、身体的年齢がシニア演劇活動への参加に影響すると考えられる。そして、現時点の体力での参加が可能な活動を自ら選択して参加する点において自律性の欲求の充足につながると考えられる。

他方、《人生経験を活かせる》では、シニアに対してGinn & Arber（1995）における社会的年齢の意味づけが行われるなかで、自身をシニアとして捉え参加に臨んでいることが分かる。「何でもなんかいままで経験したことが、何か活かせるっていうんですかね」（矢島）という語りでは、過去の経験が演劇活動に活用可能であるとする肯定的文脈で語られる。ここでシニアは、演劇活動に反映可能な人生経験を持ち合わせた人物として意味付けられている。またこの意味付けは、演劇活動を主催する側も共有している。それは、藤山さんが語りの中で引用した「『いいよ、いいよ。藤山さんそれ味だから』」という演出家からの声掛けから分かる。シニアの演技を「味」とする表現からは、シニアが人生経験を重ねた存在であることを含めて、演出家がシニアの演技を評価していることが分かる。この点で、シニアを人生経験を重ねた人物だとする意味付けが演出家にも共有されていると言えるのだ。このように、年齢を重ねていることへの肯定的な意味付けが共有される活動であることが、シニア演劇活動の参加を動機付けている。このことが、シニア演劇の特徴と考えられるのである。加えて、加齢経験に対する肯定的意味づけは、年齢を重ねたこと自体を演劇活動に活かせる能力として認めていると考えられる。その点において、《人生経験を活かせる》は、有能さへの欲求につながるとも考えられるのである。

《時間的に余裕がある》は、シニアが社会活動に参加する条件の一つである（内閣府二〇一四、原田他二〇一一）。前節では、時間的余裕が発生する契機を確認したが、ここでその契機に見られる次のジェンダー差を考察したい。時間的余裕の発生した契機については、退職と母親役割の軽減が語られ、前者が主に男性参加者から、後者が女性参加者によって語られた。男性の社会活動への参加契機が退職にあり（小野寺&斎藤二〇〇八、前田二〇〇三）、女性のライフステージや心理的変化が子育て期以降にあることは、すでに先行研究で指摘されている（天野一九九六、難波二〇〇〇）。このように、契機自体にもジェンダー差を確認できるが、ここでは、契機と年齢との関係に見られるジェンダー差に着目したい。先に示した契機における時間的余裕の発生と年齢との関わりは異なる。退職との関連には、暦年齢の影響が指摘できる。しかし母親役割の軽減については、必ずしも暦年齢だけが影響しているとは言えない。ここには、社会的年齢の影響も指摘できるのだ。母親役割の軽減は、自身の暦年齢だけではなく子供の暦年齢や社会的立場に起因する。つまりこの契機には、暦年齢とともに、母親という社会的役割や規範が加齢の過程に与える影響が見られるのである。

また、《時間的に余裕がある》も《体力に相応する活動がしたい》と同様に、シニア活動参加の条件と捉えられるが、これもまた自らの得た時間で自らが楽しめる活動に参加する点で、自律性への欲求につながると考えられるのである。

以上のように、参加者は暦年齢、身体の活動可能性、及び暦年齢に与えられる意味や社会的立場など、多角的視点から自身を捉えたうえで、自らをシニア活動の対象者とみなし、活動に参加していた。そして、それらが〈シニア活動への参加動機〉を構成しているのである。

（3）シニア演劇への参加動機

最後に、自己決定理論における基本的心理欲求とされる、有能さへの欲求、自律性への欲求、関係性への欲求との関係から、〈演劇活動への参加動機〉及び〈シニア演劇活動への参加動機〉によって構成されるシニアのシニア演劇活動への参加動機が、自律的な動機づけとなっていることを確認したい。参加動機の考察では、有能さの欲求と自律性の欲求が確認され、関係性への欲求は確認できなかった。しかしながら、〈演劇活動への参加動機〉に着目すると、そこには多くの他者の存在が認められる。《表舞台に立ちたい》、《観客を楽しませたい》では、演劇活動に参加するうえで対峙する観客存在が期待されていた。また、《変身したい》からも、変身を披露する相手としての観客の存在が期待されている。このように観客が存在することへの期待、言い換えれば他者との関わりのなかで達成できる活動への期待からは、関係性への欲求の充足とのつながりが認められるのである。以上の点から、自律的な動機づけに必要不可欠とされる三つの基本的心理欲求の充足とのつながりが認められ、シニアはシニア演劇への参加に対して自律的動機づけを持つと考えられるのである。

六　おわりに

本研究では、シニアが演劇活動を行う参加動機を明らかにするとともに、それが自律的に動機づけられていることを示した。本研究の意義は、以上の動機の究明によって、シニアの社会参加の機会増加を検討する際に、シニアに対して魅力的に捉えられる活動要素を提示した点にある。他方で本研究の限界は、多様なシニアの姿を捉えきれていない点にある。調査段階において、研究参加者のなかに後期高齢者はいなかった。演劇活動は、身体を使う活動である。そのため、加齢を経験し続ける身体と演劇活動の関係は変化することが予想される。今後、演劇活動を行う後期高齢者の語りを検討し、本研究の結果と比較することで、加齢の段階や身体の自由度の違いが演劇活動の参加に与える影響についても考察が必要である。また、〈シニア活動への参加動機〉として《時間的に余裕がある》の必要性を明らかにした際に、活動参加の契機に見られるジェンダー差を指摘したが、活動開始時の余暇時間全体の具体的な時間の使用法については、ジェンダー差を確認できなかった。以上の点を踏まえて、今後の研究では、多様な演劇活動参加者の語りを検討し、シニアが演劇活動に参加する動機を精査したい。

引用文献

Bradfield, E. (2020). *Creative ageing: participation, connection & flourishing. A mixed-methods research study exploring experiences of participatory arts engagement in later life through a systematic review of literature and focus groups with older people.* [Doctoral dissertation, University of Derby]. University of Derby Online Research Archive.

Ginn, J., & Arber, S. (1995). "'Only connect': Gender relations and ageing." in *Connecting gender and ageing: A sociological approach* (pp.1-14). Open University Press.

Ryan, R. M., & Deci, E. L. (2000). "Self-determination theory and the facilitation of intrinsic motivation, social development, and well-being". in *American psychologist*, 55(1), 68-78.

Ryan, R. M., & Deci, E. L. (2002). "Overview of self-determination theory: An organismic-dialectical perspective". in E. L. Deci & R. M. Ryan (Eds.), *Handbook of self-determination research* (pp.3-33). University of Rochester Press.

天野正子（一九九六）「中年期の創造力」井上俊・上野千鶴子・

大澤真幸・見田宗介・吉見俊彦編『ライフコースの社会学』岩波書店、一一九―一四三頁。

B・G・グレイザー&A・L・ストラウス（一九九六）『データ対話型理論の発見 調査からいかに理論をうみだすか』（後藤隆・大出春江・水野節夫訳）、新曜社。

K・シャーマズ（二〇二〇）『グラウンデッド・セオリーの構築［第二版］』（岡部大祐訳）、ナカニシヤ出版。

梅谷進康・石田易司・信達和典・松尾まどか・今井大輔・中野堅太・恩田泰輔（二〇一七）「高齢者の生きがい活動の研究 高齢者の社会参加と生きがい：就労・ボランティア活動と生きがい要素に係る意識との関係」『桃山学院大学総合研究所紀要』四三巻二号、四九―六一頁。

太下義之（二〇一六）「Creative Agingのための文化政策」『季刊政策・経営研究』二〇一六年四号、八五―一二八頁。

岡本秀明（二〇一二）「都市部在住高齢者の社会活動に関連する要因の検討：地域におけるつながりづくりと社会的孤立の予防に向けて」『社会福祉学』五三巻三号、三―一七頁。

小野寺紘平・齋藤美華（二〇〇八）「高齢男性の介護予防事業への参加のきっかけと自主的な地域活動への継続参加の要因に関する研究」『東北大学医学部保健学科紀要』一七巻二号、一〇七―一一六頁。

公益財団法人埼玉県芸術文化振興財団（二〇一八年七月一日）「《世界ゴールド祭２０１８》プログラム（詳細）を公開しました！」、彩の国さいたま芸術劇場 https://www.saf.or.jp/arthall/information/detail/8671/（二〇二二年五月一〇日アクセス）。

五島朋子（二〇二〇a）「日本における『シニア演劇』の現状と展望：演劇の専門家が主導するシニア演劇を事例として」『地域学論集』一七巻二号、一一七―一三三頁。

五島朋子（二〇二〇b）「超高齢社会におけるシニア演劇の可能性に関する予備的考察：イギリスにおける中高年の演劇活動実践を事例として」『地域学論集：鳥取大学地域学部紀要』、一七巻一号、一二九―一四三頁。

蘇珍伊・林暁淵・安壽山・岡田進一・白澤政和（二〇〇四）「大都市に居住している在宅高齢者の生きがい感に関連する要因」『厚生の指標』五一巻一三号、一―一六頁。

総務省統計局（二〇二一）「統計トピックスNo.１２９ 統計からみた我が国の高齢者 ―「敬老の日」にちなんで―」、総務省統計局、https://www.stat.go.jp/data/topics/topi1291.html（二〇二二年五月一〇日アクセス）。

園部友里恵（二〇一五a）「高齢者の演劇活動の展開―活動のねらいに着目した新聞記事の分析から―」『演劇学論集 日本演劇学会紀要』六〇巻、四七―六七頁。

園部友里恵（二〇一五b）「インプロ（即興演劇）ワークショップを通じた後期高齢者の学習」『日本教育学会大會研究発表要項』七四巻、二二六―二二七頁。

園部友里恵（二〇一七）「インプロ（即興演劇）の学習形態と高齢者の変容」『老年社会科学』三九巻一号、二一―三〇頁。

園部友里恵（二〇二一）『インプロがひらく〈老い〉の創造性「くるる即興劇団」の実践』、新曜社。

高間由美子・杉原利治（二〇〇二）「高齢者の社会参加と生きがいに関する研究」『東海女子短期大学紀要』二八巻、三一―三八頁。

東京大学高齢社会総合研究機構（二〇一四）『高齢者の社会参加の実態とニーズを踏まえた社会参加促進策の開発と社会参加の実証に関する調査研究事業報告書』、東京大学高齢社会総合研究機構。

内閣府（二〇一七）『平成29年版高齢社会白書（全体版）（PDF版）』「平成二八年度　高齢化の状況及び高齢社会対策の実施状況、第1章、第2節、5高齢者の社会参加活動」https://www8.cao.go.jp/kourei/whitepaper/w-2017/zenbun/29pdf_index.html（二〇二一年五月一〇日アクセス）。

内閣府（二〇一四）高齢者の地域社会への参加に関する意識調査結果報告書 https://www8.cao.go.jp/kourei/ishiki/h25/sougou/zentai/index.html（二〇二一年五月一〇日アクセス）。

難波淳子（二〇〇〇）「中年期の日本人女性の自己の発達に関する一考察：語られたライフヒストリーの分析から」『社会心理学研究』一五巻三号、一六四―一七七頁。

原田隆・加藤恵子・小田良子・内田初代・大野知子（二〇一一）「高齢者の生活習慣に関する調査（２）―余暇活動と生きがい感について―」『名古屋文理大学紀要』一一巻、二十七―三十三頁。

堀口康太・大川一郎（二〇一六）「老年期の自律性研究の課題と展望：自律的動機づけに着目した研究の方向性の提案」『発達心理学研究』二七巻一号、九四―一〇六頁。

本田洋一（二〇二〇）『クリエイティブ・エイジング』に向けた芸術文化活動の意義―ハンナ・アーレントの『パブリックな領域における活動』論を手がかりとして―」『文化経済学』一七巻一号、三五―四五頁。

前田信彦（二〇〇三）「高齢期における多様な働き方とアンペイド・ワークへの評価：男性定年退職者の分析」『国立女性教育会館研究紀要』七巻、二一―三一頁。

学会年報『社会文化研究』投稿・編集規約

（二〇一八年一二月八日改正）

1 『社会文化研究』の性格

①『社会文化研究』は学会機関誌として、研究活動の成果を掲載する。

② 研究領域は「社会文化および関連分野の研究や普及」に関するものとする。

③ 編集方針は、『社会文化研究』の主旨に沿い、また「新しい多元的・創造的な社会文化形成」に寄与する方向に沿って年度ごとに決定する。

④ 発行は年一回とする。

2 投稿の資格

① 投稿の資格を有する者は、投稿申し込み時点で社会文化学会会員であること。

② 投稿申し込み時点で、当該年度の会費を納入済みであること。

③ 前年度に投稿論文等が掲載されていない者。

3 投稿の申し込み・受付

① 投稿希望者は、3月末までに編集委員会に投稿申し込みを行う。

② 申し込み時に、原稿の種類、仮題、内容の概略（400字程度）を添えておくこと。

③ 投稿の締め切りは、5月10日とする。

4 投稿の条件

① 原稿は『社会文化研究』の主旨に沿ったものとする。

② 本誌に発表する論文等は、他に未発表のものに限る。

③ 原稿の種類は「論文」「研究ノート」「翻訳」「実践報告」「調査報告」「資料紹介」「書評論文」、その他編集委員会が認めたものとする。

5 原稿の分量

① 原稿の資料・分量は次のとおりとする。注や参考文献、図表も字数に含める。

論文・研究ノート・翻訳――40字×40行×13枚以内

実践報告・調査報告・資料紹介・書評論文――40字×40行×8枚以内

6 原稿提出方法

①原則としてメールの添付ファイルで提出すること。

②原稿はできるだけＷｏｒｄファイルで提出すること。Ｗｏｒｄファイルを使用しない場合は、テキストファイルで提出すること。

③原稿提出の際には、原稿の種類を明記し、現住所、電話、Ｅメールアドレスを付記する。

7 審査の公正を期するための投稿上の注意

①原稿には氏名、所属等を記入しないこと。

②本文中に投稿者名が判明するような記述を行わないこと。

8 投稿原稿の審査および掲載の採否

投稿された原稿は、編集委員会が委嘱した査読者2名が投稿論文審査規約に基づき審査を行う。その結果を経て、編集委員会が原稿掲載の採否を決定し、投稿者に通知する。

9 投稿規約の改正

本規約の改正は総会において決定される。

【入会・論文投稿上の注意】

●学会に入会し会員になるための諸手続き

①入会申込書の送付

②運営委員会での入会審査・承認（2〜3週間ほどの期間を要します）

③入会承認の連絡後、当該年度の会費を納入

★①②③がすべて整った段階で「会員」としての資格・権利が発効することになりますので、学会誌投稿や全国大会自由論題発表に合わせて入会をご検討されている方は、遅くとも申し込みの一カ月前までには入会申し込み手続きを開始しておいていただけるよう、よろしくお願いします。

編集後記

今号も「大会までの発行」が適わず、委員長になってずっと発行が遅れる事態となってしまいました。編集業務の管理者として、深く責任を感じる次第です。

今号の特集では、「教育への権利と社会文化」というテーマを立て、学校外で取り組まれている諸実践について扱いました。

教育学の本流からすれば、わりと傍流に位置づけられがちな実践（学校教育ではなく、かといって社会教育とも言い難い）ですが、「社会文化をつくる」という観点で見れば、非常に豊かな側面が見えてきます。制度の外側にあるからこそ、子どものニーズに即応し、柔軟に動いていくことができる一方、社会資源の制約は大きく不安定な状態を余儀なくされます。また、社会全体のニーズや動向に左右される部分も大きくなるゆえに、タイトルに掲げた「新自由主義」の影響もダイレクトに迫ってきます。

本雑誌が掲げるテーマは、今号に限らず、かなり壮大なものになりがちで、一冊のみで完結するものとは到底なりえません。今号特集をきっかけとして、「教育への権利」についての社会文化的観点からの探求が一層深められていくことを願います。

◆

投稿論文については、六本の原稿を載せることができました。目次に並ぶタイトルを見ても分かるように、学問的にも実践的にも多岐にわたる領域のテーマが扱われています。「社会文化」という、きわめて多義的で曖昧な概念を共通項とした本学会の特質が見事に現れていますが、テーマや題材・方法論の多様性の底に流れる共通項を探っていただければと思います。

また、投稿論文自体の数も多かったため、査読などで多くの会員にご協力をいただきました。査読をお願いするにあたって、名簿の一覧から会員の皆さんの研究内容を調べましたが、あらためて本学会の多様性や研究内容の豊かさを実感した次第です。

（連絡先：editor@japansocio-culture.com）

執筆者一覧（掲載順）

和田　悠（立教大学）
児美川孝一郎（法政大学）
平野和弘（駿河台大学・一般社団法人 Moonlight Project）
早坂めぐみ（高千穂大学）
髙橋　亮（こがねはら子ども食堂）
桶川　泰（神戸大学）
狩野　愛（静岡大学）
桑　　艶（名古屋大学大学院博士後期課程）
滝口克典（よりみち文庫）
利根川健（中央大学大学院博士後期課程）
中山佳子（名古屋大学大学院人文学研究科博士候補研究員）

編集委員

社会文化研究　第25号（年報）

2023年2月20日　発行　　定価　本体1,800円（税別）

編集　『社会文化研究』編集委員会
〒501-1193　岐阜市柳戸1-1
岐阜大学 地域科学部　南出研究室
TEL　058-293-3313
振替：00980-1-135128　社会文化学会

発行　社会文化学会

発売　株式会社　晃洋書房
〒615-0026　京都市右京区西院北矢掛町7
TEL　075-312-0788　　FAX　075-312-7447
振替：01040-6-32280

ISBN 978-4-7710-3733-5
ISSN 1884-2097